科技创新的战略思维

郭丽华　乔瑞芳　刘广生　主编

天津出版传媒集团

天津科学技术出版社

图书在版编目（CIP）数据

科技创新的战略思维 / 郭丽华，乔瑞芳，刘广生主编. -- 天津：天津科学技术出版社，2024.2
ISBN 978-7-5742-1798-0

Ⅰ. ①科… Ⅱ. ①郭… ②乔… ③刘… Ⅲ. ①技术革新—研究 Ⅳ. ①F062.4

中国国家版本馆 CIP 数据核字(2024)第 044858 号

科技创新的战略思维
KEJI CHUANGXIN DE ZHANLÜE SIWEI

责任编辑：王　彤
责任印制：兰　毅

出　　版：	天津出版传媒集团 天津科学技术出版社
地　　址：	天津市西康路 35 号
邮　　编：	300051
电　　话：	（022）23332377
网　　址：	www.tjkjcbs.com.cn
发　　行：	新华书店经销
印　　刷：	济南新广达图文快印有限公司

开本 787×1092 1/16 印张 16.75 字数 320 000
2025 年 3 月第 1 版第 1 次印刷
定价：80.00 元

科技创新的战略思维
编委会

主　编　郭丽华　乔瑞芳　刘广生
副主编　杨　琦　丛　茜

前　言

　　《科技创新的战略思维》是一本系统介绍科技创新与战略思维之间关系的专著。每章围绕特定主题展开讨论，从科技创新的背景与重要性、战略思维的定义与特点、科技情报研究与科技创新、自然科学与科技创新、科技创新人才与团队建设、科技创新市场中的风险与回报、科技创新的法律与道德问题、科技创新的可持续发展以及机械装备检测、维修保障技术创新方面进行深入探讨。

　　本书的目的是通过对科技创新和战略思维的概述、应用案例的分析和讨论，以及对未来可持续发展趋势的展望，帮助读者深入了解科技创新与战略思维的理论基础和实践方法，提升科技创新的能力和水平。

　　本书首先介绍了科技创新的背景和重要性。随着科技的快速发展和全球竞争的加剧，科技创新已成为推动社会经济进步和国家竞争力的重要驱动力。科技创新不仅涉及技术方面的突破和发展，还需要有清晰的战略思维来引领和支持创新过程。因此，理解和运用战略思维对科技创新至关重要。

　　接下来，本书对战略思维进行定义和特点的阐述。战略思维强调系统性思考、创新性思考和未来导向思考，有助于科技创新者在面对复杂问题时能够做出明智的决策和行动。

　　随后，本书会探讨战略思维在科技创新中的应用。科技创新需要有清晰的方向和目标，要与市场需求相契合，同时要考虑到技术的可行性和可持续性。战略思维可以帮助科技创新者更好地定位市场机会，制定切实可行的创新策略，并提供决策支持和风险管理等方面的指导。科技创新不仅可以推动产业升级和经济增长，还可以改善人们的生活质量，解决社会问题，促进可持续发展。

　　本书系统地阐述了科技创新和战略思维的重要性、应用和影响。它将为读者提供深入理解科技创新和战略思维的知识和观点，帮助读者在科技创新领域取得更好的成果。同时，本书还强调了科技创新的法律与道德问题、可持续发展以及机械装备检测维修创新方面的重要议题，为读者提供了全面的视角和思考框架。

目 录

第一章 科技创新与战略思维概述 ·············· 1
- 第一节 科技创新的背景与重要性 ·············· 1
- 第二节 战略思维的定义与特点 ·············· 7
- 第三节 战略思维在科技创新中的应用 ·············· 19
- 第四节 科技创新对社会经济发展的影响 ·············· 24

第二章 科技情报研究与科技创新 ·············· 30
- 第一节 科技情报研究的概念与价值 ·············· 30
- 第二节 科技情报对科技创新决策的支持 ·············· 37
- 第三节 科技情报研究的方法和步骤 ·············· 41
- 第四节 科技情报研究中常用的工具和技术 ·············· 60
- 第五节 科技情报在科技创新战略制定中的作用 ·············· 66

第三章 自然科学与科技创新 ·············· 71
- 第一节 自然科学的基本概念与原理 ·············· 71
- 第二节 自然科学在科技创新中的作用与价值 ·············· 96
- 第三节 自然科学领域的前沿技术与趋势 ·············· 102
- 第四节 跨学科融合与自然科学创新 ·············· 105

第四章 科技创新人才与团队建设 ·············· 110
- 第一节 培养科技创新人才的重要性与引进 ·············· 110
- 第二节 科技创新团队的组建与管理 ·············· 115
- 第三节 科技创新人才的评价与奖励 ·············· 120
- 第四节 科技创新人才的职业发展与培训 ·············· 126

第五章 科技创新市场中的风险与回报 ·············· 132
- 第一节 科技创新市场风险的类型 ·············· 132
- 第二节 科技创新市场的特点与趋势 ·············· 143
- 第三节 科技创新产品开发与营销 ·············· 149
- 第四节 科技创新资金策略与渠道 ·············· 154

第五节　风险管理与控制策略 …………………………………… 160
　　第六节　科技创新市场中的回报与价值实现 …………………… 167

第六章　科技创新的法律与道德问题 ……………………………………… 173
　　第一节　科技创新的法律框架 …………………………………… 173
　　第二节　科技创新中的知识产权保护 …………………………… 183
　　第三节　良好的科技创新道德规范与实践 ……………………… 190
　　第四节　法律与道德问题的解决与应对策略 …………………… 196

第七章　科技创新的可持续发展 …………………………………………… 201
　　第一节　可持续发展与科技创新的关系 ………………………… 201
　　第二节　科技创新在环境保护方面的应用 ……………………… 209
　　第三节　科技创新在社会发展方面的应用 ……………………… 217
　　第四节　科技创新在经济可持续发展方面的应用 ……………… 225

第八章　机械装备检测技术创新 …………………………………………… 231
　　第一节　机械装备检测现状分析 ………………………………… 231
　　第二节　传统机械装备检测技术与方法 ………………………… 233
　　第三节　科技创新在机械装备检测中的应用 …………………… 238

第九章　机械装备维修保障技术创新 ……………………………………… 242
　　第一节　维修保障需求分析 ……………………………………… 242
　　第二节　传统维修保障技术与方法 ……………………………… 247
　　第三节　科技创新在机械装备维修保障中的应用 ……………… 253

参考文献 ……………………………………………………………………… 258

第一章 科技创新与战略思维概述

第一节 科技创新的背景与重要性

一、科技创新的背景

科技创新是指通过研发和应用新技术、新产品、新工艺等，以及改进和优化现有技术，从而推动社会经济发展和提升人民生活水平的过程。科技创新的背景主要体现在以下几个方面。

（一）经济全球化的趋势

经济全球化是指全球范围内不同国家和地区之间的经济联系和交流趋于加深、相互依存程度日益增强的现象。随着全球化进程的加快，各国之间的竞争也变得日益激烈。

全球化促进了国际贸易的发展。各国通过贸易可以获取到更多的资源和市场机会，从而实现经济增长和发展。全球化使得跨国公司能够在不同国家之间建立供应链和价值链，实现资源的优化配置和分工合作。

全球化推动了资本的自由流动。资本的自由流动使得各国能够吸引更多的外来投资，提升自身的产业竞争力。同时，跨国公司的出现也为各国带来了更多的就业机会和技术转移。

全球化催生了知识经济的兴起。随着信息技术的迅猛发展，知识和创新成为推动经济增长的关键要素。为了保持竞争力和实现可持续发展，各国都积极投入到科技创新中，不断提升自身的科技水平。国际合作和交流也促进了知识的传播和共享。

全球化加速了产业结构的调整和转型升级。面对全球市场的竞争压力，各国纷纷调整产业结构，加大高新技术和创新产业的发展力度。同时，传统产业也在全球范围内进行升级改造，提高产品质量和附加值。

最后，全球化推动了文化多样性的交流与融合。不同国家和地区之间的文化交流日益频繁，人们更容易接触到来自世界各地的文化、艺术和思想。这种文化多样性的交流不仅丰富了人们的生活体验，也为经济发展带来了创新和创造力。

（二）资源约束的挑战

随着全球人口的不断增长和经济的快速发展，资源约束成为制约经济发展的重要挑战。资源约束指的是人类所需资源的供给量相对有限，无法满足无限的需求。

能源资源的约束是当前面临的主要挑战之一。传统能源资源如石油、天然气等存在有限性，并且开采和使用这些资源会对环境造成污染和破坏。因此，寻找替代能源和发展可再生能源成为解决能源约束的重要途径。科技创新在能源领域的应用可以提高能源利用效率，开发新型能源技术，如太阳能、风能和生物能等，以实现可持续能源的利用。

水资源的稀缺性也带来了严重的约束。全球范围内，水资源分布不均匀，而且人类活动导致水资源的过度开采和污染问题日益突出。科技创新在水资源管理方面发挥着关键作用，通过开发节水技术和水资源治理方法，提高水资源利用效率，保护水环境，实现可持续的水资源管理。

土地资源的有限性对农业和城市化带来了挑战。随着城市化进程的加快，土地被大量用于建设和工业化，导致农田面积减少和生态环境恶化。科技创新可以推动农业生产方式的转变，如精细化农业、种植技术的改进和高效农业的发展，以提高农田利用率和粮食产量。此外，科技创新也可以推动城市规划和建设的智能化和可持续化，实现土地资源的合理利用和城市发展的可持续性。

另外，自然资源的保护和环境问题也是资源约束的重要方面。人类活动对自然环境的影响日益严重，包括森林砍伐、水土流失、大气污染等。科技创新在环境保护方面发挥着关键作用，如清洁能源技术的发展、环境监测和治理技术的改进，以减少资源消耗和环境污染，实现可持续发展。

（三）人类面临的全球性挑战

人类面临着许多全球性挑战，包括气候变化、环境污染、能源危机等。这些问题对人类社会和生态系统都带来了严重的影响，因此需要通过科技创新来解决。

气候变化是当前最紧迫的全球性挑战之一。温室气体的排放导致地球气温上升，引发极端天气事件和海平面上升等问题。科技创新在减少温室气体排放方面发挥着重要作用。例如，开发清洁能源技术，如太阳能和风能，可以减少对化石燃料的依赖；推动低碳交通工具和能源效率改进，以减少尾气排放和能源消耗；开展碳捕集和储存技术研究，以减少二氧化碳的释放等。科技创新为应对气候变化提供了新的思路和解决方案。

环境污染是另一个全球性挑战。空气、水和土壤污染对人类健康和生态系统造成了严重威胁。科技创新在环境治理方面发挥着重要作用。通过研发先进的污染治理技术和设备，如大气净化器、水处理系统和土壤修复技术，可以减少污染物的排放和传播；开展环境监测和数据分析，以实现精确的污染源追踪和治理；推动可持续生产和消费模式，减少资源浪费和环境负荷等。科技创新为解决环境污染问题提供了关键的支持。

除此之外，人类还面临着其他全球性挑战，如贫困与不平等、粮食安全、传染病防控等。这些问题需要科技创新来推动解决。例如，开发可持续农业技术和粮食储存技术，提高粮食产量和质量；推动数字技术在医疗保健和流行病监测中的应用，提升传染病防控水平；利用科技手段促进教育和信息普惠，减少贫困和不平等。

（四）科技进步的加速

随着信息技术、生物技术、新材料等领域的快速发展，科技进步的速度也日益加快。这种加速的科技进步不仅影响到我们的日常生活和工作方式，还对整个社会产生了深远的影响。

信息技术的快速发展推动了科技进步的加速。互联网、人工智能、大数据等新兴技术的应用和普及，使得信息的获取、传播和处理变得更加便捷和高效。人们可以通过互联网实时获取各种知识和信息，开展远程协作和交流。这促进了科学研究的合作与共享，推动了创新的加速和成果的转化。

生物技术的飞速发展也推动了科技进步的加速。基因编辑、生物医药、农业生物技术等领域的突破，为健康、农业和环境等方面带来了巨大的潜力。例如，CRISPR基因编辑技术的出现使得基因组操作变得更加准确和高效，开辟了治疗遗传性疾病的新途径；生物制药技术的发展推动了新药的研发和治疗方法的革新；农业生物技术的应用提高了作物产量和抗性，增强了食品安全和可持续农业的发展。

新材料的涌现也对科技进步的加速起到重要作用。新材料具有独特的物理和化学特性，可以应用于能源、电子、航空航天等领域。例如，碳纳米管、石墨烯等新型材料的研发，使得电子器件更小型化、高效化；先进合金材料的应用推动了航空航天技术的发展和能源利用效率的提高；功能性陶瓷和复合材料的开发改善了材料的力学性能和耐久性，促进了工程和建筑领域的创新。

二、科技创新的重要性

科技创新对于社会经济发展和人民生活水平的提升有着重要的意义，具体表现在以下几个方面。

（一）推动经济增长

科技创新对经济增长具有重要的推动作用。通过引入新技术、新产品和新工艺，科技创新可以提高生产效率，降低成本，改善产品质量，增强企业竞争力，从而促进经济的持续健康发展。

科技创新能够提高生产效率。新技术的应用可以使得生产过程更加自动化、智能化，减少人力投入和时间消耗，提高生产效率。例如，机器人技术在制造业中的应用，可以实现生产线的自动化操作，大幅度提升生产效率和产品质量。同时，信息技术的发展也使得生产管理和供应链的协调更加高效，进一步提高了整体生产效率。

科技创新可以降低生产成本。新技术的引入可以优化生产过程，降低原材料消耗和能源消耗，减少废品产生，从而降低生产成本。例如，新材料的应用可以提高产品的轻量化和耐久性，减少材料的使用量和替换频率，降低生产成本。此外，新技术的应用还可以提高劳动生产率，减少人工成本，进一步降低总体生产成本。

科技创新能够改善产品质量。通过引入新技术和工艺，可以提升产品的品质和功能，满足消费者对高品质产品的需求。例如，医疗领域的技术创新可以提高诊断和治疗的准确性和效果；智能家居技术的应用可以提升家居安全和舒适度。高品质产品的推出不仅满足了消费者的需求，还为企业赢得了市场份额和竞争优势，促进了经济的增长。

最后，科技创新可以增强企业竞争力。通过不断推陈出新、追求卓越的创新精神，企业可以在市场上获得竞争优势。新产品的开发和创新服务的提供可以吸引更多的消费者，扩大市场份额。同时，科技创新还可以帮助企业不断提升自身的技术水平和管理能力，提高市场适应性和灵活性，更好地应对市场变化和竞争挑战。

（二）优化产业结构

科技创新对产业结构的优化升级起到了重要的推动作用。通过技术创新，传统产业可以实现转型升级，发展新兴产业，推动经济结构由传统劳动密集型向技术密集型、知识密集型转变，提升整个产业链的附加值。

科技创新能够改造和提升传统产业。通过引入新技术、新工艺和新设备，传统产业可以实现生产方式和流程的改进和升级。例如，制造业可以通过自动化、数字化和智能化技术的应用，实现生产线的智能化操作和管理，提高生产效率和产品质量。这样不仅能够降低成本，增强企业竞争力，还能够为传统产业注入新的活力和动力。

科技创新可以促进新兴产业的发展。新兴产业是指基于新技术和新模式而出现的产业，具有高增长、高附加值和高创新性的特点。通过技术创新，新兴产业可以得到快速发展和壮大。例如，人工智能、云计算、区块链等新兴技术的应用推动了数字经济的崛起；新能源、新材料、生物医药等领域的技术创新推动了绿色经济的发展。新兴产业的发展不仅带来了新的经济增长点，还为整个产业链提供了更多的机会和活力。

科技创新推动产业结构向高附加值和知识密集型方向转变。传统产业往往依赖廉价劳动力和低成本生产，而科技创新可以改变这种局面。通过技术升级和创新，产业可以向高附加值和知识密集型方向迈进。例如，制造业可以通过智能化、自动化和数字化技术的应用，提高产品质量和技术含量，实现从简单组装到研发设计的转变。同时，服务业也可以通过技术创新，提供更高质量、高附加值的服务，如智慧城市建设、金融科技等。这些转变不仅提升了产业的竞争力，还促进了经济结构的优化和升级。

科技创新推动产业链的完善和协同发展。通过技术创新，不同环节的企业和组织可以实现更紧密的合作和协同，形成完整的产业链。例如，通过数字化技术的应用，企业可以实现供应链、生产链和销售链的高效协同，提高整体运营效率。同时，科技创新还可以促进不同产业之间的融合与交叉，推动多产业的协同发展，形成新的增长点和利益共享机制。

（三）提升人民生活水平

科技创新对提升人民生活水平起到了重要的作用。通过引入新一代信息技术、医疗技术、清洁能源技术等，科技创新改善了人们的生活品质，提高了健康水平和环境质量。

新一代信息技术的发展使得人们的生活更加便利。互联网、移动通信、智能设备等技术的普及，为人们提供了更多的便捷服务和信息资源。例如，电子商务的兴起使得购物更加方便快捷，人们可以随时随地进行在线购物；移动支付的普及使得支付方式更加灵活和安全；智能家居技术的应用提升了家居的舒适度和智能化程度。这些科技创新使得人们的生活更加便利、高效，提高了生活品质。

医疗技术的进步提高了人们的健康水平。科技创新在医疗领域带来了许多突破性的进展，如基因测序、精准医疗、远程医疗等。通过基因测序技术，人们可以更早地了解自己的健康风险，并采取相应的预防和干预措施；精准医疗技术可以根据个体的基因信息进行个性化治疗，提高治疗效果；远程医疗技术使得患者可以通过互联网与医生进行线上咨询和诊断。这些科技创新提高了人们对疾病的预防和治疗水平。

清洁能源技术的应用改善了环境质量。传统能源的使用导致了严重的环境污染和气候变化问题，而清洁能源技术的发展为解决这些问题提供了新的途径。例如，太阳能和风能等可再生能源的利用减少了对化石燃料的依赖，降低了大气污染和温室气体的排放；电动车和智能交通系统的推广减少了尾气污染和交通拥堵。这些科技创新改善了空气质量、保护了生态环境，为人们创造了更健康、更舒适的生活环境。

科技创新还在教育、文化、娱乐等领域提供了更多的机会和体验。数字技术的应用推动了教育资源的共享和在线学习的发展；虚拟现实和增强现实技术丰富了文化体验和娱乐方式；智能设备和应用程序为人们提供了更多的便利和娱乐选择。这些科技创新丰富了人们的精神生活，提升了人民的幸福感和满意度。

（四）增强国家竞争力

一个国家拥有先进的科技创新能力，将在经济、军事、文化等各个领域展现出更强的竞争优势和影响力。

科技创新对经济竞争力的提升至关重要。通过科技创新，企业可以推动产品升级、生产方式改进、市场拓展等，从而提高自身的竞争力。新技术的应用可以提高生产效率和产品质量，降低成本，增强企业的市场份额和盈利能力。科技创新还能够孕育新兴产业，带动就业增长和经济结构的升级。一个国家拥有强大的科技创新能力，将在全球产业链中占据更有利的位置，获得更多的经济利益。

科技创新对军事实力和安全保障具有重要意义。现代军事装备和武器系统的研发都离不开科技创新的支持。通过引入新一代信息技术、先进材料和工艺、智能化系统等，国家可以提高军事装备的作战性能和战斗力。科技创新还可以推动军事战略和军队组织的改进，提高国家的防御能力和战略威慑力。拥有先进的科技创新能力，将使国家在地区安全格局中处于更加有利的地位，并提升其国际影响力。

科技创新不仅在经济和军事领域具有竞争优势，也对文化和软实力的塑造起到重要推动作用。通过科技创新，一个国家可以打造出独特的文化产品和创意产业，提升自身的文化软实力和国际形象。例如，数字技术的应用推动了文化产业的创新发展，虚拟现实技术的运用丰富了文化体验，智能设备和平台的使用提供了更多便利的文化服务。拥有先进的科技创新能力，将使国家在文化领域具备更强的竞争力和吸引力。

科技创新对人才吸引和人力资源的优化具有重要意义。科技创新需要具备高水平的科研人才和创新团队。拥有先进的科技创新能力将吸引更多的优秀人才投身于科技研发和创新创业,形成良好的创新生态系统。同时,科技创新也需要充分发挥人力资源的作用,通过培训和教育,提升人才的科技创新能力和创业精神。这样不仅能够为国家提供持续的科技创新动力,还能够增加国家在全球人才市场中的竞争力。

第二节 战略思维的定义与特点

战略思维是指在制定和实施战略时所运用的一种思考方式和方法论。它是为了达成长期目标和优化资源配置而进行的系统性思考和决策过程。战略思维具有以下几个特点。

一、长远性

战略思维的特点之一是长远性。长远性指的是战略思维关注未来发展方向和趋势,着眼于长期目标的制定和实现。

(一)战略导向

战略思维以战略为导向进行思考和决策。它强调将组织的目标、资源配置、竞争优势和市场定位等方面相结合,通过制定明确的战略方向和行动计划来实现长期目标。

战略导向要求组织在思考和决策时始终以战略为导向。这意味着战略思维不仅考虑当前的状况和问题,更重要的是从整体和长远的角度出发,关注组织未来的发展方向和趋势。战略导向强调整体性和一致性,使得各项决策和行动都朝着统一的目标前进。

战略导向要求明确的战略方向。组织需要制定明确的战略目标,并确定实现这些目标所需的关键行动和资源配置。战略方向指引组织在复杂多变的环境中前进,为各级管理者和员工提供了明确的目标和指导。

战略导向要求资源配置与战略目标的协调。资源是有限的,组织需要根据战略目标和优先级,进行资源的合理配置和分配。战略导向要求组织在资源配置中充分考虑战略的重点领域和核心能力,确保资源的有效利用和最大化效益。

战略导向强调竞争优势的塑造与市场定位的确定。组织需要通过战略思维来识别自身的核心竞争优势，并将其转化为持续的市场竞争力。同时，战略导向还要求组织明确自己在市场中的定位和差异化策略，以实现市场份额的增长和品牌价值的提升。

最后，战略导向要求战略方向和行动计划的一致性。组织在制定战略时需要确保各项决策和行动都与战略目标保持一致，相互支持和促进。这意味着组织需要确保各个部门和团队之间的协作和协调，形成一个整体推进战略的合力。

（二）长远规划

战略思维的核心是制定长远规划和策略，以超越短期目标和眼前利益，关注未来发展的可持续性和战略竞争优势。在当前复杂多变的商业环境中，企业需要具备战略思维，不仅仅考虑当前的环境和条件，更要预见和应对未来的变化和挑战。

长远规划是指企业通过对外部环境、内部资源和能力的全面分析，结合市场趋势和竞争态势，制定出一系列长期目标，并明确达成这些目标所需的策略和行动计划。长远规划有助于企业在日常运营中保持方向稳定，避免盲目决策和短视行为，提高对未来发展的适应能力。

长远规划的制定需要从多个方面进行考虑。首先，企业应该深入了解外部环境，包括政治、经济、社会、技术和法律等因素的影响，以及竞争对手的动态变化。其次，企业需要评估自身的资源和能力，确定自身的优势和劣势，找到与市场需求和趋势相匹配的发展方向。此外，还应该考虑行业的未来趋势和变化，以及可能出现的新兴技术和市场机会。

长远规划的制定需要具备预见性和前瞻性。企业需要通过对未来发展的趋势和变化进行分析和研究，提前预测可能出现的机遇和挑战，并针对这些情况做好准备。同时，还要密切关注相关领域的最新动态和科技进展，及时调整和优化规划，确保与时俱进。

长远规划也需要与组织内部的各个层级和职能进行紧密合作。高层管理者需要明确传达长远规划的目标和意义，将其融入组织的文化和价值观中。同时，还需要与各部门和团队合作，制定具体的实施计划，并监控和评估执行过程中的进展和结果。

（三）长周期投资

长远性的战略思维要求企业在制定战略时考虑到投资回报的周期和持续性。长周期投资是指企业在一定时间范围内进行的资本投入，以实现长期效益和可持续发展的目标。这种投资方式不仅注重眼前的利益和短期回报，更关注投资的长远影响和战略竞争力的提升。

长周期投资的核心是为未来创造价值。企业需要考虑长期投资项目的潜在回报和风险，并基于对市场趋势、技术发展和竞争态势的深入洞察，选择具有长期增长潜力的领域和项目进行投资。这样的投资决策需要充分的数据支持和分析，以减少不确定性和风险。

与短期投资相比，长周期投资更加注重可持续发展。企业需要考虑投资项目对环境、社会和治理的影响，并积极采取措施减少负面影响，促进可持续发展。例如，可以将环保和社会责任纳入投资决策的考量因素，选择符合可持续发展原则的项目，推动企业在经济、社会和环境层面的持续改善。

长周期投资还需要注重投资回报的可持续性。企业在进行投资决策时，除了关注项目的长期增长潜力，还要考虑投资回报的可持续性。这包括项目的盈利能力、现金流情况、市场需求的稳定性等因素。企业需要对投资项目进行充分的财务分析和风险评估，确保投资回报的可持续性和稳定性。

长周期投资也需要与组织内部的各个层级和职能进行紧密合作。高层管理者需要明确传达长周期投资的目标和意义，并将其融入组织的文化和价值观中。同时，还需要与财务部门、战略规划部门等进行密切合作，制定出科学有效的投资计划，并监控和评估投资项目的执行和效果。

（四）变革与创新

长远性的战略思维强调变革和创新的重要性。在当今快速变化的商业环境中，企业需要摆脱传统思维模式的束缚，积极寻求潜在的机遇和可能性，勇于尝试新的理念和方法，以适应不断变化的环境和市场需求。

变革和创新是推动企业持续发展和增强竞争力的关键要素。通过变革，企业可以调整组织结构、业务流程和文化，以适应外部环境的变化。而创新则是企业在产品、服务、技术等方面的改进和突破，为企业带来竞争优势和增长机会。

变革和创新需要从多个方面进行考虑。首先，企业需要培养一种开放和包容的创新文化，鼓励员工提出新的想法和观点，并给予他们充分的支持和资源。其次，企业需要建立一个有效的创新体系和流程，确保创新活动能够被系统化地管理和执行。此外，企业还应该与外部合作伙伴建立紧密的合作关系，共同推动创新和变革的实施。

在变革和创新过程中，企业需要具备敏锐的市场洞察力和前瞻性思维。通过对市场趋势、竞争态势和消费者需求的深入分析，企业可以发现潜在的机遇和可能性，并及时做出调整和创新。同时，还要密切关注科技进展和行业动态，积极应用新技术和方法，推动产品和服务的升级和创新。

变革和创新需要领导者的支持和引领。高层管理者应该明确传达变革和创新的重要性，并将其融入组织的战略和目标中。同时，他们还应该为员工提供必要的培训和资源，激励他们参与到变革和创新的过程中。领导者还需要树立一个积极的创新示范，鼓励员工尝试新的理念和方法。

（五）持续竞争优势

长远性的战略思维追求持续竞争优势，这意味着企业需要通过制定长期战略和行动计划来保持或增强在市场上的竞争力。持续竞争优势是企业在激烈竞争的环境中取得并保持领先地位的能力。

为了实现持续竞争优势，企业应该深入了解市场需求和竞争态势，通过市场分析和调研，确定组织的差异化竞争策略。差异化是指企业通过提供独特的产品、服务或体验，与竞争对手区分开来，赢得消费者的青睐。

企业需要注重创新和技术进步。创新是持续竞争优势的重要驱动力之一。企业应该鼓励员工提出新的想法和观点，积极推动产品和服务的升级和创新。同时，企业还应该关注科技进展和行业趋势，及时应用新技术和方法，提高生产效率和产品质量。

另外，企业需要建立良好的品牌形象和声誉。品牌是企业的重要资产之一，它可以帮助企业在市场中建立信任和忠诚度。通过提供优质的产品和服务，积极回应消费者的需求和反馈，企业可以树立起良好的品牌形象，增强竞争力。

持续竞争优势还需要注重组织的核心能力和人才管理。企业应该培养具有核心竞争力的关键能力和技术，以支撑战略的实施和目标的达成。此外，企业还应该注重员工的发展和激励，吸引和留住具有创造力和专业知识的人才，为企业的持续发展提供动力。

长远性的战略思维也强调组织的灵活性和适应能力。企业应该敏锐地洞察市场变化和趋势，及时调整战略和行动计划，以保持与市场需求的匹配。同时，企业还应该建立灵活的组织结构和流程，促进信息共享和团队协作，以提高反应速度和决策效率。

长远性的战略思维对组织的发展和成功至关重要。它使组织能够从更高层次和全局的角度进行决策和规划，为未来发展建立清晰的方向和路径。通过充分利用信息和资源，预见和应对变化，实现战略目标并保持竞争优势。长远性的战略思维需要领导者和管理者具备战略眼光和判断力，引领组织朝着长远目标不断前进。

二、综合性

综合性指的是在战略思维过程中,需要考虑和整合多个因素,以全面、系统的方式来分析问题和制定决策。

(一)多元因素的考量

综合性的战略思维需要考虑多个内外部因素。这些因素包括市场需求、竞争对手、技术趋势、政策法规、人力资源和财务状况等各个方面。通过对这些因素的全面考量和综合分析,可以更准确地把握问题的本质和关键因素,从而制定出科学有效的战略。

市场需求是制定战略的重要因素之一。企业需要深入了解目标市场的需求和趋势,包括消费者偏好、购买力、竞争态势等。通过市场调研和数据分析,企业可以发现潜在的机会和可能性,以及预测未来的市场发展趋势,为战略决策提供依据。

竞争对手的行动和策略也需要考虑进来。企业需要了解竞争对手的产品、定价、市场份额等情况,评估自身与竞争对手的差距和竞争优势。通过竞争对手的分析,企业可以找到突破点和差异化的机会,制定出有效的竞争策略。

技术趋势是另一个重要的考量因素。企业需要关注新兴技术的发展和应用,以及相关行业的创新趋势。通过积极采纳新技术和创新思维,企业可以提高生产效率、产品质量和服务体验,保持竞争优势。

政策法规也是制定战略时需要考虑的重要因素。企业需要了解国家和地区的政策法规对业务的影响,包括税收政策、环境保护要求、市场准入条件等。通过合规经营,企业可以避免潜在的法律风险,确保可持续发展。

人力资源和财务状况也是战略考量的重要方面。企业需要评估自身的人力资源情况,包括员工的技能和素质、团队的协作能力等。同时,企业还需要评估自身的财务状况,包括资金来源、盈利能力和财务健康状况。这些评估结果可以帮助企业确定资源配置和投资决策,为战略的实施提供支持。

(二)横向和纵向的整合

综合性的战略思维需要进行横向和纵向的整合,以形成全局性的认知和一体化的决策规划。

横向整合是指将不同领域的知识和信息进行整合,形成一个统一的战略观念。在制定战略时,企业需要考虑到市场、技术、运营等多个领域的因素。通过整合这些不同领域的信息,企业能够全面了解外部环境和内部资源,把握市场趋势和竞争态势。例如,在制定市场拓展战略时,除了考虑市场需求和竞争对手,还要结合产品技术和运营能力,确定最佳的进入方式和推广策略。横向整合可以帮助企业建立综合性的思维模式,从而做出更准确的决策。

纵向整合是指将不同层次和时间段的因素进行整合,形成一体化的决策和规划。战略思维需要同时考虑长期目标和短期行动,跨越不同层级和时间段。长期目标是企业发展的方向和愿景,而短期行动是实现这些目标的具体措施。通过纵向整合,企业能够将长期目标与短期行动相结合,使战略规划更加系统和连贯。例如,在制定新产品开发战略时,企业需要考虑到长远的市场需求和技术趋势,同时也要进行具体的项目规划和资源分配。纵向整合可以帮助企业在决策过程中保持一致性和连贯性,实现长期目标的有效落地。

横向和纵向的整合需要充分的信息共享和团队协作。不同领域和层级的信息需要在组织内部进行流通和传递。企业可以建立跨部门的沟通机制和协作平台,促进各个部门和团队之间的交流与合作。此外,领导者在战略制定和执行过程中起到重要的引领和协调作用,他们应该鼓励员工跨越领域和层级的界限,形成共同思考和决策的氛围。

（三）多维度的视角

综合性的战略思维要求具备多维度的视角,从不同的角度来看待问题,以便更好地理解其本质和影响因素。

经济维度是分析问题的重要视角之一。在制定战略时,需要考虑到宏观经济环境和行业发展趋势。这包括国内外的经济政策、市场规模和增长率、消费者购买力等。通过经济维度的分析,企业可以了解市场需求的变化,评估市场潜力和风险,为战略决策提供依据。

技术维度也是一个重要的视角。随着科技的迅速发展,技术创新已成为推动企业竞争力的关键因素。通过关注技术趋势和创新,企业可以洞察新兴技术的应用前景和潜在影响。例如,人工智能、大数据、物联网等技术的发展对很多行业都带来了重大变革。通过技术维度的分析,企业可以抓住机遇,实现技术驱动型的战略升级。

社会维度是另一个需要考虑的视角。企业需要了解社会变革、消费者偏好和社会责任等因素对业务的影响。社会价值观的改变和社会问题的关注,都会对企业的形象和发展产生重要影响。通过社会维度的分析,企业可以更好地把握社会需求和趋势,树立良好的品牌形象,并为可持续发展做出贡献。

另外,环境维度也是一个不可忽视的视角。企业需要考虑环境保护和可持续发展的问题。通过环境维度的分析,企业可以评估自身的环境风险和机会,制定相应的战略和行动计划。例如,减少碳排放、提高能源效率、推动循环经济等措施都是企业在环境维度上的重要考量。

多维度的视角要求企业进行全面的分析和综合思考。这需要收集并整合来自各个维度的信息和数据,进行综合评估和决策。同时,也需要跨部门和跨职能的协作,以确保从多个视角得出的结论和决策的一致性和有效性。

(四)综合判断和权衡

综合性的战略思维需要进行综合判断和权衡,以找到一个平衡点,在多个选项和目标之间做出决策。

在制定战略决策时,可能会涉及不同的因素和利益。这些因素包括市场需求、竞争态势、技术发展、资源限制、风险管理等。综合性的战略思维需要对这些因素进行全面分析和评估,理解它们之间的相互关系和影响。

综合判断是指综合考虑各种因素和利益,从而做出全面的决策。在综合判断的过程中,需要权衡不同因素之间的关系和优先级。有时候,不同的因素可能存在冲突,需要通过权衡来找到一个平衡点。

权衡是指在不同选择之间做出取舍,追求整体最优解。这意味着需要考虑不同选项所带来的利益和风险,并在其中做出选择。权衡的过程需要充分考虑各个因素的重要性和长期影响。例如,在产品开发决策中,企业可能需要权衡市场需求、技术可行性、成本效益等因素,以确定最佳的产品方向和投入。

综合判断和权衡需要建立在充分的信息和数据基础上。企业需要收集并分析来自不同来源的信息,以获取全面的认知。同时,还需要进行风险评估和模拟分析,预测不同决策的结果和影响。

在综合判断和权衡过程中,领导者和决策者起到重要的作用。他们需要具备战略思维和系统思考的能力,能够看到大局并理解各个因素之间的相互关系。同时,他们还需要引导团队进行讨论和协商,以确保决策的公正性和有效性。

(五)跨领域的融合

综合性的战略思维要求在不同领域之间进行融合,将不同学科和专业的知识相互结合,形成创新性的思维和解决方案。

跨领域的融合可以带来多个优势。它能够提供更全面和深入的认知。通过融合不同领域的知识,企业可以从多个角度来看待问题,并获取更全面的信息和洞察力。

这有助于对问题的本质和关键因素有更准确的理解，从而制定出更具竞争力的战略。

跨领域的融合可以促进创新和突破。当不同领域的知识相互结合时，可能会产生新的观点、方法和解决方案。通过将技术、市场、人力资源等领域的知识相互融合，企业可以找到创新的机会和突破口，推动组织的发展和竞争力的提升。

跨领域的融合需要建立跨学科的团队和合作伙伴关系。企业可以通过引入不同背景和专业的人才，组建具有多样化视角的团队。这样的团队能够从不同领域的角度出发，共同探讨和解决问题。同时，企业还可以与外部合作伙伴建立紧密的合作关系，共同推动跨领域的融合和创新。

在实施跨领域融合时，沟通和协作是非常重要的。不同领域的专家和团队需要进行有效的沟通和协调，共同制定战略和行动计划。这需要建立开放和包容的文化氛围，鼓励知识分享和合作精神。通过跨领域的协作，企业可以充分利用不同领域的专业知识，形成综合性的解决方案，并推动组织的创新和发展。

综合性的战略思维对于组织的发展和成功至关重要。它能够帮助组织从更全面和系统的角度来看待问题，避免片面和局部的决策。通过整合多个因素和视角，形成综合性的认知和决策，提高组织在复杂和变化的环境中的适应性和竞争力。综合性的战略思维需要具备广阔的知识面和跨领域的思维能力，以及良好的分析和综合能力。同时，它也需要团队的协作和沟通，以共同构建一个综合性的认知和决策框架。

三、创新性

创新性指的是在战略思维过程中，能够产生新的观念、方法和解决方案，以应对不断变化的环境和挑战。

（一）超越传统思维

创新性的战略思维要求超越传统思维模式，打破常规的思维定式和固有的假设，寻找新的思路和解决方案。

超越传统思维意味着不再局限于过去的经验和做法，而是以开放、探索的态度来看待问题。这种思维方式鼓励从不同的角度审视问题，并挖掘潜在的机会和可能性。通过超越传统思维，企业能够更好地理解市场需求和竞争环境，并找到突破口和创新点。

创新性的思考可以帮助企业发现和利用市场的空白点和竞争的弱点。通过超越传统思维，企业可以洞察市场中尚未被满足的需求，并提供与众不同的产品或服务。例如，亚马逊通过线上购物和快速配送的创新模式，迅速占据了电子商务市场的领先地位。通过创新性的思维,企业可以找到差异化的竞争策略,实现竞争优势和持续增长。

创新性的战略思维需要培养开放和敏锐的观察力。企业应该密切关注市场趋势、技术发展和社会变化,及时捕捉到新的机遇和挑战。同时,还需要积极倾听消费者的声音和反馈,了解他们的需求和偏好。通过开放和敏锐的观察力,企业可以更好地把握市场动态,并调整战略和行动计划。

此外,创新性的思维还需要建立支持创新的组织文化和环境。企业应该鼓励员工提出新的想法和观点,并给予他们充分的支持和资源。同时,还需要接纳错误,将其视为学习和改进的机会。通过建立支持创新的文化和环境,企业可以激发员工的创造力和创新能力,推动战略的实施和创新的落地。

(二)寻找突破口

创新性的战略思维在组织寻找新的突破口和增长点方面发挥着重要的作用。它通过引入新的技术、产品、服务、商业模式等,为组织带来全新的竞争优势和市场机会。这种思维方式能够帮助组织实现从跟随者到领导者的转变。

在当今快速变化和竞争激烈的商业环境中,组织必须不断寻求突破口和增长点,以保持竞争力和可持续发展。传统的思维方式可能限制了组织的创新能力,使其陷入僵化和跟随他人的局面。而创新性的战略思维则可以打破这种束缚,激发组织内部的创造力和创新潜力。

创新性的战略思维可以促使组织主动探索新的机会和市场空间。它鼓励组织成员超越传统的思维边界,勇于尝试新的理念和方法。通过引入新的技术,组织可以开发出更具竞争力的产品和服务;通过创造新的商业模式,组织可以找到更高效和创造性的方式来运营和提供价值。

创新性的战略思维还能够帮助组织实现从跟随者到领导者的转变。通过深入分析市场趋势和竞争格局,组织可以识别出新的机遇和需求,并通过创新来满足这些需求。在市场中率先嗅到变化并做出相应调整的组织往往能够占据领先地位,引领行业发展。

(三)探索未知领域

创新性的战略思维在组织探索未知领域和新兴市场方面发挥着重要作用。它要求组织勇于冒险,敢于挑战传统观念,积极寻找新的商机和增长点。通过探索未知领域,组织能够发现新的市场需求和消费者行为,从而开拓全新的业务领域。

在一个不断变化和竞争激烈的商业环境中,组织需要不断寻求创新和突破,以保持竞争力和可持续发展。而探索未知领域恰恰提供了这样的机会。通过深入了解市场趋势、技术发展和消费者需求，组织可以发现那些尚未被满足或被满足不足的市场需求，并提供相应的解决方案。

创新性的思维能够带来新的商机和增长点。当组织进入新兴市场或未知领域时，往往会面临较少竞争对手和更广阔的发展空间。这为组织提供了更多的机会去创造和推出独特的产品、服务和解决方案，以满足市场需求。通过在新领域的创新实践，组织可以获得竞争优势，并在市场上占据领先地位。

创新性的战略思维还能够提高组织的竞争力。当组织不断探索未知领域时，它将积累更多的经验和知识，并具备适应变化的能力。这使得组织能够更好地应对日益复杂和多样化的市场环境，迅速调整策略和资源配置，保持灵活性和敏捷性。同时，创新性的思维也鼓励组织进行持续改进和优化，推动组织的进步和发展。

为了有效探索未知领域，组织需要建立创新导向的文化和机制。鼓励员工提出新的想法和观点，支持团队合作和跨部门合作，激励创新行为和实践。组织还可以与外部合作伙伴建立开放的创新生态系统，共同探索和开拓新的领域。

（四）技术驱动

创新性的战略思维通常与技术驱动相结合，这是因为技术创新可以成为组织实现产品、流程和商业模式创新的重要推动力。通过引入新的科技和技术，组织能够不断改进现有产品和服务，并探索全新的商业机会。

技术驱动的创新可以带来多方面的好处。它可以提升产品和服务的质量和效率。新的科技和技术常常具备更高的性能和更优化的功能，使得组织能够开发出更加先进和具有竞争力的产品和服务。同时，技术创新也可以改善生产流程和运营管理，提高生产效率和资源利用率。

技术驱动的创新可以改变产业格局和市场竞争。当组织成功应用新的科技和技术时，它们往往能够在市场上获得差异化优势，并与传统竞争对手拉开距离。技术驱动的创新可以改变市场需求和消费者行为，为组织带来持续的竞争优势。

技术驱动的创新也可以推动行业的发展和进步。当一个组织在技术方面取得突破时，它的成果和经验往往能够为整个行业提供参考和借鉴。这种技术创新的溢出效应可以促使其他组织也加大技术研发和创新投入，从而推动整个行业向前发展。

创新性的战略思维对于组织的发展和成功至关重要。它能够帮助组织在竞争激烈的市场环境中保持竞争优势，抓住机遇并应对挑战。创新性的思维需要具备开放的心态、积极的态度和创造性的能力。同时，它也需要组织提供支持和激励机制，为员工提供创新的环境和资源。通过创新性的战略思维，组织可以不断推动自身的发展和变革，实现持续的增长和卓越的业绩。

四、系统思考

系统思考指的是从整体的角度来看待问题和解决方案，关注各种因素之间的相互关系和作用机制，以实现更全面、协调和持续的结果。

（一）相互依赖性

系统思考强调各种因素之间的相互依赖性，意味着一个变化或决策可能会对整个系统产生连锁反应。在制定战略时，必须考虑这种相互依赖性，以避免不良后果和负面影响。

一个组织可以被视为一个复杂的系统，由多个相互关联的部分组成。这些部分之间存在着相互依赖的关系，它们的变化和决策将相互影响并对整个系统产生影响。系统思考认识到，一个决策的结果可能超出预期，并且可能导致一系列的连锁反应。

例如，一个产品的设计变更可能会影响到供应链和生产流程。如果没有考虑到这种相互依赖性，产品设计的改变可能会导致供应链中断、生产延误等问题，进而影响到客户满意度和市场竞争力。同样，一个组织的人员调整和培训计划也需要考虑到不同团队和部门之间的相互依赖性，以确保工作协调和有效沟通。

在制定战略时，组织应该综合考虑各种因素之间的相互依赖性，以避免不良的后果和负面的影响。这可以通过以下几个步骤来实现。

1.影响评估

在制定决策或变革时，组织需要评估这些变化可能对其他部分和整个系统产生的影响。这包括预测可能的连锁反应、资源调配和工作流程的变化等。

2.沟通与协作

组织内部的各个团队和部门需要加强沟通和协作，确保彼此之间的相互依赖性得到充分的理解和考虑。通过共同努力，可以更好地应对可能出现的挑战和问题。

3.监测与调整

一旦决策实施，组织需要及时监测其对整个系统的影响，并做出必要的调整。这有助于纠正不良影响，并保持系统的平衡和稳定。

通过考虑相互依赖性，组织能够更全面地分析问题和制定战略。这有助于避免不必要的风险和负面后果，提高决策的成功率。

（二）动态性分析

系统思考要求对问题进行动态分析，即关注问题在时间上的演变和变化。通过观察和分析过去、现在和未来的趋势，可以更好地理解系统的演化规律，并做出相应的战略调整和决策。

在一个复杂的商业环境中，问题和挑战都是动态变化的。仅仅看到问题的当前状态是不够的，还需要了解问题的背景、起因以及可能的发展趋势。通过对问题的动态分析，组织可以更好地把握其本质和特点，找到解决问题的有效方法。

动态性分析首先要考虑过去的经验和数据。回顾历史数据和事件，可以了解问题的起源、进展和结果。这有助于识别问题的根本原因和演化规律。通过对过去的分析，组织可以从中吸取教训，并在制定战略和决策时避免重复犯错。

动态性分析需要关注当前的情况和趋势。了解当前的市场状况、竞争态势和技术发展等因素，可以帮助组织把握当下的机遇和挑战。同时，观察当前的趋势和变化，可以预测未来可能出现的发展方向。这有助于组织及时调整战略，并做出相应的决策。

最后，动态性分析需要考虑未来的预测和规划。通过对未来的趋势进行预测，组织可以更好地制定长期战略和目标。同时，也要关注外部环境的变化和内部资源的调整，以确保组织能够适应未来的挑战和机遇。

为了进行动态性分析，组织需要收集和分析大量的数据和信息。同时，组织还需要运用合适的工具和方法，如趋势分析、场景规划等，来帮助预测未来的发展。

（三）效应反馈

系统思考强调了效应反馈的重要性。效应反馈指的是一个行动或决策的结果可能对系统产生正向或负向的影响，并通过这种影响产生反馈。在系统思考中，组织需要将效应反馈纳入考虑范围，并在决策中进行评估和管理。

效应反馈是由于系统内部或外部的变化而引起的反馈循环。它可以是积极的，即带来正向的结果，也可以是消极的，即带来负面的结果。当一个行动或决策产生结果后，这些结果会对系统中的其他因素产生影响，进而影响到原始行动或决策的结果。这种相互作用形成了一个反馈循环。

效应反馈在系统中具有重要的作用。它可以加速或减缓系统的变化。正向的效应反馈会促使系统向着期望的方向发展，加速变化的速度；而负向的效应反馈则会抑制系统的变化，阻碍目标的实现。因此，了解和管理效应反馈对于组织实现战略目标至关重要。

效应反馈可以帮助组织识别潜在的问题和机会。通过观察反馈结果，组织可以了解到行动或决策的效果如何，并发现其中存在的问题或潜在的机会。这使得组织能够及时调整战略和决策，以更好地适应环境变化和实现预期目标。

最后，管理效应反馈可以帮助组织建立学习型组织。通过不断观察和分析效应反馈，组织可以从中获取经验教训，并将其应用于未来的决策和行动中。这有助于组织不断改进和提高自身的能力，增强适应性和竞争力。

系统思考是战略思维中至关重要的一个特点。它能够帮助组织从更全面、协调和持续的角度来看待问题和制定战略。具备系统思考的战略思维要求领导者和管理者具备全局观和跨部门的视野。同时，组织也需要建立相应的沟通和协作机制，以促进不同部门之间的信息共享和协同工作。通过系统思考，组织可以更好地适应变化的环境和市场需求，实现战略目标并保持竞争优势。

第三节　战略思维在科技创新中的应用

随着科技的迅猛发展，创新已经成了推动社会进步和经济发展的重要驱动力。在这个信息时代，科技创新已经渗透到各个领域，并对传统产业进行了深刻的改造和重构。而要在激烈的市场竞争中脱颖而出，企业需要具备战略思维，善于将科技创新与战略规划相结合，以实现持续创新和可持续发展。

一、战略思维在科技创新中的定位

战略思维在科技创新中的定位非常重要。科技创新是一个复杂而不确定的过程，涉及技术、市场、竞争等多个方面的因素。通过运用战略思维，企业能够更好地把握科技创新的机遇和挑战，制定出更具针对性和可持续发展的创新战略。

战略思维帮助企业从长远的角度审视科技创新的目标和方向。科技创新是一个漫长而艰辛的过程，需要企业有清晰的目标和明确的方向。战略思维能够帮助企业理解行业的发展趋势和变化，洞察市场需求的演变，并基于这些信息来制定科技创新的目标和方向。通过确定明确的目标和方向，企业可以更加有效地分配资源，提高科技创新的成功率。

战略思维能够帮助企业从整体上把握市场需求和竞争环境。科技创新需要与市场需求紧密结合，只有满足市场需求才能获得商业成功。战略思维能够帮助企业分析市场的需求和趋势，了解消费者的需求和偏好，找到创新的机会点。同时，战略思维也能够帮助企业分析竞争环境，了解竞争对手的优势和劣势，制定出相应的竞争策略。

战略思维能够帮助企业分析技术趋势和创新机会。科技发展日新月异，新的技术和创新机会不断涌现。战略思维能够帮助企业分析技术的演进趋势，洞察技术的前沿方向，以及技术应用的可能性。通过运用战略思维，企业可以把握住关键的技术突破点，提前布局，保持竞争优势。

最后，战略思维能够帮助企业在激烈的市场竞争中占据有利地位。科技创新是一个竞争激烈的领域，只有具备明智的战略才能在竞争中脱颖而出。战略思维能够帮助企业制定出差异化的创新策略，寻找市场的空白点和痛点，并为企业提供相应的竞争优势。同时，战略思维也能够帮助企业预测未来的发展趋势，及时调整战略方向，适应市场变化。

二、战略思维在科技创新中的要素

（一）深入分析市场需求

战略思维在科技创新中的要素之一是深入分析市场需求。科技创新必须以市场为导向，只有满足用户的需求才能取得商业成功。在进行科技创新之前，企业需要对市场需求进行深入的分析，以便更好地抓住机遇和应对挑战。

战略思维强调对用户痛点的洞察。用户痛点指的是用户在现有产品或服务中所面临的问题、困惑或不满意之处。通过深入了解用户的需求和体验，企业可以发现潜在的创新机会。例如，通过与用户的互动、市场调研和数据分析，企业可以了解到哪些领域存在着未被满足的需求，从而有针对性地进行科技创新，提供更好的解决方案。

战略思维还强调对竞争对手的了解。在市场竞争激烈的环境下，了解竞争对手的优势、劣势和策略非常重要。通过对竞争对手的分析，企业可以识别出自身的差异化优势，并制定相应的科技创新战略。例如，企业可以通过对竞争对手的技术能力、产品特点和市场份额等方面进行比较，找到创新的空间和机会，以在市场中脱颖而出。

战略思维还注重对市场趋势和未来发展的预测。科技行业变化迅速，技术发展日新月异，企业需要具备敏锐的洞察力，把握市场的发展方向。通过运用战略思维，企业可以分析市场的趋势和变化，预测未来的发展方向，并相应地调整科技创新的方向和策略。例如，企业可以通过对技术趋势的分析和前瞻性的研究，抓住新兴技术的机遇，进行相关的科技创新，以满足未来市场的需求。

（二）选择合适的技术路径

战略思维在科技创新中的另一个要素是选择合适的技术路径。科技创新需要依托先进的技术手段，而战略思维要求企业根据自身的优势和定位，选择与其战略目标相匹配的技术路径，以确保科技创新的可行性和可持续发展。

企业应该基于自身的核心竞争力和资源优势来选择技术路径。不同企业在技术方面具备不同的实力和专长，因此，在进行科技创新时，企业应该充分考虑自身的技术实力，并选择与之相匹配的技术路径。例如，某些企业在人工智能领域具有强大的算法研发能力，可以选择深入开展相关技术的研究和应用；而另一些企业可能在硬件设计和制造方面更具优势，可以选择在物联网或半导体领域进行技术创新。

企业还应该考虑技术路径与战略目标的匹配度。每个企业都有自己的战略目标和发展定位，科技创新的选择应该与这些目标保持一致。例如，如果企业的战略目标是成为行业领先者，那么在技术选择上可能需要更加注重前沿的研究和创新；而如果企业的战略目标是提供高性价比的产品，那么可能需要更注重成本效益和技术应用的可实现性。

企业还应该关注技术路径的可行性和可持续发展。科技创新往往需要较长的周期和大量的资源投入，因此，企业在选择技术路径时需要考虑其可行性和长期发展的可持续性。这包括评估所选技术的成熟度、市场需求的稳定性以及相关的产业生态系统。企业需要权衡风险与回报，并制定相应的技术路线图和计划，以确保科技创新的成功和商业可行性。

最后，企业还应该密切关注技术的发展趋势和创新机会。科技领域变化迅速，新的技术和创新机会不断涌现。企业需要通过运用战略思维，进行技术趋势分析和前瞻性研究，以抓住关键的技术突破点，并在选择技术路径时融入这些前瞻性的发展方向。这样可以使企业保持在科技创新的前沿，增强竞争力和市场地位。

（三）风险管理和控制

科技创新过程中存在着各种不确定性和风险，而战略思维能够帮助企业进行全面的风险评估，并制定相应的应对策略，以降低风险对科技创新的影响。

战略思维要求企业进行风险评估和识别潜在的风险因素。科技创新过程中可能涉及技术难题、市场需求变化、竞争压力、法律法规等多方面的风险。通过运用战略思维，企业可以全面分析和评估这些风险，了解其发生的可能性和对科技创新的影响程度。例如，企业可以进行技术评估，考虑技术成熟度和可行性；进行市场调研，了解市场需求和竞争态势；关注政策法规，遵守合规要求等。

战略思维要求企业制定相应的风险应对策略。一旦识别出潜在的风险，企业需要制定相应的应对策略，以降低风险对科技创新的不利影响。这可能涉及多种措施，如分散风险、建立备用方案、加强合作与联盟、提前做好沟通和协调等。例如，企业可以通过多元化研发项目，降低依赖某个技术或产品；建立灵活的研发流程，及时适应市场变化；与其他企业或研究机构合作，共享风险和资源等。

此外，战略思维还强调持续的风险监测和管理。科技创新过程中的风险是动态变化的，企业需要持续关注和监测风险的演变，并及时采取措施进行管理和控制。这包括建立风险管理体系，制定相应的风险管理流程和指标，并进行定期的风险评估和反馈。通过持续的风险监测和管理，企业可以更好地识别和应对风险，保证科技创新的顺利进行。

最后，战略思维要求企业在风险管理中注重平衡。科技创新本身就存在风险，但也伴随着机遇和回报。企业需要在风险管理中进行权衡，既要降低风险带来的负面影响，又要保持创新的激情和积极性。这需要企业有清晰的战略目标和明确的价值观，同时也需要灵活的决策机制和团队文化支持。

三、战略思维在科技创新中的应用案例

（一）苹果公司

苹果公司是战略思维在科技创新中的一个典型应用案例。苹果公司一直以来都以创新而闻名，其成功得益于其强大的战略思维。

苹果公司注重深入了解用户需求并进行创造性的整合。苹果始终将用户放在创新的中心，通过对用户行为和需求的深入研究，理解他们的期望和痛点。基于这些洞察，苹果公司能够在科技创新中提供更贴近用户需求的产品和服务。例如，iPhone的成功部分得益于其简洁、易用和创新的设计，满足了用户对高品质智能手机的需求。

苹果公司在技术选择和整合上运用了战略思维。苹果公司不仅关注技术的前沿发展，还注重将不同技术进行创造性的整合。例如，苹果推出的 AirPods 蓝牙耳机就整合了无线通信技术、声音处理技术和人机交互技术，为用户提供了全新的音频体验。苹果公司通过技术的整合和创新，实现了产品的差异化竞争优势。

苹果公司在市场定位和战略规划上展现出战略思维。苹果公司一直坚持高端定位和追求卓越品质，以区别于其他竞争对手。同时，苹果公司还注重建立良好的生

态系统,包括硬件、软件、服务和内容等方面的整合,形成用户黏性和生态壁垒。这种战略思维使得苹果能够在科技创新中保持领先地位,并赢得了用户忠诚度和市场份额。

此外,苹果公司在风险管理和控制方面也体现了战略思维。苹果公司在推出新产品和技术之前进行了全面的风险评估,并制定相应的风险应对策略。例如,在发布 iPhone 时,苹果公司面临着技术不成熟、市场接受度等风险,但通过精心的产品设计、市场宣传和渠道布局,成功地控制了风险并取得了巨大的商业成功。

(二)腾讯公司

腾讯公司是中国最大的互联网公司之一,其成功也与其战略思维密不可分。

腾讯公司注重以技术创新为驱动。作为一家互联网巨头,腾讯公司一直将技术创新作为核心竞争力之一。腾讯公司在研发和技术投入方面持续加大力度,致力于推动互联网技术的发展和创新。例如,腾讯公司在社交领域推出了微信和 QQ 等产品,通过整合移动通信、社交网络和智能终端等多种技术,满足用户在社交交流、支付、娱乐等方面的需求。

腾讯公司在市场定位和战略规划上展现出战略思维。腾讯公司始终坚持以用户为中心,关注用户需求和体验,制定相应的战略规划。例如,腾讯公司积极布局云计算、人工智能、物联网等新兴领域,以抓住技术发展的机遇,并将其与现有的产品和服务相结合,为用户提供更丰富、便捷和个性化的互联网体验。

腾讯公司在生态系统建设上运用了战略思维。腾讯公司通过构建庞大的互联网生态系统,整合内外部资源,实现多方共赢。例如,腾讯公司与合作伙伴进行合作,形成了一个庞大的开放平台,吸引了大量的开发者和服务提供商加入其中,为用户提供丰富的应用和服务。这种生态系统的建设为腾讯公司创造了巨大的价值和竞争优势。

腾讯公司在国际化战略上也体现出战略思维。腾讯公司积极拓展海外市场,并与全球知名企业进行合作。通过参与国际合作、并购等方式,腾讯公司不仅能够获取先进的技术和资源,还能够扩大自身的影响力和市场份额。这种国际化战略使得腾讯公司在全球范围内获得了良好的口碑和品牌认可度。

(三)特斯拉公司

特斯拉公司是全球知名的电动汽车制造商,其成功源于其独特的战略思维。

特斯拉公司注重可持续发展和环保理念。特斯拉公司始终坚持以可持续发展为目标,致力于推动电动汽车的普及和替代传统燃油车。通过整合先进的电池技术、电动驱动系统和智能化科技，特斯拉公司成功地开发出了一系列高性能、高续航里程的电动汽车产品。这种战略思维使得特斯拉公司成了电动汽车行业的领导者，并为全球的可持续交通做出了贡献。

特斯拉公司在技术创新和整合上运用了战略思维。特斯拉公司不仅在电动汽车领域进行技术创新，还将智能化科技与电动汽车相结合，实现了汽车的自动驾驶和智能互联等功能。例如，特斯拉公司的 Autopilot 系统可以实现自动驾驶功能，在安全性和便利性方面带来了革命性的变革。特斯拉公司通过技术的整合和创新，推动了汽车行业的发展，并为用户提供了全新的出行体验。

特斯拉公司在市场定位和品牌建设上展现出战略思维。特斯拉公司通过高端市场定位和强调品质、性能等方面的差异化策略，成功地打造了独特的品牌形象。特斯拉汽车成了豪华电动汽车的代表，吸引了一大批消费者的关注和追捧。特斯拉公司通过战略思维的应用，在市场中树立了自己独特的竞争优势，并赢得了用户的忠诚度和市场份额。

特斯拉公司还在充电基础设施建设和服务创新上运用了战略思维。电动汽车的普及离不开完善的充电基础设施和便捷的充电服务。特斯拉公司积极投资并建设了全球范围内的超级充电站网络，为用户提供快速、便利的充电服务。这种战略思维使得特斯拉公司解决了电动汽车使用过程中的充电难题，进一步推动了电动汽车的普及和市场发展。

第四节　科技创新对社会经济发展的影响

在当今全球化和信息化的时代，科技创新对社会经济发展起着至关重要的作用。它不仅可以提高生产效率，还可以促进社会进步，改善人民生活水平。下面将从几个方面探讨科技创新对社会经济发展的影响。

一、科技创新改善生产效率

科技创新对于提高生产效率有着重要影响。在当今竞争激烈的市场环境下，企业需要不断地寻求提高生产效率的方法，以降低成本、提高产品质量和快速响应市场需求。科技创新为企业带来了许多机遇，通过引入新的技术和工艺，企业可以实现生产过程的自动化、智能化和数字化，从而提高生产效率。

（一）引入自动化技术

科技创新在生产流程中引入自动化技术，可以大幅度减少人力投入，提高生产效率。传统的手工操作往往耗时且容易出错，而自动化设备的运用可以大大减少人为因素的干扰，提高生产线的稳定性和效率。

例如，在制造业领域，通过使用机器人代替人工进行重复性劳动，可以实现生产过程的自动化，提高生产效率和产品质量。机器人具有高速度、精确度和持久性的优势，可以完成繁重、危险或单调的任务，减少人力成本，并且不受时间限制，能够实现全天候运作。此外，通过自动化技术的应用，企业可以更加灵活地调整生产线，快速响应市场需求变化。

在农业领域，农业机械化和精准农业技术的应用，可以大大提高农作物的种植效率和产量。传统的农业生产方式通常需要大量的人工投入，但是存在劳动力短缺和劳动强度大的问题。而农业机械化可以利用各种农业机械设备，如拖拉机、播种机、收割机等，替代传统的人工操作，提高农作物的生产效率和质量。精准农业技术则通过应用遥感、地理信息系统（GIS）、全球定位系统（GPS）等技术手段，实现对农田的精确管理，根据农田的实际需求进行精确施肥、灌溉和病虫害防治，提高农作物的产量和质量。

（二）改进生产工艺

科技创新还可以帮助企业改进生产工艺，从而提高生产效率。新的工艺技术可以使生产过程更加简化、高效，减少生产环节和资源浪费。

在制造业中，采用先进的加工技术和材料可以缩短生产周期，降低成本，并提高产品的质量。例如，引入激光切割、数控机床等先进的加工设备，可以实现精确、高效的零部件加工，减少材料浪费和人力投入。同时，采用轻量化材料和复合材料，如碳纤维等，可以提高产品的强度和耐用性，降低产品的重量和能源消耗。

在建筑行业，引入3D打印技术可以实现建筑构件的快速制造，提高施工效率和质量控制。通过将设计文件转化为数字模型，并利用3D打印设备进行层层堆积，可以减少传统施工过程中的烦琐操作和时间浪费，同时实现个性化定制和灵活性。此外，借助建筑信息模型（BIM）技术，可以对建筑项目进行全过程的数字化管理，实现施工进度和资源的可视化监控，优化施工计划和资源配置。

除了制造业和建筑行业，科技创新还可以推动传统行业的数字化转型。通过建立数字化生产系统，实现生产过程的可视化和优化，进一步提高生产效率。例如，在流程制造领域，引入物联网、大数据分析和人工智能等技术，可以对生产过程进行实时监测和分析，优化生产计划和调度，减少生产中的瓶颈和资源浪费。

（三）提供智能化管理工具和决策支持系统

科技创新为企业提供了更加智能化的管理工具和决策支持系统，帮助企业更好地进行生产计划和资源调配，提高生产效率。

借助大数据分析和人工智能技术，企业可以对市场需求进行精准预测。通过收集和分析海量的市场数据、消费者行为数据以及社交媒体数据等，企业可以了解消费者的喜好和趋势，预测销售量和产品需求，并及时调整生产计划以适应市场变化。这样可以避免过度生产和库存积压，降低滞销风险，提高生产效率和资源利用率。

运用物联网技术和供应链管理系统，可以实现全面的供应链协同和信息共享。通过将生产设备、仓储设施、运输工具等与互联网连接，实现实时数据采集和追踪，企业可以更好地掌握物流信息、库存状况和供应链各环节的运作情况。这样可以提高供应链的可靠性和响应速度，减少物流成本和时间浪费，从而提高生产效率。

在决策支持方面，科技创新提供了强大的数据分析工具和模型。通过建立智能化的决策支持系统，企业可以对生产过程进行全面监控和分析，及时发现问题和瓶颈，并提供相应的优化方案。例如，通过运用生产线实时监测技术，可以实时检测生产过程中的关键参数和指标，预测设备故障和生产异常，及时采取措施进行调整和修复，确保生产线的稳定性和高效运行。

（四）提供灵活和高效的沟通与协作方式

科技创新为企业提供了更加灵活和高效的沟通与协作方式，提高了工作效率和响应速度。

云计算和移动办公技术的应用使得员工可以随时随地进行协同工作和信息交流。通过云存储和在线协作平台，员工可以共享和编辑文档、表格和演示稿等工作文件，实现多人同时协作，避免了传统的邮件往来和版本混乱的问题。此外，移动办公技术使得员工可以使用手机、平板电脑等移动设备进行工作，不再受制于特定的办公场所和设备，提高了工作的灵活性和便捷性。

虚拟现实和远程会议技术的应用可以降低商务差旅成本，并促进跨地区合作和知识共享。通过虚拟现实技术，员工可以参与虚拟会议和培训，无须实际到达会议地点，节省了时间和交通费用。远程会议技术则通过视频会议和在线协作工具，实现了面对面的沟通和讨论，使得分布在不同地区的团队可以实时协作，提高了团队的协作效率。通过远程办公和远程协作工具，企业还能够更好地吸引和留住优秀的人才，建立弹性工作制度，提高员工的满意度和工作效率。

科技创新也为企业提供了更加安全和便捷的沟通工具。例如，企业可以利用加密通信和身份验证技术，确保信息的安全传输和存储。同时，智能语音助手和机器翻译技术的应用，可以帮助员工更快速、准确地进行信息检索和交流，提高沟通效率。

二、科技创新促进产业升级

科技创新对社会经济发展的另一个影响就是促进产业升级。通过科技创新，企业能够引入新的技术、产品和服务，提高产品质量和创新能力，从而推动产业结构的升级和转型。

（一）推动产品和服务的升级

科技创新可以推动产品和服务的升级，通过引入新的技术和材料，企业可以开发出更具竞争力的产品和服务。这些创新能够满足消费者对品质、性能和个性化的需求，拓展市场份额，并提高企业的竞争力和盈利能力。

新材料的应用可以提升产品的强度、耐用性和环保性能。科技创新不断带来新材料的研发和应用，例如高强度钢、碳纤维复合材料等。这些新材料具有优异的物理特性，能够在产品中替代传统材料，提升产品的质量和性能。例如，在汽车制造业中，采用轻量化材料可以减少车身重量，提高燃油效率和行驶性能；在建筑行业中，使用环保材料可以降低对环境的影响，提升建筑物的可持续性。

新技术的应用可以赋予产品更多的功能和智能化特性。随着科技的进步，诸如人工智能、物联网、虚拟现实等技术得到广泛应用。这些技术使得产品能够具备更智能、便捷的特性，提供更好的用户体验。例如，智能手机通过集成多种功能和应用程序，不仅可以进行通信，还能够浏览互联网、拍摄照片、播放音乐等；智能家居产品则通过连接网络和传感器，实现对家庭设备和电器的远程控制和自动化管理。

此外，科技创新也促进了服务业的升级。通过结合互联网、大数据和人工智能等技术，传统服务行业得以数字化、智能化转型。例如，在零售业中，电子商务平台和移动支付技术的发展使得消费者可以随时随地进行在线购物，并享受到便捷的配送服务；在金融业中，智能投顾和移动银行等创新服务模式提供了更个性化、高效的金融服务。

科技创新所带来的产品和服务升级不仅满足了消费者的需求，也推动了企业竞争力的提升。通过不断推陈出新，企业能够吸引更多的消费者，增加市场份额，并实现盈利增长。此外，产品和服务的升级还有助于企业拓展新的市场，进一步扩大经济规模和产业发展。

（二）推动产业结构的转型

科技创新不仅推动产品和服务的升级，还促进了产业结构的转型。传统行业面临着转型的压力，而科技创新为这些行业提供了机会。通过引入新的技术和业务模式，传统行业可以实现从低附加值到高附加值的升级，推动产业结构的转型。

制造业是一个典型的传统行业，面临着全球竞争的挑战。科技创新为制造业带来了数字化、智能化和定制化的转型机遇。通过引入物联网、人工智能和大数据分析等技术，制造业可以实现生产过程的智能化管理和优化，提高生产效率和产品质量。同时，通过定制化生产和个性化服务，企业能够满足消费者日益增长的个性化需求，提高产品附加值和市场竞争力。例如，汽车制造业中的智能驾驶和电动化技术，以及3D打印和柔性生产线等新技术的应用，都为制造业提供了转型和升级的机会。

服务业也是一个重要的传统行业，面临着数字化和互联网的冲击。科技创新为服务业带来了线上线下整合、个性化和智能化的转型机遇。通过利用互联网、移动支付、大数据和人工智能等技术，服务业可以提供更加便捷、个性化和智能化的服务。例如，在零售业中，电子商务平台的兴起使得消费者可以随时随地进行在线购物，并享受到快速配送和个性化推荐等服务；在餐饮业中，外卖平台和智能点餐系统的应用改变了传统餐饮业的经营模式，提供了更多样化的餐饮选择和便捷的订餐体验。

科技创新也为传统行业带来了新的商业模式和产业链条。通过结合互联网、大数据和共享经济等新模式，一些新兴行业得以涌现，为传统行业提供了升级和转型的契机。例如，共享经济模式的兴起促进了共享出行、共享住宿等行业的发展，同时也为传统汽车制造和旅游业等提供了新的合作和商机。

科技创新对于促进产业升级还有其他方面的影响。首先，它可以带来新的商业模式和创新生态系统。通过科技创新，一些新兴行业和企业得以涌现，形成新的商业模式和产业链条，推动经济增长和就业机会的增加。其次，科技创新可以带来知识和技术的转移与共享。通过技术交流、人才流动和跨国合作，企业能够吸收和应用全球最新的科技成果，提高自身的创新能力和竞争力。最后，科技创新还可以促进可持续发展。通过研发和应用环保技术，企业可以减少对资源的依赖和环境的影响，推动经济增长与生态保护的协调发展。

三、科技创新促进社会进步

科技创新对社会进步具有深远的影响。一方面，科技创新改善了人民的生活质量。通过应用新的科技成果，我们可以享受到更加便捷的交通、更高效的医疗、更舒适的居住环境等福利。

在交通领域，科技创新带来了出行方式的革命。例如，共享出行平台和智能导航系统的兴起，使得人们可以更便捷地选择合适的交通工具和路线；电动汽车和自动驾驶技术的发展，为城市交通带来了更环保、安全和高效的解决方案。

在医疗领域，科技创新提供了更精准、个性化的医疗服务。基因测序技术和生物制药的进步，使得疾病的诊断和治疗更加精准和有效；远程医疗和移动健康技术的应用，使得人们可以随时随地进行健康管理和咨询，提高了医疗资源的利用效率。

在居住环境方面，科技创新提供了更智能、舒适的生活方式。智能家居技术的应用，使得家庭设备和电器可以实现联网控制和自动化管理，提高了居住的便利性和舒适度；绿色建筑和节能技术的发展，为可持续发展提供了解决方案，降低了对环境的影响。

另一方面，科技创新也改变了人们的生活方式和思维方式。例如，移动互联网的普及使得人们可以随时随地获取信息和服务，拓宽了知识视野，促进了文化交流和社会互动。社交媒体的兴起改变了人们的社交方式和信息获取途径，增强了人与人之间的联系和合作。

同时，科技创新也为解决全球性问题提供了新的思路和方法。例如，应对气候变化和环境污染等挑战，需要通过科技创新来推动清洁能源和可持续发展的进程。太阳能、风能和生物能等新能源技术的发展，为减少碳排放和保护环境提供了新的选择；环境监测和治理技术的进步，帮助我们更好地了解和应对环境问题。

此外，科技创新也在教育、文化和艺术等领域推动社会进步。通过在线学习平台和远程教育技术，人们可以灵活地获取知识和学习资源，促进了教育的普及和提高；虚拟现实和增强现实技术的应用，为文化遗产保护和艺术创作带来了新的可能性，丰富了人们的文化生活。

第二章 科技情报研究与科技创新

第一节 科技情报研究的概念与价值

科技情报研究是一种通过系统收集、整理、分析和应用科技信息的研究方法和过程。它涉及对科学技术领域内的信息资源进行深入挖掘,以获取有关技术发展、市场趋势、竞争情报等方面的知识。科技情报研究旨在提供决策支持和战略规划,促进科技创新和经济发展。

科技情报研究的核心内容包括科技情报资源的收集与整理、科技信息的分析与评估、科技政策和战略的制定与实施等。通过对科技文献、专利数据库、技术报告、学术期刊、会议论文等信息资源的搜索和分析,科技情报研究可以提供科技前沿动态、技术趋势、竞争对手情报等重要信息。同时,科技情报研究还可应用于技术创新和知识管理,帮助企业和组织进行技术路线规划、市场预测、技术风险评估等工作。

科技情报研究的价值主要体现在以下几个方面。

一、促进科技创新

科技情报研究对于促进科技创新具有重要的价值。科技创新是社会经济发展的引擎,而科技情报研究可以为科技创新提供必要的支持和指导。通过收集、整理、分析和应用科技信息,科技情报研究帮助企业和组织把握技术趋势、市场需求和竞争动态,发现技术瓶颈和创新机会,推动科技创新的实施。

(一)获取科技前沿信息

科技情报研究能够及时获取科技前沿信息,为企业和组织提供最新的科技动态和发展趋势。这对于企业的研发部门和创新团队来说非常重要,可以帮助他们了解最新的技术成果和研究进展,从而在科技创新的道路上保持领先地位。

科技情报研究通过系统收集、整理和分析科技文献、专利数据库、学术期刊等信息资源,以获取科技前沿信息。科技文献是科技情报研究的重要来源之一。研究人员通过检索和阅读相关的科技期刊论文、会议论文和技术报告,了解最新的研究成果和技术进展。科技文献中包含了丰富的科学知识和实验数据，可以帮助研发人员了解当前的科技热点和前沿领域。

专利数据库也是科技情报研究的重要资源。专利是一种对技术成果的保护和公开方式，通过分析专利文献，可以了解到最新的技术发明和创新。专利数据库提供了全球范围内的专利信息，包括专利申请、授权和诉讼等情况。通过检索和分析专利文献，科技情报研究可以及时发现最新的技术趋势和市场动态。

学术期刊和会议论文也是科技情报研究的重要数据源。学术期刊发布了各个领域的研究成果和学术观点，而会议论文通常是研究人员在学术会议上发表的最新研究成果。通过搜索和分析学术期刊和会议论文，科技情报研究可以获取到前沿的科技信息和学术动态，了解学界对于某一领域的最新研究进展和发展趋势。

通过以上途径，科技情报研究可以帮助企业和组织及时获得科技前沿信息。这些信息不仅涵盖了最新的科技成果和研究进展，还包括了技术趋势、市场需求和竞争动态等方面的信息。企业和组织可以利用这些信息来指导自身的研发和创新活动，把握市场需求和技术趋势，发现技术瓶颈和创新机会。同时，及时了解科技前沿信息还可以帮助企业规划技术发展路线、制定创新战略，并在激烈的市场竞争中保持竞争优势。

（二）发现技术瓶颈和创新机会

科技情报研究在发现技术瓶颈和创新机会方面发挥着重要价值，帮助企业寻找突破口并推动科技创新。

科技情报研究可以通过深入分析和评估科技信息来揭示技术瓶颈。通过对专利数据库、学术期刊和技术报告等资源的系统梳理和分析，可以发现某一技术领域存在的难题和制约因素。这些难题可能包括技术限制、成本效益问题、市场需求等方面的瓶颈。了解这些瓶颈问题有助于企业识别出需要攻克的关键技术难题，并为其提供解决方案和技术引进的参考，促进技术的突破和创新。

科技情报研究还可以发现技术交叉和融合的机会，推动不同领域之间的合作与创新。科技的发展往往是多个领域的交叉与融合，通过跨界研究和技术迁移，可以激发出新的创新机会。科技情报研究可以通过对专利、论文和技术报告的综合分析，发现不同领域之间存在的技术共性和相互补充的潜在机会。企业可以利用这些机会来开展跨界合作、引进外部技术或者进行内部创新，从而推动自身的技术创新和市场竞争力的提升。

（三）帮助企业进行技术评估和风险评估

科技情报研究在帮助企业进行技术评估和风险评估方面为企业的科技创新和技术引进提供决策支持和风险管理的参考。

科技情报研究可以通过分析相关的科技信息和市场数据，帮助企业进行技术评估。在进行科技创新或引进新技术时，企业需要评估技术的可行性、成本效益以及市场潜力。科技情报研究可以通过收集和分析专利信息、学术论文、技术报告等资源，了解技术的发展趋势、应用领域和市场需求。这些信息可以帮助企业评估技术的成熟度和适用性，判断其是否具备商业化和落地的潜力。同时，科技情报研究还可以通过对竞争对手的分析，了解他们的技术水平和市场表现，从而对比自身的技术优势和差距，有助于企业制定相应的技术发展策略。

科技情报研究还可以帮助企业评估技术风险和市场风险。在进行技术创新或引进新技术时，企业需要评估潜在的风险和不确定性。科技情报研究可以通过对专利信息、学术论文和技术报告的分析，了解技术的前沿性和竞争态势。同时，还可以通过市场调研和消费者反馈等渠道获取市场信息，了解市场需求和竞争环境。基于这些信息，企业可以评估技术的可行性和市场前景，并识别可能存在的技术风险和市场风险。这有助于企业制定相应的风险管理策略，减少投资风险并提高决策的准确性。

（四）建立知识库和知识管理体系

科技情报研究在建立知识库和知识管理体系方面可以帮助企业更好地管理和应用科技知识，促进知识共享和协同创新。

科技情报研究可以通过收集、整理和分类科技信息，构建起企业内部的知识库和数据库。通过对专利数据库、学术期刊、技术报告等资源的分析和归档，可以将海量的科技信息整合到一个统一的平台上，形成有组织、可检索的知识库。这些知识库可以涵盖各个领域的技术知识，包括专利技术、科研成果、市场趋势等内容。企业可以通过知识库快速获取所需的科技知识，提高知识获取的效率和准确性。

科技情报研究可以帮助企业进行知识管理，促进知识共享和协同创新。通过建立知识库和知识管理系统，企业可以将科技知识组织、分类和标准化，为员工提供便捷的知识检索和分享平台。员工可以通过知识库了解最新的科技动态、行业趋势和竞争对手的情报，从而在决策和创新过程中更加明智地应用科技知识。此外，知识库还可以促进不同部门之间的协同合作与共享，提高整体组织的创新能力。

科技情报研究还可以通过分析科技信息，将其转化为实际的技术创新和商业价值。通过对专利信息、学术论文和市场调研数据的深入分析，企业可以发现潜在的技术趋势和市场机会，从而引导技术创新和产品开发。科技情报研究还可以帮助企业评估技术的可行性和商业化前景，减少投资风险并提高项目成功率。通过科技情报研究，企业可以将收集到的科技知识转化为实际的商业行动，推动技术创新和商业发展。

二、促进产业转型升级

随着科技的不断发展和变革，产业界面临着越来越激烈的竞争和巨大的挑战。科技情报研究可以帮助企业把握科技趋势，提供战略决策的参考依据，为产业转型升级提供支持和指导。

（一）把握科技发展趋势

科技情报研究对于企业把握科技发展趋势具有重要作用。随着科技的快速发展，各行各业都面临着技术更新换代的挑战。科技情报研究通过对新兴技术、前沿科学研究和创新产业的跟踪和分析，能够提供科技发展的方向和趋势，为企业的技术研发和创新提供指导。

科技情报研究可以帮助企业了解新兴技术的发展趋势。随着科技的不断进步，新的技术层出不穷，如人工智能、大数据、物联网等。这些新兴技术在不同行业中都有广泛的应用前景。通过科技情报研究，企业可以及时了解到这些新兴技术的发展动态、应用场景和商业化前景，从而根据自身需求进行技术引进或布局，提前抢占市场先机。

科技情报研究还能帮助企业了解前沿科学研究的进展。科学研究是推动技术创新和产业发展的重要驱动力。通过科技情报研究，企业可以了解到各个领域的前沿科学研究进展，掌握最新的研究成果和技术突破，为企业的技术研发提供参考和借鉴。这样，企业就能够在技术竞争中保持领先地位，提高产品的技术含量和市场竞争力。

科技情报研究还可以帮助企业把握创新产业的趋势。随着经济结构的调整和产业转型升级的需要，创新产业成为推动经济增长和转型升级的重要引擎。通过科技情报研究，企业可以了解到创新产业的发展方向、政策支持和投资机会，从而及时调整自身的战略布局，积极参与到创新产业的建设和发展中。

（二）帮助寻找合作伙伴和资源支持

通过科技情报研究，企业可以了解到科技创新的热点领域、前沿技术和重要机构，从而找到具有合作潜力的企业或研究机构，建立战略联盟、技术合作或合资合作关系。

科技情报研究可以帮助企业找到具有相同或互补技术能力的合作伙伴。在科技创新过程中，往往需要不同领域的专业知识和技术能力进行综合应用。通过科技情报研究，企业可以了解到其他企业或研究机构在相关领域的技术实力和研发成果，找到具有合适技术能力的合作伙伴，共同开展研发项目，实现资源共享和优势互补，提高创新效率和产品质量。

科技情报研究还可以帮助企业获取资源支持。科技创新需要大量的研发资金、人才支持和市场渠道等资源。通过科技情报研究，企业可以了解到科技创新的相关政策、资金支持和人才培养计划，找到适合自身需求的资源支持渠道。例如，可以通过了解国家或地方政府的科技创新政策，申请相应的科研项目资助；还可以通过了解科技孵化器、创投机构等资源平台，寻找到合适的投资和合作机会。

此外，科技情报研究还可以帮助企业建立良好的合作关系和网络。通过科技情报研究，企业可以了解到相关行业的重要机构、协会和展会等活动，参与其中，与同行企业、专家学者进行交流和合作。这样可以拓展企业的合作网络，获取更多的合作机会和资源支持，并且能够在行业内保持领先的信息优势。

（三）促进知识管理和人才培养

通过科技情报研究，企业可以系统地收集、整理、分析和研究各个领域的科技信息和专业知识，从而建立起自己的知识库，积累和沉淀核心技术和专业知识。

科技情报研究可以帮助企业进行知识管理。在科技创新过程中，知识是最宝贵的资产之一。通过科技情报研究，企业可以及时了解到相关领域的前沿知识和最新研究成果，将这些知识整合到企业的知识库中，为企业的技术研发和创新提供支持和参考。同时，科技情报研究还可以帮助企业进行知识共享和传承，将已有的知识和经验分享给组织内部的其他成员，提高组织的学习能力和创新能力。

科技情报研究为人才培养提供了宝贵的实践机会和平台。在科技情报研究过程中，需要专业人才进行信息搜集、分析和研究。通过参与科技情报研究，企业可以培养和锻炼年轻的科研人才，提高他们的科研水平和创新思维。同时，科技情报研究也为企业提供了与高校、研究机构等合作的机会，可以吸引和培养优秀的科研人才，为企业的长远发展提供人才支持。

科技情报研究还可以促进跨领域的知识交流和创新思维的碰撞。在科技情报研究中，涉及多个学科领域的知识和信息。通过开展科技情报研究，不仅可以深入了解自身领域的最新进展，还可以拓宽视野，了解其他领域的技术和发展动态。这样可以促进不同学科之间的交流和合作，激发创新思维，推动跨界融合和创新驱动发展。

三、促进国家科技战略

随着科技的快速发展和全球竞争的加剧，科技情报研究成了指导国家科技创新和决策的重要手段之一。以下是科技情报研究在促进国家科技战略方面的几个方面价值。

（一）提供科技发展趋势分析

通过对新兴技术、前沿科学研究和创新产业的跟踪和分析，科技情报研究可以提供科技发展的方向和趋势。这对于制定国家科技战略和规划具有重要意义。

科技情报研究可以帮助政府及时了解全球科技创新的最新动态。随着科技的快速发展，新兴技术不断涌现，科学研究也在不断突破边界。通过对新兴技术和前沿科学研究的跟踪，政府可以及时了解到全球科技创新的最新进展，掌握技术发展的方向和趋势。

科技情报研究可以帮助政府把握科技发展的大势。科技发展不仅仅是一个个孤立的技术或研究领域，而是一个相互关联、相互影响的系统。通过对各个科技领域的分析和综合，科技情报研究可以揭示出科技发展的整体趋势和演变规律，帮助政府把握科技发展的大势，做出科学决策。

科技情报研究还可以为政府调整科技政策提供参考。科技政策的制定需要基于科技发展的实际情况和趋势。通过科技情报研究，政府可以了解到各个领域的科技创新动态，识别出有潜力的创新方向和重点领域，从而调整科技政策，引导资源投入，推动国家科技创新和产业升级。

（二）优化科技资源配置

科技资源的合理配置和优化对于促进科技发展和推动经济增长至关重要。

科技情报研究可以帮助政府了解科技资源的分布情况。通过对科技人才、科研机构和科技企业的跟踪和分析，可以全面了解各个领域的科技资源的地域分布和数量情况。这有助于政府了解不同地区的科技创新能力和潜力，并针对性地制定科技资源的配置策略。

科技情报研究可以评估科技资源的利用情况和效益。通过对科技研发项目和科技成果的追踪和评估，可以了解科技资源的利用效果和成果转化情况。这有助于政府了解科技资源的投入产出比，优化科技资源的配置，确保资源得到最大化的利用。

科技情报研究还可以帮助政府识别科技创新的热点领域和前沿方向。通过对全球科技创新的跟踪和分析，可以发现新兴技术和前沿科学研究的趋势和突破，识别出有潜力的创新领域。这有助于政府调整科技资源的配置策略，重点支持和投入具有战略意义的科技领域，推动科技创新和产业升级。

最后，科技情报研究还可以为政府制定科技政策提供参考。通过对科技资源的分布、利用情况和前沿趋势的研究，政府可以更加准确地把握科技发展的需求和方向，制定科技政策和规划。这有助于政府合理配置科技资源，提高科技创新的效率和质量。

（三）支持科技产业发展

科技情报研究可以帮助政府了解不同行业的科技创新和发展动态。通过对各个行业的科技研发、技术应用和市场变化的跟踪和分析，可以获取到关于行业发展趋势、技术进步和市场需求的信息。这使得政府能够更加全面地了解不同行业的科技创新情况，为产业政策制定提供科学依据。

科技情报研究可以帮助政府把握科技产业的发展趋势和竞争优势。通过对国内外科技产业的比较研究和分析，可以了解到不同国家和地区的科技产业发展现状和趋势，以及其在全球科技创新中的竞争优势。这有助于政府确定科技产业发展的方向和重点，制定相应的政策和措施。

科技情报研究还可以帮助政府发现新兴产业和创新企业。通过对新兴技术和前沿科学研究的跟踪和分析，可以发现具有创新潜力和市场前景的新兴产业和创新企业。政府可以通过提供政策支持、资金扶持和创业环境改善等方式，促进这些创新企业的成长和壮大，推动科技产业的发展。

最后，科技情报研究还可以为政府制定产业政策和规划提供参考。通过对科技产业发展的跟踪和分析，政府可以了解到产业发展的需求和挑战，识别出科技创新和产业升级的关键领域和方向。这有助于政府制定针对性的产业政策和规划，引导资源投入，促进科技产业的发展和升级。

第二节 科技情报对科技创新决策的支持

科技创新是推动社会进步和经济发展的重要驱动力。在当今信息化时代，科技情报作为一种重要的决策支持工具，为科技创新提供了有力的支持。

一、科技情报的特点

科技情报是通过系统收集、整理、分析和传播科技信息的一种活动。它包括了从多个渠道获取和处理科技信息，以满足科技创新决策的需求。科技情报具有以下几个特点。

（一）多样性

科技情报具有多样性的特点。它的来源广泛，包括科研论文、技术报告、市场调查等各种渠道，涵盖了各个领域的科技信息。

科研论文是一种重要的科技情报来源。科研论文是科学家和研究人员在进行科学研究时所发表的学术成果，包含了大量的研究数据、方法、实验结果和结论。通过阅读和分析科研论文，可以获取最新的科技进展和研究成果，了解领域内的前沿技术和趋势。

技术报告也是科技情报的重要组成部分。技术报告是对某项技术或项目进行详细描述和分析的文档，包含了技术方案、实施过程和结果等信息。技术报告通常由研究机构、企业或政府部门发布，对于了解特定技术领域的发展动态和技术应用具有重要价值。

最后，市场调查也是获取科技情报的重要途径之一。市场调查可以通过问卷调查、访谈、数据分析等方法，了解市场需求、消费者行为和竞争对手情况，为科技创新和产品开发提供参考和指导。市场调查可以帮助科技企业把握市场趋势，进行市场定位和产品策划，从而提高竞争力和市场份额。

（二）及时性

科技情报具有及时性的特点。在快速发展的科技领域，及时获取最新的科技信息对于决策者来说至关重要。

科技情报需要与科技发展同步更新。随着科技的不断进步和创新，新的科研成果、技术突破和市场动态不断涌现。只有及时获取这些最新的科技信息，才能保持对科技发展的敏锐洞察力,把握机遇并做出准确的决策。例如,如果企业错过了某个领域的最新技术突破,可能会失去市场竞争力。

及时的科技情报可以帮助决策者预测和应对未来的科技趋势。通过收集和分析最新的科技信息,可以发现潜在的技术趋势和发展方向,为未来的战略规划提供参考。例如,在人工智能领域,及时了解到最新的算法、应用和市场需求,可以帮助企业抢占先机并推动创新发展。

及时的科技情报还可以提供紧急事件和风险管理的支持。在面临突发事件或技术风险时,及时获取最新的科技情报可以帮助决策者快速作出反应和采取适当的措施。例如,在疫情暴发期间,科技情报可以提供有关病毒传播机制、防控技术和药物研发进展的最新信息,以指导政府和卫生部门的决策和行动。

最后,科技情报的及时性还可以促进科技创新和合作。通过及时分享和交流科技情报,不同机构和领域的研究人员可以更好地了解彼此的研究方向和成果,激发创新思维,并可能形成跨学科合作和技术转移。这有助于加快科技进步和推动社会经济的可持续发展。

(三)精准性

科技情报具有精准性的特点。为了提供准确、可靠的科技信息,科技情报需要经过专业人员的整理和分析,以避免决策者基于错误或不完整的信息做出错误的决策。

科技情报的整理和分析需要由专业人员进行。这些专业人员通常具备丰富的科技背景知识和研究经验,能够理解和解读科技文献、专利等复杂的科技信息。他们可以根据需求和目标,从大量的信息中筛选出相关、有用的内容,并对其进行深入的分析和评估,以确保提供的科技情报具有高度的精准性。

科技情报的来源需要经过权威认证和验证。在收集科技情报时,专业人员会选择来自可靠的来源,如高水平的科研期刊、国际专利数据库、知名研究机构发布的报告等。这些来源经过严格的审核和评审程序,所提供的信息被认为是准确、可信的。通过依赖这些权威的来源,科技情报能够保持精准性。

此外,科技情报的处理过程也要注意数据的准确性。专业人员在整理和分析科技情报时,需要对数据进行验证和核实。他们会仔细审查数据的来源、实验方法、样本规模等,确保数据的可靠性和准确性。如果发现数据存在问题或矛盾,他们将进行进一步的调查和验证,以确保提供的科技情报是精准的。

最后，科技情报的表达方式也要注重准确性。专业人员在向决策者传递科技信息时，需要使用准确、清晰的语言，避免模糊和误导。他们会根据受众的背景和需求，选择恰当的表达方式，确保所传达的科技情报被准确理解和运用。

二、科技情报在科技创新决策中的作用

科技情报在科技创新决策中发挥着重要的作用，主要表现在以下几个方面。

（一）提供市场需求信息

科技情报在科技创新决策中扮演着重要的角色。其中之一就是提供市场需求信息，通过对市场调查和用户反馈的分析，为企业确定产品研发方向、减少技术风险并增加市场竞争力。

科技情报可以通过市场调查获取市场需求的信息。市场调查是一种系统性的数据收集和分析过程，通过问卷调查、访谈、观察等方法来了解消费者的需求、偏好和行为。科技情报分析师可以利用这些调查结果，深入了解市场的需求背景、趋势和痛点，帮助企业了解市场的动态变化，并根据市场需求进行有针对性的科技创新。

科技情报还可以分析用户反馈，以获取有关市场需求的信息。通过监测用户的评价、意见反馈和消费行为，科技情报分析师可以了解用户对产品的满意度、改进建议和未满足的需求。这样的信息能够指导企业对现有产品的优化改进，也可以启发企业开发新产品或服务，以满足市场需求并提升用户体验。

基于市场需求信息，科技情报可以为企业确定产品研发方向。科技创新需要有明确的目标和方向，而市场需求作为一个重要的驱动力，可以引导企业确定何种技术或产品是最具有市场潜力和竞争优势的。科技情报分析师可以通过对市场需求信息的综合分析，为企业提供关于产品特性、功能要求、定价策略等方面的建议，以支持企业做出明智的研发决策。

此外，科技情报还能帮助企业减少技术风险并增加市场竞争力。科技创新往往伴随着技术风险，而科技情报的收集和分析可以揭示当前技术发展的趋势、前沿领域的突破和竞争对手的动态，帮助企业评估技术可行性和风险，选择适合自身实力和市场需求的创新方向。同时，科技情报也能为企业提供竞争对手的信息，让企业了解市场上的其他同类产品或服务，从而制定更有竞争力的营销策略。

（二）支持技术评估与选择

科技情报在技术评估与选择方面发挥着重要作用。通过对技术状况、发展趋势、优缺点等方面的分析，科技情报为决策者提供了参考依据，帮助其了解不同技术之

间的差异,并选择最适合自身需求的技术路径。

科技情报可以提供关于技术状况和发展趋势的信息。科技领域的技术日新月异,新的技术不断涌现,而科技情报通过收集、整理和分析大量的科技信息,可以向决策者提供关于各种技术的最新进展、应用领域、创新潜力等方面的信息。这些信息有助于决策者了解当前技术的状况和发展趋势,从而预测未来的技术发展方向,为技术评估和选择提供指导。

科技情报可以分析技术的优缺点和潜在风险。不同的技术在性能、成本、可靠性、适用性等方面存在差异,科技情报分析师可以通过对各种技术的优缺点进行综合比较和评估,帮助决策者了解技术的潜在优势和限制。同时,科技情报还可以揭示不同技术可能面临的风险,如技术可行性、知识产权问题、市场接受度等,从而让决策者能够全面考虑技术选择的风险与收益。

科技情报还可以提供相关技术的应用案例和成功实践。通过对已经应用于实际项目或产品中的技术进行分析和研究,科技情报分析师可以为决策者提供有关技术应用的案例和实践经验。这些信息可以帮助决策者了解技术的实际效果和商业价值,评估技术在特定领域或应用场景中的适用性和可行性。

（三）监测竞争态势

科技情报对于企业来说非常重要,它可以帮助企业及时了解竞争对手的技术动向和发展趋势。通过监测竞争态势,企业可以更好地应对市场竞争,提高自身的竞争力。

科技情报可以帮助企业分析竞争对手的专利情况。专利是企业创新的重要保护手段,它反映了一个企业在技术领域的研究与开发能力。通过分析竞争对手的专利,企业可以了解竞争对手的技术优势和弱点,从而指导自身的研发方向。如果发现竞争对手拥有具有竞争优势的专利,企业可以考虑与其进行合作或寻找替代技术,以保持自身的竞争力。

科技情报还可以帮助企业了解竞争对手的科研成果。科研成果是企业技术实力的体现,它们可以为企业带来创新和差异化竞争的机会。通过监测竞争对手的科研成果,企业可以及时了解行业的最新技术趋势和发展方向,从而调整自身的研发战略。此外,科技情报还可以帮助企业发现行业的技术空白和研发机会,为企业提供新的增长点。

最后,科技情报对于决策者来说也非常重要。决策者可以通过科技情报了解市场上同类产品的竞争态势,包括竞争对手的定位、市场份额和市场反应等。这些信息可以帮助决策者评估企业在市场上的竞争地位，并制定相应的市场营销策略。同时，科技情报还可以帮助决策者预测行业未来的发展趋势，从而做出更加明智的决策。

第三节　科技情报研究的方法和步骤

科技情报研究是一项系统性的工作，它通过收集、分析和评估与科学技术相关的信息，为科技创新决策提供支持和指导。科技情报研究涉及的方法和步骤可以概括如下。

一、方法

（一）收集方法

科技情报的首要任务是收集相关信息。收集方法包括以下几种。

1.文献检索

文献检索是通过多种途径，如数据库、图书馆等，获取学术论文、专利文献、技术报告等相关资料的过程。在进行文献检索时，我们可以使用各类在线数据库，如学术搜索引擎、学术期刊数据库、专利数据库等，也可以利用图书馆的资源和服务。

学术搜索引擎是文献检索的重要工具之一。著名的学术搜索引擎包括 Google 学术、百度学术、谷歌学术等。通过输入关键词或相关领域的专业术语，学术搜索引擎可以快速筛选出与所需资料相关的学术论文、会议论文、学位论文等。

学术期刊数据库是获取学术论文的重要途径。常见的学术期刊数据库有 Web of Science、ScienceDirect、IEEE Xplore 等。这些数据库收录了大量的学术期刊和会议论文，并提供了搜索、浏览、下载等功能，方便用户查找需要的文献资料。

专利数据库是获取专利文献的主要来源。世界知识产权组织（WIPO）的 Patentscope、美国专利商标局（USPTO）的美国专利数据库等是常用的专利数据库。通过这些数据库，用户可以检索到各个领域的专利文献，了解相关技术的发展和创新。

另外，图书馆也是进行文献检索的重要资源之一。图书馆通常收藏了大量的纸质书籍、期刊和报告，同时也提供了电子资源库和在线目录等服务。通过向图书馆咨询、查询其馆藏目录，我们可以找到所需的学术文献和其他资料。

2.网络搜索

网络搜索是利用互联网搜索引擎，如 Google、百度等，在线查询和获取相关的科技信息的过程。通过网络搜索，我们可以获得各种领域的科技资讯、学术论文、技术文档、实验数据等。

网络搜索引擎是进行网络搜索的关键工具。Google 作为全球最大的搜索引擎，提供了强大的搜索功能和广泛的索引范围，用户可以通过输入关键词来查找所需的科技信息。百度作为中国最大的搜索引擎，也能够提供丰富的科技信息，并针对中文内容进行更精确的搜索结果展示。

网络搜索还可以通过专业的科技网站和学术机构的网站进行。许多科技机构和学术组织在其官方网站上提供了大量的科研成果、学术论文、研究报告等信息。例如，IEEE Xplore 是一个重要的学术数据库，提供了电子工程、计算机科学、信息技术等领域的学术文章和会议论文。

此外，一些专门的科技媒体网站也是获取科技信息的重要来源。这些网站通常报道最新的科技动态、科技产品评测、科技趋势分析等内容，如科技媒体网站 TechCrunch、Engadget 等。通过访问这些网站，我们可以了解到最新的科技发展和创新。

在进行网络搜索时，我们应该根据需求选择合适的关键词，使用搜索引擎的高级搜索功能来提高搜索结果的准确性。此外，评估搜索结果的可靠性也很重要，我们应该关注来源的权威性和可信度，尽量选择来自学术机构、科研机构和官方网站的信息。

3.专家咨询

专家咨询是通过与领域内专家、学者、企业界人士等进行交流，获取他们的经验和观点的过程。通过与专家进行咨询，我们可以获得宝贵的行业见解、专业知识以及实践经验。

专家咨询可以帮助我们解决具体问题或面临的挑战。专家在自己的领域拥有深入的知识和经验，可以提供针对性的建议和解决方案。无论是在科研、工程项目还是商业决策中，与专家进行咨询可以帮助我们避免走弯路，提高工作效率和质量。

专家咨询可以拓宽我们的视野并更新我们的知识。专家通常对于行业发展趋势、技术创新和前沿研究有着较为敏锐的洞察力。通过与他们交流，我们可以了解最新的行业动态、技术进展以及市场趋势，从而不断更新自己的知识和认知。

专家咨询还可以促进合作与合作伙伴关系的建立。专家通常在行业内具有较高的声誉和影响力，他们的认可和支持对于我们在行业中的发展和合作机会都具有积极的影响。通过与专家建立联系，并与其交流合作，我们可以拓展人脉网络，寻找到合适的合作伙伴和资源。

在进行专家咨询时，我们应该选择与自己需求相关领域的专家，并尊重他们的意见和建议。我们可以通过学术会议、研讨会、专业社交平台等渠道来接触和联系专家。同时，我们还应该充分准备好问题和话题，以便与专家进行高效、有针对性的交流。

（二）分析方法

科技情报的核心是对收集到的信息进行分析和处理，以提取有价值的知识和见解。常用的分析方法如下。

1.文献综述

文献综述是一种分析方法，通过对已有文献进行综合分析，总结和归纳相关研究成果，从而发现其中的规律和趋势。这种方法通常用于研究某一特定领域或问题，并可以提供对该领域的全面了解和深入认识。

在进行文献综述时，首先需要确定研究的范围和目标。选择合适的关键词和检索策略，使用各类学术数据库和图书馆资源，检索并收集与研究领域相关的文献资料。这些文献包括学术论文、期刊文章、会议论文、书籍、技术报告等。

接下来，需要对收集到的文献进行筛选和评估。根据预先设定的标准，如研究对象、研究方法、研究结果等，对文献进行筛选，保留与研究主题相关且质量较高的文献。同时，还要对文献的来源、作者背景、研究方法等进行评估，以确保所选文献的可靠性和权威性。

还要通过阅读和分析所选文献，将其进行整理和归纳。可以根据研究的主题和目标，按时间顺序、主题分类或理论模型等方式对文献进行组织。同时，需要注意发现文献之间的关联和相互影响，分析其中的规律、趋势和发展动态。

最后，根据对文献的综合分析，撰写文献综述报告或论文。在报告中，可以总结已有研究的成果和不足，提出自己的观点和建议，并为未来的研究方向提供参考和指导。

2.SWOT分析

SWOT分析是一种常用的分析方法，通过对科技项目的优势、劣势、机会和威胁进行评估和分析，以了解项目的可行性、竞争优势和发展方向。

优势指的是项目内部的有利条件和优势因素。这些因素可以包括技术专长、独特的知识产权、资源优势、团队实力等。通过分析项目的优势，可以确定项目的核心竞争力和价值主张，为项目的成功奠定基础。

劣势指的是项目内部的不利条件和劣势因素。这些因素可能包括技术难题、资金短缺、团队能力不足等。通过分析项目的劣势，可以识别项目面临的挑战和风险，并制定相应的改进措施和策略。

机会指的是外部环境中的有利条件和机遇因素。这些因素可能包括市场需求的增长、政策支持、合作机会等。通过分析项目的机会，可以抓住市场的机遇和潜在的合作伙伴，从而提高项目的成功率和市场占有率。

威胁指的是外部环境中的不利条件和威胁因素。这些因素可能包括竞争对手的存在、技术变革、市场竞争激烈等。通过分析项目的威胁，可以制定相应的对策和风险管理措施，以保护项目的利益和稳定发展。

在进行 SWOT 分析时，需要收集相关数据和信息，并结合实际情况进行综合评估。可以通过市场调研、行业分析、竞争对手分析等手段获取所需的数据和信息。同时，还要根据具体情况制定相应的策略和计划，以优化项目的发展路径和决策方向。

3.技术路线图

技术路线图是通过对技术发展的历史、现状和趋势进行综合分析，制定出科技创新的路径和规划。这种方法旨在帮助科技创新者和组织确定技术发展的方向、目标和策略，以推动科技的进步和应用。

技术路线图需要对技术发展的历史进行回顾和分析。通过了解过去的技术发展趋势、关键突破和成功案例，可以从中汲取经验和教训，并为未来的技术创新提供参考和启示。

技术路线图还要对当前技术的现状进行评估和分析。通过调研市场和行业情况，了解当前技术的发展水平、应用领域和瓶颈问题。同时，还要对相关产业链、竞争对手和政策环境等因素进行考虑，以全面把握当前技术创新的情景。

通过对技术发展的趋势进行预测和分析，制定出未来的技术路线和规划。这包括对技术的演化路径、关键技术的发展方向、技术集成与交叉创新等方面的考虑。通过结合市场需求、产业发展和科技前沿的趋势，制定出适应未来发展的技术战略和目标。

在制定技术路线图时，需要考虑各种因素的影响和权衡，如技术可行性、市场需求、竞争环境、资源投入等。同时，还要充分借鉴专家意见、市场反馈和相关数据支持，以确保制定出具有可行性和有效性的技术路线和规划。

最后，技术路线图需要根据实际情况进行不断调整和更新。随着技术和市场的变化，路线图需要灵活调整，以适应新的挑战和机遇。持续的监测和评估可以帮助及时调整策略，确保技术路线图的有效性和可持续发展。

（三）评估方法

科技情报的另一个重要任务是对科技创新项目进行评估。常用的评估方法如下。

1.技术经济评价

技术经济评价是对科技项目的技术可行性和经济效益进行评估的方法，旨在确定项目的投资回报率和风险收益比。这种评价可以帮助决策者和投资者了解项目的经济潜力、可持续性以及投资风险，并为决策提供依据。

技术经济评价需要对项目的技术可行性进行分析。这包括评估项目所采用的技术是否成熟、稳定，是否能够实现预期的目标和效果。通过分析技术可行性，可以确定项目是否具备实施的基础，从而避免不必要的风险和损失。

技术经济评价还需要对项目的经济效益进行评估。这包括确定项目的投资成本、运营成本以及预期的收益。通过制定财务模型、考虑市场需求和价格等因素，可以对项目的盈利能力、现金流量和投资回报进行预测和分析。

通过对技术可行性和经济效益的综合评估，计算项目的投资回报率和风险收益比。投资回报率是指项目的预期收益与投资成本之间的比率，反映了项目的盈利能力和投资回报速度。风险收益比则是指项目预期收益与风险之间的关系，用于评估项目的风险承受能力和投资价值。

在进行技术经济评价时，需要考虑一些重要的因素。同时，还要进行灵敏性分析和风险评估，以应对不确定性和风险的影响，并制定相应的风险管理策略。

2.市场调研

市场调研是一种评估科技项目在市场上潜力和前景的方法，通过对市场需求、竞争态势等方面进行调查和分析。这种调研可以帮助科技创新者了解市场的需求和趋势，为项目的定位、推广和商业化提供依据。

市场调研需要对目标市场的需求进行调查和分析。这包括了解目标市场的规模、增长趋势、消费者行为和偏好等因素。通过收集市场数据、进行问卷调查、开展访谈等手段，可以了解目标市场的实际需求和潜在机会，从而确定项目的市场定位和发展策略。

市场调研还要对竞争态势进行评估。这包括识别现有竞争对手、分析其产品特点、定价策略以及市场份额等。通过比较和分析竞争对手的优势和劣势，可以找到自身的差异化竞争策略，并制定相应的市场推广和销售策略。

通过市场调研，可以识别出市场的机遇和挑战。这可以包括新兴技术的发展趋势、政策环境的变化以及消费者需求的转变等。通过抓住市场机遇，可以为科技项目的发展提供有利的外部环境和商业机会。同时，识别市场挑战可以帮助科技创新者制定相应的风险管理策略，提前应对可能的问题和障碍。

根据市场调研的结果，可以制定出项目的市场营销策略和推广计划。这包括确定目标市场、定位产品特点、制定市场推广渠道和传播方式等。同时，还要进行市场测试和反馈收集，不断优化产品和服务，以适应市场的需求和变化。

二、步骤

（一）定义研究目标

在进行科技情报研究之前，首先需要明确研究的目标和问题。定义研究目标是科技情报研究的第一步，它对于整个研究过程的顺利进行至关重要。

定义研究目标时，可以从以下几个方面考虑。

1.研究的目的

研究的目的是明确研究的方向和目标，以解决特定的问题或达到特定的目标。无论是学术研究、市场调研还是企业战略规划，确定研究的目的都是至关重要的。

研究的目的可以是填补知识空白。在某个领域内，可能存在尚未被充分研究或理解的问题。通过进行研究，可以获取新的知识，填补现有知识的不足之处，并推动该领域的发展。

研究的目的可以是解决实际问题。许多研究项目都致力于解决现实生活中的问题，如环境保护、医疗改进、经济发展等。通过深入研究问题的本质和原因，可以找到解决问题的方法和策略，为社会带来实际的影响和改变。

研究的目的也可以是探索新的机遇和趋势。随着科技的快速发展和社会的不断变化，许多行业都面临着新的挑战和机遇。通过研究行业的创新趋势、市场需求以及竞争对手的优势，可以为企业制定战略决策提供有力的支持。

2.研究的范围

研究的范围是指在进行科技情报研究时所涉及的领域、主题和内容的界定。明确研究的范围对于确定研究的边界、重点和可行性非常重要。

研究的范围可以根据研究目标来确定。不同的研究目标需要关注的领域和主题可能有所不同。例如，如果研究目标是了解某个特定领域的技术发展趋势，那么研究的范围将主要集中在该领域相关的技术信息、创新动态等方面。

研究的范围还可以受限于可行性和资源限制。在实际研究中，往往会面临时间、资金、人力等资源的限制。因此，需要根据可行性考虑，选择合适的范围进行深入研究。同时，也要权衡范围的广度和深度，以确保能够充分覆盖关键信息并提供有价值的研究成果。

研究的范围还应考虑到信息收集和分析的可行性。科技情报研究往往需要进行大量的信息收集和分析工作，因此研究的范围应在可获取的信息范围内。还需要考虑信息的可靠性和准确性，以保证研究结果的可信度。

3.研究的对象

研究的对象是指研究者所关注和要研究的主体或客体。确定研究的对象是进行科学研究的重要步骤之一，它直接影响研究的方向、内容和深度。

在确定研究的对象时，需要考虑研究的目的和问题，以及研究者的兴趣和能力。例如，如果研究的目的是了解某个特定企业的技术发展情况，那么该企业就是研究的对象。研究者可以通过调查、观察、访谈等方法来获取该企业的相关数据和信息，进而分析和评估其技术发展的现状和趋势。

研究的对象也可以是更广泛的范围，比如整个行业或领域。如果研究的目的是揭示某个行业的创新趋势，那么整个行业就是研究的对象。研究者可以通过收集大量的行业数据、分析市场动态、跟踪相关政策等方式，来探索该行业的创新发展规律和趋势。

确定研究的对象有助于聚焦研究的方向和内容。通过明确研究的对象，研究者可以更有针对性地选择研究方法和数据来源，提高研究的可行性和有效性。此外，研究对象的确定还可以帮助研究者界定研究的范围和深度，避免过于笼统或过于狭窄的研究结果。

4.研究的问题

研究的问题是指研究者在进行科学研究时要解决或回答的具体疑问或挑战。明确研究的问题是科学研究的重要一步，它对于指导研究的方向和方法选择至关重要。

在确定研究的问题时，需要考虑研究的目的、背景和现实需求。研究问题应该能够提供有针对性的信息和洞察，以解决特定领域或主题中的知识空白或实践问题。例如，如果想了解竞争对手在某一技术领域的优势和创新能力，研究问题可以是："竞争对手是如何在该技术领域取得竞争优势的？他们的创新能力有何特点和优势？"通过研究这个问题，可以收集相关的数据和信息，分析竞争对手的战略、资源配置和创新实践，从而为自身的技术发展提供启示和借鉴。

研究问题还可以是针对未来的预测和趋势分析。比如，如果想预测未来几年的技术发展趋势，研究问题可以是："在未来几年内，该技术领域的发展趋势会如何变化？有哪些关键技术和创新方向？"通过研究这个问题，可以搜集相关的市场数据、行业报告、专家意见等，分析和预测技术的演进路径和可能的应用场景，为企业的决策制定提供参考和依据。

通过明确研究目标，科技情报研究可以更加有针对性地进行，避免盲目收集和分析大量无关的信息。同时，明确的研究目标也为后续的信息收集、分析和输出提供了指导，提高了研究的效率和准确性。因此，在进行科技情报研究之前，务必认真定义研究目标，并尽可能明确和具体。

（二）收集信息

收集信息是科技情报研究中至关重要的一步，它为研究者提供了必要的素材和数据支持。在进行信息收集时，可以采取以下几种方式。

1.利用数据库

利用数据库是收集信息的一种常见方法，它可以提供大量的专业、权威和有关联的数据和文献资源。

（1）学术文献数据库。

学术文献数据库收录了各种学术期刊、会议论文和学位论文等，涵盖了广泛的研究领域和主题。通过搜索和阅读学术文献，可以了解最新的研究成果、方法和理论，把握领域的前沿动态和趋势。

（2）商业数据库。

商业数据库主要收录了市场调研报告、行业分析报告、企业财务数据等商业信息。这些数据库可以提供与特定行业或企业相关的信息，包括市场规模、竞争格局、消费者行为等方面的数据，有助于了解市场趋势和企业战略。

在利用数据库进行信息收集时，需要明确研究目标和关键词，并选择适当的数据库进行检索。通过合理运用各种检索策略和工具，如关键词检索、引文分析、过滤条件等，可以提高检索结果的准确性和有效性。

此外，在使用数据库进行信息收集时，还应注意评估所获取信息的质量和可靠性，尽量选择权威和有信誉的数据库来源。同时，及时更新数据库的数据和文献，以获取最新的信息和研究成果。

2.关注行业动态

关注行业动态是获取信息的重要途径，可以通过行业报告、市场调研报告、新闻媒体等渠道了解行业的发展趋势和最新动态。

行业报告是由专业机构或研究机构发布的对某个特定行业进行深入分析和评估的报告。这些报告通常包括市场规模、竞争格局、发展趋势、技术创新等方面的数据和观点。研究者可以订阅相关行业报告，及时获取并分析其中的信息，从而了解行业的现状和未来的发展方向。

关注行业领域的新闻报道也是获取行业动态的重要途径。通过关注权威媒体、行业协会的官方网站、专业社交媒体等渠道，可以获取到最新的行业新闻、企业动态、技术突破等信息。这些报道往往能够及时反映行业的变化和趋势，对研究者了解行业的发展具有重要意义。

在关注行业动态时，需要选择权威和可靠的信息源，并进行筛选和分析，以确保获取到的信息准确、全面。同时，还可以参与行业会议、研讨会等活动，与同行进行交流和分享，深入了解行业内部的动态和观点。

3.参加会议和研讨会

参加行业会议、学术研讨会等活动是获取科技情报的重要途径，这些活动提供了与专家学者和业内人士交流的机会，能够获取前沿的科技信息和创新思路。

行业会议是行业内部专业人士聚集的平台，汇集了来自不同领域和企业的专家和从业者。在会议上，专家学者通常会进行主题演讲、技术分享或研究成果报告，他们可以提供最新的科技动态、研究进展和实践经验。通过参加会议，研究者可以直接听取专家的观点和见解，获取到最新的科技情报和行业趋势。

学术研讨会是学术界交流和探讨研究成果的重要场合。研讨会通常以特定的学术领域为主题，研究者可以在会议上展示自己的研究成果，并与其他研究者进行深入的交流和讨论。通过参与学术研讨会，研究者可以了解最新的学术进展、研究方法和理论框架，同时也可以建立学术合作网络，扩展自己的学术圈子。

此外，与其他研究者的面对面交流也是获取科技情报的重要途径。在会议和研讨会期间，参与者可以与其他研究者进行深入的讨论和交流，分享各自的研究经验、观点和发现。这种互动和碰撞能够激发新的思路和创新灵感，帮助研究者拓宽研究视野和深化对问题的理解。

在参加会议和研讨会时，研究者需要提前了解活动的议程和主题，选择对自己研究领域有关联的活动参加。同时，还可以积极参与讨论和问答环节，与专家学者互动交流，提出问题并寻求他人的意见和建议。

4.利用科技情报工具和平台

现代科技情报研究离不开信息技术的支持，利用科技情报工具和平台可以快速筛选和收集相关信息，提高信息收集的效率和准确性。

科技情报数据库是获取科技信息的重要来源之一。科技情报数据库往往具有强大的检索功能，可以根据需求进行高级检索、过滤和排序，帮助研究者快速定位所需的信息。

数据挖掘技术在科技情报研究中发挥着重要作用。数据挖掘技术可以自动地从大规模数据集中发现隐藏的模式、关联和趋势。通过应用数据挖掘技术，研究者可以对海量的科技数据进行分析和挖掘，发现新的见解和知识，提供支持决策制定的数据驱动结果。

还有一些科技情报平台和工具提供了更加全面和个性化的服务。例如，一些在线学术搜索引擎和文献管理工具，如 Google Scholar、Mendeley 等，可以帮助研究者更方便地搜索和管理学术文献。还有一些科技情报平台提供专业的数据分析和可视化工具，如 Python 编程语言和 R 语言，可以进行统计分析、数据可视化等操作，提高研究的深度和广度。

在利用科技情报工具和平台时，研究者需要熟练掌握相关工具和技术，了解其功能和使用方法。同时，也要注意选择权威和可信赖的工具和平台，确保所获取的信息和数据的准确性和可靠性。

在收集信息的过程中，需要注意信息的有效性和可靠性。可以通过多渠道获取信息、进行信息交叉验证，尽可能获取权威和可信的信息源。同时，及时整理和归档收集到的信息，以便后续的分析和应用。

（三）信息筛选和整理

在进行科技情报研究时，信息筛选和整理是非常重要的环节，它有助于从大量的收集信息中提取出有价值的内容，并为后续的分析和应用提供便利。以下是信息筛选和整理的步骤：

1.信息筛选

信息筛选是根据研究目标和问题，对收集到的信息进行筛选，以确保留下与研究主题密切相关且具有可信度的信息。

在信息筛选过程中，可以根据关键词、主题或其他筛选条件来排除与研究主题无关或冗余的信息。通过设定合适的搜索条件，可以过滤掉不相关的文献、数据或其他资料，将注意力集中在与研究目标紧密相关的内容上。

在选择信息时，需要考虑信息的质量和来源可靠性等因素。优先选择权威、可信赖的出版物、专业数据库或由专家学者撰写的文献。这些来源通常经过同行评审或其他严格审核程序，具有较高的学术标准和可信度。同时，也要关注信息的时效性，尽量选择最新的、与研究目标相关的信息，以保持研究的前沿性和实用性。

在进行信息筛选时，研究者还应注意避免过度筛选的情况。尽管筛选能够提高信息的质量和相关性，但过度筛选可能会导致信息的局限性，忽略了一些潜在的有价值的信息。因此，在筛选过程中应保持一定的开放性和灵活性，根据具体情况综合考虑，并结合研究目标和问题做出判断。

2.信息整理

信息整理是对筛选出的信息进行归类、编目和标签化的过程，以便于后续的管理、检索和使用。

可以根据不同的分类标准将信息进行分类。例如，可以按照技术领域、行业类型、研究方法、地区等方式进行分类。通过分类可以使得信息更加有组织性和结构化，方便快速定位和查找特定主题或领域的信息。

可以对信息进行编目和标签化。通过为每个信息添加适当的描述和关键词标签，可以提供更多的元数据信息，进一步增强信息的可搜索性和可发现性。这些编目和标签信息可以包括标题、作者、来源、关键词、摘要等，以及其他辅助信息，如发布时间、引用文献等。

同时，可以建立信息库或数据库，将整理好的信息进行存储和管理。信息库可以采用各种形式，如电子文档、文件夹、数据库系统等，根据具体需求选择合适的存储方式。在建立信息库时，可以根据研究目标和问题设计合理的数据结构和字段，以便于后续的检索和利用。

在信息整理的过程中，需要注意保持信息的更新和维护。随着新的研究成果和信息的产生，需要及时将其纳入信息库，并更新相关的分类、编目和标签信息。定期检查和清理信息库，删除过时或无用的信息，保持整个信息体系的有效性和可靠性。

3.数据清洗和去重

在信息整理过程中，数据清洗和去重是确保数据质量和一致性的重要步骤。

数据清洗是对收集到的信息进行规范化、统一化和修正错误的过程。这包括对文本、数字、日期等数据进行格式标准化，确保数据的一致性和可比性。同时，还可以检查和修复可能存在的错误、缺少或不完整的数据，提高数据的准确性和完整性。数据清洗还可以涉及消除特殊字符、处理缺失值、解决数据不一致等问题，以使数据达到可用状态。

数据去重是指在整理的数据集中识别和删除重复的信息。重复数据的存在可能会导致冗余和混乱，影响数据分析和使用的准确性和效率。通过去重处理，可以确保每个信息只出现一次，并避免重复计数或误判。去重可以基于关键字段进行比对，如标题、作者、来源等，通过算法或规则来识别并删除重复的记录。

在进行数据清洗和去重时，需要制定相应的策略和规则，并利用合适的工具和技术进行操作。可以借助数据库管理系统或数据清洗软件来实施数据清洗和去重的任务。此外，也可以运用编程语言和算法进行数据清洗和去重的自动化处理。

需要注意的是，数据清洗和去重是一个迭代和持续的过程。随着新数据的加入和原始数据的变动，可能需要定期进行数据清洗和去重的操作，以确保数据的质量和一致性。

4.建立索引和标签

为了方便后续的检索和使用，可以对整理好的信息建立索引和标签，以提高信息的可发现性和利用效率。

建立索引是将关键词或分类体系与信息进行关联的过程。可以根据研究主题、内容特点或数据结构等因素，选择适当的索引方式。常见的索引方式包括主题索引、关键词索引、作者索引、时间索引等。通过为每个信息添加相应的索引标记，可以在需要时快速定位和检索相关信息，节省时间和精力。

建立标签是为信息打上特定的标记或标签，用于描述信息的属性、特征或关联关系。标签可以是自定义的关键词、术语、分类标准等，也可以是预定义的标签集合。通过为信息添加标签，可以更加直观地描述信息的内容和属性，便于在大量信息中筛选和筛查。标签还可以用于构建知识图谱或关系网络，揭示信息之间的联系和相互作用。

在建立索引和标签时，需要根据具体需求和信息特点进行设计和规划。可以考虑采用统一的标准或规范，以确保索引和标签的一致性和可比性。同时，也要注意随着新的信息加入和信息内容的变动，及时更新索引和标签，以保持其有效性和准确性。

在实际操作中，可以借助数据库管理系统或信息管理工具来建立索引和标签。这些工具通常提供了相应的功能和界面，使得索引和标签的建立更加便捷和高效。

5.文档摘要和注释

针对较长的文献、报告或专利，可以进行摘要和注释的处理，以便于快速了解文献内容并提供更多附加信息。

摘要是对文献内容的简洁概括。通过阅读文献并从中提取出关键信息和主题要点，可以编写一段凝练的摘要。摘要通常包括文献的目的、方法、结果和结论等关键信息，使读者能够在短时间内了解文献的核心内容。摘要的撰写应注意准确表达和简明扼要，避免歧义和主观评价。

注释是对文献的评价、意见或附加说明。注释可以补充文献的背景、方法、数据源、限制条件等详细信息，帮助读者更好地理解文献和所涉及的内容。注释还可以提供个人观点、对文献的评论或与其他相关研究的联系，为读者提供更多的参考和思考角度。在撰写注释时，需要确保信息准确性和客观性，并尽量避免引入主观偏见。

通过进行摘要和注释的处理，可以使较长的文献更具可读性和可理解性。摘要提供了文献的核心内容，读者可以根据摘要快速了解文献的主题和要点，决定是否需要深入阅读。注释则提供了更多的背景信息和附加说明，帮助读者更好地理解文献，并为进一步研究提供参考。

在撰写摘要和注释时，应注意准确性、简明扼要和客观性。摘要和注释应与原文相互协调，避免歪曲原意或误导读者。同时，还要注意尊重知识产权和引用规范，遵循相关的引用格式和规则。

信息筛选和整理的目的是将海量的信息转化为有组织、易于使用的形式，为后续的分析和应用提供基础。通过合理的筛选和整理，能够节约时间和精力，提高研究的效率和准确性。因此，在科技情报研究中，信息筛选和整理是不可或缺的重要环节。

（四）信息分析

在科技情报研究中，信息分析是对收集和整理的信息进行深入研究和解读的过程，旨在从海量的数据中发现有价值的见解和洞察。信息分析可以采用定量和定性的方法，具体如下。

1.定量分析

定量分析是通过数据统计和建模等方法对信息进行量化处理，以揭示趋势和规律的一种分析方法。常见的定量分析方法包括统计分析、数据挖掘、回归分析等。

统计分析是定量分析的基础方法之一。通过收集和整理相关数据，可以计算关键指标的平均值、标准差、频率分布等统计量，从而了解数据的特征和分布情况。统计分析可以帮助研究者发现数据中的规律和趋势，为后续的决策和预测提供依据。

数据挖掘是利用计算机技术和算法,从大规模数据集中发现隐藏的模式、关联和趋势的一种方法。数据挖掘可以应用于多个领域,如市场营销、金融风险管理、医疗诊断等。通过数据挖掘技术,研究者可以从海量数据中提取有用的信息,并发现新的见解和知识。

回归分析是一种用来研究变量之间关系的定量分析方法。通过建立数学模型,分析自变量和因变量之间的关系,并进行参数估计和假设检验,可以揭示变量之间的相关性和影响程度。回归分析可以用于预测和预测建模,帮助研究者了解变量之间的因果关系和未来趋势。

在进行定量分析时,需要明确研究目标和问题,并选择合适的方法和技术。同时,还要注意数据的质量和可靠性,确保数据的准确性和完整性。此外,也要谨慎解释和推断分析结果,避免误导或错误的解读。

2.定性分析

定性分析是一种通过文本分析、语义网络等方法,深入挖掘信息中的有用内容,并对质性特征、隐含意义和相关关系进行理解和解释的分析方法。

文本分析是定性分析的重要手段之一。通过使用自然语言处理和文本挖掘技术,可以提取文本中的关键词、实体、主题等信息,并对其进行统计和分析。这种方法能够帮助研究者发现文本中的模式、趋势和重要概念,深入理解文本的内涵和特点。

语义网络是定性分析中常用的工具之一。通过构建词语或概念之间的关联网络,可以揭示信息中的相关关系和联系。语义网络可以通过自动化的文本分析技术来生成,也可以通过专家判断和领域知识来构建。通过分析语义网络,可以发现信息之间的关联和隐含意义,进一步理解信息的复杂性和维度。

定性分析还可以利用专家判断和案例分析等方法。专家判断是指基于专业知识和经验,对信息进行评估和解释。通过专家的观察、判断和推理,可以深入挖掘信息中的含义、影响因素和潜在规律。案例分析则是通过对实际案例的详细研究和分析,来揭示问题的本质和解决方案。

在进行定性分析时,需要注意信息的质性特征和主观性。定性分析强调对信息的理解和解释,因此需要研究者具备一定的领域知识和专业能力。同时,还要注意避免主观偏见和误导,保持客观性和科学性。

无论采用定量还是定性分析方法,都需要在分析过程中考虑以下几个方面。

1.数据质量和可信度

数据质量和可信度是进行信息分析的重要前提,确保分析结果和结论的准确性和可靠性。为了确保数据的质量和可信度,需要进行数据筛选。对收集到的信息进行筛选,排除与研究目标无关或来源不可靠的数据。可以根据预先设定的筛选条件,如时间范围、数据来源、数据类型等,来判断是否符合研究需求。

验证数据的准确性。通过多个独立渠道或数据源获取相同或相似的数据,并进行交叉验证。对于特定数据点,可以进行实地调查、问卷调查或专家咨询,以核实数据的准确性。还可以比较数据与已知事实、公开报告或其他可靠来源的一致性。

评估数据的可靠性。了解数据来源的可靠性和权威性是至关重要的。如果数据来自于公认的权威机构、可信赖的数据库或经过同行评审的期刊,那么数据的可靠性通常更高。同时,注意识别潜在的偏见或利益冲突,以确保数据的客观性。

检查数据的完整性和一致性。确保数据集中没有缺失值、错误数据或不一致的数据。这可以通过数据清洗和数据验证的过程来实现,包括检查数据格式、逻辑关系和数据范围等。

最后,文献引用和来源注明。在分析报告或研究论文中,应明确标注数据的来源,并引用相关文献或数据报告。这样可以使读者能够追溯数据的来源和验证数据的可信度。

2.结果呈现和传达

在进行信息分析后,合适的结果呈现和传达是确保研究成果有效传递给决策者的关键步骤。以下是一些常用的方法和技巧。

(1)使用图表和可视化工具。

图表可以更直观地展示分析结果,帮助决策者快速理解关键信息和趋势。常见的图表类型包括柱状图、折线图、饼图等。可视化工具如数据仪表盘、热力图等可以更好地传达复杂的分析结果,并提供交互式操作功能,使决策者能够自主探索数据。

(2)编写分析报告或总结文档。

将分析结果整理成详细的报告或总结文档,清晰地描述研究目标、方法、数据来源和分析结果。报告中应包含关键的图表、表格和文字描述,以支持对分析结果的阐述和解释。同时,还可以加入背景信息、方法说明和结论推断,使决策者能够全面理解研究成果。

(3)考虑受众特点和需求。

根据决策者的背景知识、决策需求和偏好,调整结果呈现的方式和形式。对于非专业人士,可以采用简明扼要的语言和可视化图表,尽量避免使用过于专业的术语和复杂的统计方法。对于专业人士,可以提供更详细的分析结果和技术细节,以满足其深入理解和研究的需求。

（4）进行交流和互动。

不仅仅是通过报告或文档进行传达，还应考虑与决策者面对面进行交流和讨论。这样可以确保对分析结果的解释和理解的准确性，同时也为决策者提供了提问和反馈的机会。

信息分析的目的是从大量的信息中提取出有价值的见解和洞察，为决策者提供参考依据。因此，在科技情报研究中，信息分析是不可或缺的环节。通过合理选择和运用分析方法，能够深入理解信息中的内涵和规律，为企业和决策者提供有力的支持和指导。

（五）生成报告和建议

根据信息分析的结果，生成科技情报报告并提出相应的建议是科技情报研究的重要环节。

1.报告结构

科技情报报告应包括以下基本部分。

引言：介绍研究目的、背景和重要性。

方法与数据来源：描述研究所采用的方法和数据来源，确保报告的可信度和可复现性。

分析结果：将信息分析的结果进行清晰的呈现，可以使用图表、统计数据等形式展示。这部分需要对研究问题和目标进行逐一回答，并结合具体的数据和分析结果进行解释。

结论与洞见：总结分析结果，提取出关键的结论和洞见，回答研究问题，并指出可能的发展趋势和机会。

建议与决策支持：基于分析结果和结论，提出具体的建议和决策支持，帮助企业制定战略和决策。建议应具体、可操作，并根据不同的利益相关者提供相应的方案。

2.语言表达和可视化呈现

在报告的语言表达和可视化呈现方面，应使用准确的词汇和术语来描述分析结果和结论。避免使用过于复杂或晦涩的句式和语言，以便读者能够轻松理解报告内容。使用简洁明了的句子和段落，突出关键信息和主要观点。

尽量使用通俗易懂的语言，避免过多使用领域专业术语。如果必须使用专业术语，应在报告中提供清晰的解释和定义，以确保读者对术语的理解。

合适地使用图表和表格来展示分析结果和数据。选择简单明了的图表类型，如柱状图、折线图等，以突出关键信息和趋势。表格可以用于呈现详细的数据和统计结果，使读者能够更好地理解和比较数据。

还可以利用可视化工具和技术，将复杂的分析结果转化为易于理解和传达的形式。可视化工具可以帮助将数据和信息以图形化、互动化的方式展示，提供更直观和交互式的体验。

在报告中，通过使用粗体、斜体、颜色等方式强调关键信息和重要观点。这样可以帮助读者快速捕捉到关键内容，并加强对重要信息的理解和记忆。

通过使用实际示例和案例说明，将抽象的分析结果具体化。通过具体的案例，帮助读者更好地理解分析方法和结果，从而更有说服力地传达研究成果。

3.针对不同受众定制

为了满足不同受众的需求，我们可以根据报告的受众群体提供定制化的内容和建议。对于技术部门的利益相关者，我们可以重点关注技术趋势和竞争对手的技术优势。

针对技术部门，我们可以提供最新的技术趋势分析，包括新兴技术的发展方向、应用领域以及可能带来的影响。通过了解技术趋势，技术部门可以更好地把握未来发展方向，调整技术战略和规划。

我们可以对竞争对手的技术优势进行深入研究和分析，并提供针对性的建议。通过了解竞争对手的技术实力和优势，技术部门可以在技术研发和创新方面保持竞争优势，提前做出相应的应对措施。

对于市场部门的利益相关者，我们可以提供市场机会和发展趋势方面的建议。通过对市场的深入洞察和数据分析，我们可以为市场部门提供有关市场需求、消费者行为和竞争格局等方面的信息。基于这些信息，市场部门可以制定更具针对性的市场营销策略，开拓新的市场机会，提升产品竞争力。

此外，我们还可以根据不同受众的特点和需求，提供个性化的建议和解决方案。通过与利益相关者的密切合作和沟通，我们可以深入了解他们的需求和关注点，为他们量身定制最适合的内容和建议。

（六）监测和更新

科技情报研究是一个持续不断的过程，市场和技术的变化速度快。为了保持对市场和竞争态势的敏感度，及时监测和更新信息是至关重要的。

1.建立监测机制

为了建立有效的科技情报监测机制,需要明确监测的目标、范围和频率。确定监测目标,即要关注的科技领域或研究主题。这有助于确保监测的焦点清晰,并避免浪费资源在不相关的信息上。

明确监测的范围,即需要收集哪些类型的信息。可以根据研究主题和关键词,设定定期检索和收集相关信息的计划。这可以包括最新的科技趋势、技术创新、竞争对手动态、市场变化等方面的内容。通过设定合适的范围,可以更好地把握行业动态,为决策提供有力支持。

同时,建立一个信息来源的网络也是必要的。可以利用数据库、专利文献、学术论文、行业报告、新闻媒体等多种渠道来获取信息。这样可以确保获得全面且多样化的信息,从而更好地了解科技发展的最新动态和趋势。

除了定期的信息检索和收集,还应该建立一套信息筛选和评估的机制。由于信息量庞大,无法将所有信息都纳入分析和报告中。因此,需要根据预先设定的评估指标和准则,对收集到的信息进行筛选和排序,选择最有价值和相关的内容。

最后,定期的信息汇总、分析和报告也是监测机制的重要环节。通过将收集到的信息进行整理、归纳和分析,形成有针对性的报告,向相关利益相关者传递关键的科技情报。这样可以帮助决策者更好地了解行业动态,及时调整战略和决策。

2.利用自动化工具

为了提高科技情报的监测效率和精准度,可以充分利用科技情报平台和自动化工具。这些工具可以帮助我们更快速、更准确地获取和处理大量的信息。

可以设置定期自动检索和推送功能。通过设定关键词和监测范围,科技情报平台可以自动进行信息检索,并将相关结果推送给用户。这样可以及时获取最新的科技动态和研究成果,无须手动搜索和筛选。

订阅相关期刊和报告的更新也是一种高效的方式。科技情报平台可以提供订阅服务,将相关期刊和报告的最新内容直接传递给用户。这样可以节省时间和精力,同时确保不会错过重要的信息来源。

利用数据挖掘和机器学习技术可以快速筛选和整理大量的信息。这些技术可以帮助识别和提取文本中的关键信息,对文档进行分类和标注,从而加快信息处理的速度和准确性。例如,可以使用自然语言处理算法来提取关键词、实体和主题,以便更好地理解和组织信息。

还可以利用机器学习技术构建预测模型,根据历史数据和模式识别,预测未来的科技趋势和发展方向。这有助于提前发现重要的创新机会和市场变化,并为决策提供更准确的指导。

3.分析和应用更新的信息

及时收集到的新信息需要进行深入的分析和评估,以确定其对研究目标和问题的重要性和影响。这样可以更好地理解行业动态,发现新的洞见和趋势,并及时调整研究方向和策略。

新信息应与已有的知识进行比较和对比。通过将新信息与已有的数据、文献和观点进行对照,可以识别出新的发现和变化。这有助于更新和完善我们对特定领域或问题的了解,以及形成更全面和准确的结论。

新信息的重要性和影响度需要进行评估。我们需要考虑新信息对研究目标的关联程度、对决策的影响力以及可能带来的机遇和挑战。通过综合分析,可以判断新信息是否具有足够的价值和权威性,从而决定是否需要在研究中加以应用。

根据分析结果,我们可以及时调整研究方向和策略。如果新信息提供了新的见解和证据,与原有的假设或观点相悖,我们可能需要重新评估问题并调整研究方法和目标。同时,新信息也可以为我们提供更准确和全面的数据支持,从而优化决策过程。

最后,在报告中更新相关内容是非常重要的。及时将新信息整合到报告中,并清晰地展示其对原有结论和建议的影响。这样可以确保报告的准确性和实用性,并为决策者提供最新的信息和指导。

4.建立知识库和经验总结

建立知识库和经验总结是有效利用科技情报的重要步骤。通过将收集到的信息进行归档和整理,我们可以建立一个易于查找和利用的科技情报知识库。

知识库可以包括历史的研究成果和经验。这些包括过去的研究报告、学术论文、专利文献等相关文献资料。通过将这些信息进行分类、标注和索引,可以方便后续的研究人员查找和利用先前的研究成果,为他们的工作提供参考和支持。

定期总结和分享科技情报研究的经验和教训也是非常重要的。通过对过去项目和研究的回顾和评估,可以汲取宝贵的经验教训,并将其记录下来。这些经验和教训可以包括研究方法的优化、信息筛选和评估的准则、报告撰写的技巧等方面。通过分享和交流,团队成员可以相互借鉴和学习,进一步提高科技情报研究的效率和质量。

知识库还可以包括相关行业的最佳实践和趋势分析。通过对市场动态、竞争对手的策略和技术趋势的监测，我们可以提取出一些行业中的最佳实践和关键趋势。这些信息可以用来指导决策和战略制定，为组织提供更好的竞争优势。

监测和更新信息是科技情报研究中必不可少的环节，它能够帮助研究者保持对市场和竞争态势的敏感度，及时把握最新的技术动态和市场趋势。通过建立科技情报监测系统和利用自动化工具，能够提高监测的效率和准确性。同时，及时分析和应用新信息，更新研究成果和报告，可以为决策者提供更有价值的支持和指导。

需要注意的是，科技情报研究需要专业的知识和技能。研究人员应具备信息检索、数据分析、市场研究等方面的能力。此外，科技情报研究还需要与企业的战略和决策紧密结合，为企业提供有针对性的支持。

第四节 科技情报研究中常用的工具和技术

科技情报研究涉及大量的信息收集、整理和分析，为了提高效率和准确性，研究人员常常使用各种工具和技术。以下是科技情报研究中常用的一些工具和技术：

一、自然语言处理

自然语言处理（Natural Language Processing，简称 NLP）技术是科技情报研究中常用的一项重要技术。它涉及计算机对人类自然语言的理解和处理，帮助研究人员从大量的文本数据中提取有价值的信息和知识。以下将详细介绍 NLP 在科技情报研究中的常用工具和技术。

（一）词法分析（Lexical Analysis）

词法分析是 NLP 技术的基础，用于将文本划分为单词、标点符号等基本的语言单位。常见的词法分析工具包括 NLTK（Natural Language Toolkit）和 Stanford CoreNLP。词法分析可以帮助研究人员统计文本中的词频、提取关键词以及进行文本预处理等操作。

（二）句法分析（Syntactic Analysis）

句法分析用于分析句子的结构和成分之间的关系。通过句法分析，可以了解句子的语法结构，如主谓宾结构、修饰关系等。常见的句法分析工具包括 Stanford Parser 和 spaCy。句法分析在科技情报研究中常用于语义角色标注、关系抽取等任务。

（三）语义分析（Semantic Analysis）

语义分析是 NLP 技术中的核心内容，旨在理解文本的意义和语境。它可以帮助研究人员进行实体识别、情感分析、事件提取等任务。常见的语义分析工具包括 Word2Vec、GloVe 和 BERT（Bidirectional Encoder Representations from Transformers）。这些工具利用深度学习模型对文本进行向量化表示，从而实现语义相关的计算和分析。

（四）文本分类与情感分析（Text Classification and Sentiment Analysis）

文本分类是将文本划分到不同的类别中，常见的应用包括新闻分类、垃圾邮件过滤等。情感分析用于判断文本中的情绪或情感倾向，例如正面、负面或中性。常用的文本分类和情感分析工具包括 scikit-learn、FastText 和 VADER（Valence Aware Dictionary and sEntiment Reasoner）。

（五）实体识别（Entity Recognition）

实体识别是指从文本中识别出具有特定含义的命名实体，如人名、地名、组织机构名等。常见的实体识别工具有 Stanford NER（Named Entity Recognizer）和 spaCy。实体识别在科技情报研究中常用于快速提取和整理关键信息。

（六）关系抽取（Relation Extraction）

关系抽取是指从文本中提取出实体之间的语义关系。常见的关系抽取工具有 OpenIE（Open Information Extraction）和 RE-NET。关系抽取可以帮助研究人员发现科技领域中不同实体之间的联系和相互作用。

（七）文本生成（Text Generation）

文本生成是指利用机器学习或深度学习模型生成新的文本内容，如摘要、翻译、对话系统等。常见的文本生成工具包括 GPT（Generative Pre-trained Transformer）和 Seq2Seq（Sequence-to-Sequence）模型。文本生成在科技情报研究中可以用于辅助自动化文摘的生成和知识推理的实现。

二、数据挖掘和机器学习

数据挖掘和机器学习是科技情报研究中常用的工具和技术，它们能够帮助研究人员从大量的数据中提取有价值的信息和知识。以下将详细介绍数据挖掘和机器学习在科技情报研究中的应用。

（一）数据预处理（Data Preprocessing）

在进行数据挖掘和机器学习之前，首先需要对原始数据进行预处理。这包括数据清洗、数据集成、数据变换和数据规约等步骤。数据预处理的目标是去除噪声、解决数据不一致性等问题，以获得高质量的数据集。

（二）特征工程（Feature Engineering）

特征工程是指从原始数据中抽取出有意义的特征，以便用于后续的建模和分析。它可以包括特征选择、特征构造和特征转换等步骤。通过合理的特征工程，可以提高模型的准确性和效果。

（三）监督学习（Supervised Learning）

监督学习是一种常见的机器学习方法，其目标是根据已有的标记数据（即带有标签的数据）来训练模型，并预测未知样本的标签。在科技情报研究中，监督学习可以用于文本分类、情感分析、实体识别等任务。常见的监督学习算法包括决策树、支持向量机（SVM）和神经网络等。

（四）无监督学习（Unsupervised Learning）

无监督学习是一种不依赖于标记数据的机器学习方法，它试图从未标记的数据中发现模式、结构和关联性。在科技情报研究中，无监督学习可以用于聚类分析、异常检测、主题模型等任务。常见的无监督学习算法包括K均值聚类、高斯混合模型（GMM）和主成分分析（PCA）等。

（五）文本挖掘（Text Mining）

文本挖掘是一种专门针对文本数据进行知识发现和信息提取的技术。在科技情报研究中，文本挖掘可以用于文本分类、关键词提取、主题建模等任务。常用的文本挖掘技术包括词袋模型（Bag-of-Words）、TF-IDF（Term Frequency-Inverse Document Frequency）以及主题模型如Latent Dirichlet Allocation（LDA）等。

（六）强化学习（Reinforcement Learning）

强化学习是一种通过试错和奖励机制来训练智能体的机器学习方法。在科技情报研究中，强化学习可以用于信息检索、推荐系统等领域。常见的强化学习算法包括Q-learning、Deep Q-Network（DQN）等。

三、可视化工具

可视化工具在科技情报研究中扮演着重要的角色，它们能够将复杂的数据和信息以直观、易懂的方式展示出来。以下将介绍一些常用的可视化工具及其功能。

（一）Tableau

Tableau是一种强大的可视化工具，它提供了丰富的图表类型和交互功能。用户可以使用 Tableau 创建各种图表，如柱状图、折线图、散点图等，并可进行数据筛选、联动等操作。Tableau 还支持地理信息可视化、时间序列分析等高级功能，使得用户能够更深入地探索和解读数据。

（二）Power BI

Power BI 是微软推出的商业智能工具，它可以帮助用户从多个数据来源获取数据，并通过创建仪表盘、报表等形式展示数据。Power BI 具有强大的数据处理和建模功能，用户可以通过拖拽操作轻松创建各种图表和可视化效果。此外，Power BI 还支持与其他 Microsoft Office 产品的集成，方便用户进行数据共享和协作。

（三）D3.js

D3.js 是一种基于 JavaScript 的可视化库，它提供了灵活的 API 和丰富的可视化组件，使用户能够自定义和控制可视化效果。D3.js 可以用于创建各种图表，如条形图、饼图、力导向图等，并支持动态交互和动画效果。由于其灵活性和可定制性，D3.js 被广泛应用于科技情报研究中的数据可视化。

（四）Python 可视化库

Python 有多个强大的可视化库，如 Matplotlib、Seaborn 和 Plotly 等。这些库提供了丰富的函数和方法，用户可以使用 Python 语言创建各种图表和可视化效果。Matplotlib 是一个功能全面的绘图库，Seaborn 则专注于统计数据可视化，而 Plotly 则具有交互式的特点，用户可以在 Jupyter Notebook 或其他 Python 环境中使用这些库进行数据探索和可视化分析。

（五）Gephi

Gephi 是一种开源的网络分析和可视化工具，主要用于分析和展示复杂网络关系。它支持导入和操作大规模网络数据，并提供了多种布局算法和样式设置选项，使用户能够以图形方式呈现网络结构和节点关系。研究人员可以利用 Gephi 对科技情报中的合作网络、引用网络等进行可视化分析。

（六）Google 数据工作室（Google Data Studio）

Google 数据工作室是一种免费的在线数据可视化工具，用户可以通过简单的拖拽操作创建多种图表和报告。它支持与 Google Analytics、Google Sheets 等数据源的集成，用户可以实时获取和分析数据，并通过仪表盘、报表等形式进行展示。

这些可视化工具提供了丰富的功能，使得研究人员能够将复杂的科技情报数据转化为直观、易懂的图表和图形。通过利用这些工具进行数据可视化，研究人员可以更全面地理解和分析数据，发现数据中的模式、趋势和关联，并从中获取有价值的洞见。同时，可视化工具还可以帮助研究人员将研究结果以直观、易传播的方式呈现给他人，促进交流和合作。

四、专业社交网络

专业社交网络在科技情报研究中起着重要的作用，它们提供了与同行交流、获取最新科技动态和发现合作机会的平台。以下将介绍一些常用的专业社交网络及其功能。

（一）ResearchGate

ResearchGate 是一个面向科学家和研究人员的专业社交网络，旨在促进学术交流和合作。在 ResearchGate 上，用户可以创建个人资料，发布研究成果、项目和数据集，并与其他用户进行讨论和互动。此外，ResearchGate 还提供了文献下载、引用统计等功能，方便用户获取文献信息并评估自己的学术影响力。

（二）Academia.edu

Academia.edu 是一个学术社交网络，为研究人员和学者提供了分享研究成果、关注感兴趣的领域和建立学术联系的平台。用户可以上传论文和预印本，与其他用户进行评论和讨论，并通过关注其他用户和主题来获取最新的科技动态。Academia.edu 还提供了对用户研究成果的分析和统计功能。

（三）LinkedIn

LinkedIn 是一个以职业和商业为导向的社交网络，也被广泛应用于科技情报研究领域。在 LinkedIn 上，研究人员可以创建个人资料，展示自己的学术背景和研究兴趣，并与其他专业人士建立联系。LinkedIn 还提供了加入和创建专业群组的功能，用户可以通过群组交流、分享和发现相关的科技情报信息。

（四）ORCID

ORCID 是一个国际性的研究人员身份标识系统，旨在解决研究人员身份认证和学术成果归属的问题。研究人员可以在 ORCID 平台上注册并获取唯一的身份标识码，用于标识自己的学术成果和活动。ORCID 的集成应用可以将用户的 ORCID ID 与出版物、项目等关联起来，从而帮助研究人员管理和展示自己的学术成就。

（五）科技博客

科技博客是一种以文字和多媒体形式分享科技动态和观点的在线平台。许多科技情报研究人员通过撰写博客来分享他们的研究成果、观点和经验。科技博客不仅可以帮助研究人员扩大影响力和能见度，还可以促进学术交流和合作。

（六）研究论坛

研究论坛是在线平台，为研究人员提供了讨论和分享科技情报的场所。论坛通常以特定领域或主题为基础，用户可以在论坛上发布问题、分享见解，并与其他用户进行讨论和互动。研究论坛有助于研究人员获取新的思路、解决问题，并发现合作伙伴。

这些专业社交网络提供了一个互动和合作的平台，帮助科技情报研究人员与同行保持联系、分享知识和经验，并获取最新的科技动态。通过使用这些工具，研究人员可以扩大自己的学术影响力，发现合作机会，并更好地与科技社群保持连接。同时，专业社交网络也为研究人员提供了展示自己的学术成果和建立专业形象的机会，有助于增加个人的能见度和声誉。

五、专利分析工具

专利分析是科技情报研究中常用的方法之一，它通过对专利文献进行收集、整理和分析，从中获取有关技术发展趋势、竞争态势和创新机会的信息。以下将介绍一些常用的专利分析工具及其功能。

（一）Derwent Innovation

Derwent Innovation 是一种全球领先的专利数据库和分析工具，提供了广泛的专利文献和相关信息。用户可以通过 Derwent Innovation 搜索并检索特定技术领域的专利文献，分析专利的法律状态、引用关系和技术内容，并生成图表和报告以支持决策制定和创新战略。

（二）PatentSight

PatentSight 是一种专业的专利分析平台，基于大数据和人工智能技术，提供了深入的专利分析功能。用户可以使用 PatentSight 分析公司或技术领域的专利组合，评估专利价值和质量，并进行竞争对比和趋势分析。PatentSight 还提供了专利评分模型和可视化工具，帮助用户快速识别关键专利和潜在的创新机会。

（三）PatSnap

PatSnap 是一种综合性的知识产权智能分析平台，提供了专利搜索、分析和管理的全套解决方案。用户可以使用 PatSnap 搜索和浏览专利文献，进行技术地图绘制和洞察分析，并跟踪相关公司和竞争对手的专利活动。PatSnap 还提供了数据导出、报告生成和团队协作等功能，支持多人共同进行专利分析和创新研究。

（四）Google Patents

Google Patents 是一个免费的在线专利搜索工具，用户可以使用它搜索、查看和下载世界各地的专利文献。虽然相比于专业的专利分析工具，Google Patents 的功能较为简单，但它仍然是一个常用的起点，特别适合初步了解某个技术领域的专利情况和趋势。

这些专利分析工具提供了丰富的专利文献和相关信息资源，使研究人员能够深入了解技术领域的发展动态、竞争态势和创新机会。通过分析专利文献，研究人员可以洞察技术趋势、发现潜在的合作伙伴和掌握市场动向，从而支持科技情报研究和创新决策的制定。同时，这些工具还提供了可视化和数据处理功能，帮助用户更好地理解和应用专利信息，推动科技创新和知识产权管理。

以上只是科技情报研究常用的一些工具和技术，随着科技的发展和创新，新的工具和技术不断涌现。科技情报研究者需要根据具体的研究需求和目标，选择适合的工具和技术来支持研究工作。

第五节　科技情报在科技创新战略制定中的作用

一、提供预警机制

（一）监测技术竞争态势和趋势

科技情报在监测技术竞争态势和趋势方面发挥着重要的作用。随着科技的迅猛发展，各个行业都面临着激烈的竞争环境，了解竞争对手的技术动向成为决策者必不可少的任务之一。

科技情报可以帮助决策者及时了解竞争对手的技术创新和研发进展。通过收集和分析竞争对手的专利申请、科研论文、技术报告等信息，决策者可以了解到竞争对手在哪些领域进行了技术创新，取得了什么样的研究成果。这样一来，决策者就能够对竞争对手的技术实力有一个清晰的认识，为制定相应的竞争策略提供依据。

科技情报可以揭示技术竞争的趋势和未来发展方向。通过对大量的科技信息进行分析，决策者可以发现技术发展的潜在趋势，并预测未来技术的发展方向。例如，通过分析各个领域的科研论文和专利信息，可以发现某项技术正在受到广泛关注并获得突破性进展，这可能意味着该技术将成为未来的发展方向。决策者可以根据这些趋势和预测,调整自己的研发方向和战略规划,以便在竞争中保持竞争优势。

科技情报还可以监测竞争对手的市场动态和行业变化。通过收集和分析竞争对手的产品发布信息、市场营销活动等,决策者可以了解到竞争对手的市场策略和行业动向。这有助于决策者及时调整自己的市场定位和销售策略,避免被竞争对手抢占市场份额,保持竞争力。

(二)预测技术风险和挑战

科技情报在预测技术风险和挑战方面发挥着重要的作用。科技情报可以帮助决策者识别潜在的技术风险。通过收集和分析相关的科技信息,决策者可以及时了解到新技术的发展动向以及相关的风险因素。例如,某项新技术可能存在技术可行性、商业化难度、法律法规限制等方面的风险,决策者可以通过科技情报对这些风险进行评估和预测,从而采取相应的措施来规避潜在的风险。

科技情报可以揭示技术创新的挑战和难点。在科技创新过程中,经常会遇到技术上的困难和挑战,如缺少关键技术、技术转化难度大等。通过对科技信息的分析和评估,决策者可以了解到相关领域的技术难题和瓶颈,从而预测可能出现的挑战。这样一来,决策者可以提前制定相应的应对策略,积极寻找解决方案,保障科技创新项目的顺利进行。

科技情报还可以帮助决策者了解外部环境的变化和影响。在科技创新过程中,外部环境的变化可能会对技术项目产生重要影响,如市场需求变化、竞争态势变化等。通过收集和分析相关的市场情报、竞争情报等,决策者可以及时了解到外部环境的动态,预测可能出现的技术风险和挑战,并做出相应的调整和决策。

(三)提供技术标准和政策变化的预警

科技情报可以帮助决策者及时了解技术标准的变化。技术标准是衡量产品和服务质量、安全性以及相互兼容性的重要指标,其变化可能会对组织的产品研发和生产活动产生重大影响。通过收集和分析相关的技术标准信息,如国际标准、行业标准、地方标准等,决策者可以掌握技术标准的最新动态,并预测可能出现的变化趋势。这样一来,决策者可以及时调整自己的研发和生产策略,确保产品符合最新的技术标准要求,避免因标准变化而带来的风险和损失。

科技情报可以提供政策变化的预警信息。科技创新往往需要依赖政府的支持和政策引导,政策的变化对于组织的科技创新活动具有重要影响。通过收集和分析相关的政策信息,如国家科技政策、产业政策、财税政策等,决策者可以及时了解到政策的变化趋势以及可能带来的影响。这样一来,决策者可以根据政策变化做出相应的调整和决策,确保科技创新活动符合法规要求,并能够获得政策支持。

科技情报还可以帮助决策者了解技术标准和政策之间的关联和互动。技术标准的制定和修订往往受到政策的引导和推动,而政策的制定和调整也会受到技术标准的影响。通过对技术标准和政策的综合分析,决策者可以了解到二者之间的关系,并预测可能出现的变化。这有助于决策者更好地理解技术标准和政策之间的相互作用,从而做出更加准确和合理的决策。

二、支持技术转移和合作创新

科技情报在支持技术转移和合作创新方面起着重要的作用。技术转移是指将一种技术从研究或开发阶段应用到实际生产或商业化阶段的过程,而合作创新则是指不同组织之间共同进行创新活动的方式。科技情报可以通过收集、整理和分析国内外的科技信息,为技术转移和合作创新提供有力的支持。

(一)其他组织的创新成果和技术资源

科技情报对于组织发现和了解其他组织的创新成果和技术资源起到了重要的作用。通过搜集和分析市场、学术文献、专利数据库等信息源,可以及时了解到最新的科技动态和前沿技术。

科技情报可以帮助组织获取其他组织的研究成果。在全球范围内,各个组织都在进行着各自的研发工作,并取得了一定的成果。科技情报可以通过监测学术期刊、会议论文等渠道,将其他组织的研究成果进行收集和整理。这些成果可能包括新的发现、新的理论、新的方法等,对于组织来说具有重要的参考价值。通过借鉴他人的成功经验,组织可以避免重复研发和投资,提高技术转移的效率和成功率。

科技情报还可以帮助组织了解其他组织的技术专利。专利是对于技术创新的保护和鼓励,它记录了其他组织所拥有的技术成果和知识产权。科技情报可以通过检索专利数据库,获取其他组织的技术专利信息。这些专利可能包括发明专利、实用新型专利、外观设计专利等,涵盖了各个领域的技术创新。组织可以通过分析他人的专利信息,了解到其他组织在某个领域的技术水平和发展方向,为自己的研发决策提供参考依据。

科技情报还可以帮助组织了解其他组织的技术标准。技术标准是规范和约束技术开发和应用的重要工具,对于促进技术交流和合作具有重要的作用。科技情报可以通过搜集和分析国际、国内的技术标准,了解到其他组织所采用的技术标准和规范要求。这些信息可以为组织的技术开发、产品设计、生产制造等环节提供指导,提高与其他组织的协同效率和竞争力。

（二）寻找合适的合作伙伴

科技情报在寻找合适的合作伙伴方面可以促进技术合作创新。通过对技术市场和产业链的分析，科技情报可以帮助组织了解不同组织的技术能力、创新需求和合作意愿。

科技情报可以帮助组织评估潜在合作伙伴的可靠性和价值。通过收集和分析相关信息，如公司背景、技术实力、研发投入等，科技情报可以帮助组织了解潜在合作伙伴的实际情况和潜力。这些信息包括其他组织的研究成果、技术专利、技术标准以及市场表现等。通过对这些信息进行评估和比较，组织可以判断潜在合作伙伴是否具备与自己合作的条件，从而避免与不合适的合作伙伴进行合作。

科技情报可以帮助组织建立合作网络和寻找合适的合作伙伴。通过对技术市场和产业链的分析，科技情报可以了解到不同组织的技术能力、创新需求和合作意愿。组织可以根据自身的需求和发展方向，通过科技情报找到与之匹配的合作伙伴。这些合作伙伴可能是具有先进技术的研究机构、拥有特定专利的企业、在某个领域有丰富经验的公司等。与这些合作伙伴进行技术合作，可以共享创新资源、分享风险和成本，加速技术转移和产品开发的进程。

科技情报可以帮助组织进行合作伙伴关系的管理和优化。科技情报可以提供其他组织的技术动态和发展趋势的信息，帮助组织及时调整合作伙伴关系，把握合作机会和挑战。同时，科技情报还可以提供其他组织的创新案例和成功经验，为组织与合作伙伴共同创新提供参考和借鉴。通过科技情报的支持，组织可以更好地管理和优化与合作伙伴的合作关系，实现合作效益的最大化。

（三）知识管理和学习

科技情报在知识管理和学习方面可以促进技术转移和合作创新。通过建立科技情报数据库和知识平台，组织可以存储、共享和传播科技信息和知识资源，从而提升内部员工的学习和创新能力。

科技情报可以帮助组织建立科技情报数据库和知识平台。科技情报的搜集和整理工作产生了大量有价值的科技信息和知识资源。组织可以将这些信息和资源进行分类、归档和整理，建立科技情报数据库。通过科技情报数据库，组织可以方便地存储、检索和利用科技信息和知识资源。组织还可以通过建立知识平台，将科技信息和知识资源进行共享和传播，促进内部员工之间的学习和交流。

科技情报可以帮助组织识别和培养内部的创新人才。科技情报可以提供其他组织的创新案例、成功经验以及前沿技术的信息,为组织提供学习和借鉴的机会。组织可以通过科技情报的支持,识别出具备创新潜力的员工,并为他们提供相关的培训和发展机会。通过培养内部的创新人才,组织可以不断提升自身的创新能力,推动技术转移和合作创新的实施。

科技情报还可以帮助组织建立学习型组织和创新驱动的文化氛围。学习型组织是指能够不断学习、积累知识和应对变化的组织。科技情报可以为组织提供丰富的科技信息和知识资源,促进组织内部员工的学习和知识更新。通过积极利用科技情报,组织可以建立一种重视学习和知识共享的文化氛围,鼓励员工不断学习、创新和改进。

第三章　自然科学与科技创新

第一节　自然科学的基本概念与原理

自然科学是研究自然界现象和规律的科学，它包括物理学、化学、生物学、地球科学等学科。在自然科学中，有一些基本概念和原理是我们理解和探索自然世界的基础。下面将详细介绍一些自然科学的基本概念和原理。

一、物质与能量

（一）物质的概念与特性

物质是构成宇宙的基本实体，具有质量和占据空间的特性。它包括了我们所熟知的各种物质，如固体、液体、气体等。物质由原子或分子组成，通过化学反应可以发生转化。

1.原子与元素

原子是构成物质的基本单位，它是由带正电荷的质子、带负电荷的电子和中性的中子组成的。质子和中子集中在原子的核心，形成了原子核，而电子则以轨道的形式围绕着原子核运动。

元素是由具有相同类型的原子组成的纯物质。目前已知的元素共有118种，其中92种是天然存在的，其他的都是人工合成的。每种元素都有一个特定的原子序数，该序数代表了元素中质子的数量。例如，氢元素的原子序数为1，因为它只有一个质子；氧元素的原子序数为8，因为它有八个质子。

元素可以通过化学符号来表示，化学符号是用来简化表示元素名称的字母或字母组合。例如，氢元素的化学符号是H，氧元素的化学符号是O。元素之间可以发生化学反应，形成新的物质。不同元素之间的化学反应可以产生多种化合物，这些化合物由不同元素的原子组成。

2.化合物

化合物是由不同类型的原子通过化学键结合而成的物质。在化合物中，原子以特定的比例和方式结合在一起，形成了分子或离子。

化合物具有独特的化学性质和组成比例。不同的原子可以通过共价键或离子键进行结合。共价键是指两个原子通过共享电子来连接在一起，而离子键是指正离子和负离子之间通过电荷吸引力相互结合。

化合物的组成比例是由化学式来表示的。化学式显示了化合物中每种元素的数量和种类。例如，水的化学式是 H_2O，表示它由两个氢原子和一个氧原子组成。

化合物的性质由其组成元素和结构决定。不同的化合物具有不同的化学性质，如溶解性、反应活性和熔点等。化合物的性质也受到化学键类型和键强度的影响。

化合物在日常生活中起着重要的作用。许多常见的物质，如食盐（$NaCl$）、葡萄糖（$C_6H_{12}O_6$）和乙醇（C_2H_5OH），都是化合物。化合物的存在和性质对于理解化学反应、物质变化和材料科学等领域具有重要意义。

3.物质的状态

物质在自然界中可以存在于三种不同的状态：固体、液体和气体。

固体是一种具有固定形状和体积的物质状态。固体的分子间距离较小，分子之间通过强力相互吸引而紧密排列。这种紧密排列导致了固体的形状稳定，它们一般保持着固定的体积和形状。例如，金属、岩石和冰都是固体物质的例子。

液体是一种没有固定形状但有固定体积的物质状态。液体的分子间距离比固体要大，分子之间的相互吸引力较弱。这种弱的相互作用使得液体能够流动和变形。液体会适应容器的形状，但其体积基本保持不变。例如，水、酒精和汽油都是液体物质的例子。

气体是一种没有固定形状和体积的物质状态。气体的分子间距离非常大，它们以高速无规则运动并填充整个容器。气体的分子间相互作用很弱，所以它们能够自由地扩散和充满整个空间。气体的体积和形状会受到外界条件（如温度和压力）的影响。例如，空气、氢气和二氧化碳都是气体物质的例子。

除了固体、液体和气体，还存在一种称为等离子体的物质状态。等离子体是高温或高能量条件下产生的，其中原子或分子失去了部分或全部的电子，形成带正电荷的离子和自由电子。等离子体常见于高温等离子体体系、闪电放电和星球大气层等情况下。

（二）能量的概念与特性

能量是物体或系统进行工作的能力，它是物质变化和运动的基础。能量具有以下几个重要特性。

1.形式多样

物质的能量可以以多种形式存在,根据能量的不同形式,我们可以将其分为以下几种。

(1)机械能。

机械能是物体运动和位置的能量。它包括动能和势能两个部分。动能是由于物体的运动而产生的能量,与物体的质量和速度有关。势能是物体由于位置或状态而具有的能量,如重力势能、弹性势能等。

(2)热能。

热能是物体内部微观粒子的运动和排列引起的能量。温度的升高意味着分子和原子的运动更加剧烈,从而增加了热能。热能也可以转化为其他形式的能量,例如,蒸汽机中的热能可以转化为机械能。

(3)电能。

电能是由电荷和电场相互作用而产生的能量。当电荷在电场中移动时,它们会产生电流,并且这种电流可以用来驱动电器设备、产生光线等。反过来,机械能也可以通过发电机转化为电能。

(4)化学能。

化学能是存储在物质分子和原子之间化学键中的能量。当化学反应发生时,化学键的形成和断裂会释放或吸收能量。例如,食物中的化学能可以在身体内部被转化为机械能和热能。

(5)核能。

核能是原子核内部的结合能,它包含在原子核的质子和中子之间。核能的释放可以通过核反应(如核裂变或核聚变)来实现,并且可以用于发电或制造核武器等目的。

这些能量形式之间可以相互转换。例如,机械能可以通过摩擦产生热能,化学能可以通过燃烧转化为热能,电能可以通过发电机转化为机械能等。能量的转换是自然界中不可避免的过程,它使得能量能够在不同形式之间传递和利用。

2.能量守恒定律

能量守恒定律是一个基本的物理原理,它表明在一个封闭系统中,能量的总量是不变的。这意味着能量既不能被创造也不能被毁灭,只能从一种形式转化为另一种形式。

根据能量守恒定律,当发生能量转化时,系统中的总能量保持恒定。例如,当一个物体从高处落下时，它会失去势能，但同时增加动能，使得总能量保持不变。同样地，当物体被抛起时，它会减少动能，但增加势能，总能量仍然保持不变。

能量守恒定律适用于各种能量形式之间的转换。例如，电能可以通过电阻产生热能，化学能可以通过反应转化为机械能，核能可以通过核反应释放出来。在这些过程中，虽然能量发生了转移和转化，但总能量始终保持不变。

需要注意的是，能量守恒定律适用于封闭系统，即系统与外界没有能量交换。在实际情况中，完全封闭的系统难以实现，因为通常会有能量的输入和输出。然而，在大多数情况下，我们可以将关注点放在一个相对封闭的系统中，忽略外部能量的影响，并且在该系统内能量守恒定律仍然成立。

能量守恒定律是自然界中一项重要的基本原理，它使我们能够理解和描述能量的转换和利用。通过遵循能量守恒定律，我们可以更好地利用能源，优化能量转换过程，并推动科学和技术的发展。

3.单位和测量

在国际单位制（SI）中，能量的基本单位是焦耳（J）。焦耳定义为当力为1牛顿作用于物体上时，物体在力的方向上移动1米所做的功。换句话说，焦耳可以表示为质量（千克）乘以速度（米/秒）的平方。

除了焦耳，还有其他常用的能量单位。其中最常见的是卡路里（cal），它通常用于描述食物的热量。1卡路里等于约4.184焦耳。此外，千瓦时（kWh）也是常用的能量单位，特别在电能计量中使用。1千瓦时等于3600千焦（或3.6兆焦）。

要测量能量，我们可以利用物体的质量、速度、高度等参数进行计算和确定。例如，对于物体的动能，可以使用公式 $E = 1/2 mv^2$ 来计算，其中 E 表示能量，m 表示物体的质量，v 表示物体的速度。对于物体的重力势能，可以使用公式 $E = mgh$ 来计算，其中 h 表示物体的高度，g 表示重力加速度。

测量能量时，我们通常使用各种仪器和设备来进行实验和观测。例如，在物理实验中，我们可以使用弹簧测力计、速度计等仪器来测量与能量相关的物理量。在工程和实际应用中，我们可以使用电表来测量电能消耗，使用热量计来测量热能释放等。

（三）物质与能量的相互关系

物质和能量之间存在着密切的相互关系，它们之间可以相互转化和相互作用。

1.物质的能量

物质确实具有能量，这是基于能量守恒定律的原理。根据能量守恒定律，能量既不能被创造也不能被毁灭,只能转移和转化。物质的能量可以以不同的形式存在。其中最常见的是动能和势能。

动能是由于物体的运动而具有的能量。它与物体的质量和速度相关。当一个物体以一定的速度运动时,它会具有动能。例如,一个快速移动的汽车具有更多的动能,而一个静止的物体则没有动能。

势能是由于物体的位置或状态而具有的能量。它与物体的位置、高度和相互作用力有关。一些常见的势能包括重力势能、弹性势能和化学势能等。例如,将一个物体抬到较高的位置会使其具有更多的重力势能,而压缩或拉伸弹簧会使其具有弹性势能。

物质的能量也可以通过其他方式转化和表现出来。例如,光能是由于电磁波的传播而具有的能量,热能是由于分子和原子的运动而产生的能量。

物质的能量与其质量、速度、位置等因素密切相关。质量越大,物体具有的动能和势能就越大。速度越快,物体的动能就越大。物体处于较高位置时,具有更多的势能。

2.能量的物质转化

能量可以引起物质的转化,这是因为能量在不同形式之间的转换和传递。

化学反应是一个常见的例子,其中化学能转化为其他形式的能量。在化学反应中,当原子或分子发生化学键的形成和断裂时,化学能被释放或吸收。例如,在燃烧过程中,燃料与氧气反应产生热能和光能,这是化学能转化为热能和光能的例子。类似地,食物消化过程中,身体将食物中的化学能转化为机械能和热能,提供给身体的运动和维持生命所需的能量。

核反应也是能量转化的重要方式。在核反应中,原子核发生裂变或聚变,核能转化为热能或电能等。核能的释放非常强大,它驱动着太阳的能量产生,也可以用于发电或制造核武器等。

能量还可以通过其他方式引起物质的转化。例如,光能可以引起光化学反应,将光能转化为化学能;电能可以通过电解过程将化学物质分解为不同的物质;热能可以使物质发生相变,如固体融化为液体。

3.能量的传递和转换

能量在自然界中通过传递和转换而保持流动。这种能量的传递和转换过程在生态系统、物质循环和能量转化中起着重要作用。

一个典型的例子是太阳能的传递。太阳能以光的形式辐射到地球上，被植物所吸收。植物利用光能进行光合作用，将光能转化为化学能，并将其储存为有机物（如葡萄糖）。这些有机物成为食物链的起点，被其他生物摄取并转化为它们自己的能源。这样，太阳能从一个生物到另一个生物不断传递和转换。

能量的传递和转换也可以在非生物系统中发生。例如，当我们使用太阳能电池板将太阳能转化为电能时，光能被光伏效应转化为电子能，然后通过电路传递和转换为电能。类似地，当我们使用发动机将化学能（如汽油）转化为机械能时，能量从燃料到发动机的传递和转换使得车辆能够运行。

在能量传递和转换的过程中，通常会有一部分能量损失。这是因为能量转换并不是百分之百有效的，总会有一部分能量以热能或其他形式散失到周围环境中。这被称为能量的熵增。

二、运动与力学

自然科学是研究自然界现象和规律的学科，涵盖了广泛的领域，其中运动与力学是其基本概念之一。运动与力学主要研究物体的运动和受力情况，是描述和解释物体运动行为的基本原理。

（一）运动的基本概念

运动是物体在时间内相对于某个参考点或参考物位置的变化。在研究运动时，需要考虑物体的位移、速度和加速度等因素。

1.位移

位移是物体在运动过程中从初始位置到最终位置的变化量。它描述了物体在空间中的移动距离和方向。

位移是一个矢量量，即它不仅有大小，还有方向。位移的大小可以通过计算起始点和终点之间的直线距离来确定。例如，如果一个物体从起始点 A 移动到终点 B，那么位移的大小就是点 A 到点 B 的直线距离。

除了大小，位移还有方向。方向可以通过连接起始点和终点的直线或箭头来表示。箭头指向终点的方向表示正位移，而箭头指向起始点的方向则表示负位移。如果物体返回起始点，则位移为零。

在研究物体的位移时，我们通常使用参考点或参考物来确定起始位置和终点位置。这个参考点可以是固定的地标、其他物体的位置或坐标轴上的某个点。

位移与路径无关,它只关注起始点和终点之间的变化。例如,当一个人在迷宫中走了一段曲折的路程后回到原点,他的位移将是零,因为位移只关注起始点和终点的差异。

位移它是描述和分析物体运动的基本概念之一,与速度、加速度等相关。通过计算物体的位移,我们可以研究和预测其运动轨迹、速度和加速度的变化,以及其他与运动相关的参数。

2.速度

速度是物体在单位时间内位移的变化量。它描述了物体在单位时间内移动的快慢和方向。

速度是一个矢量量,具有大小和方向。速度的大小可以通过计算位移与时间的比值来确定。平均速度可以通过总位移除以总时间来计算。例如,如果一个物体在2秒内移动了10米,那么它的平均速度就是10米/2秒,即5米/秒。

与位移一样,速度也有方向。速度的方向可以通过箭头或符号来表示。箭头指向物体运动方向的速度被称为正速度,而箭头指向相反方向的速度被称为负速度。

除了平均速度,还有瞬时速度这个概念。瞬时速度是指物体在某一瞬间的速度,可以通过极限过程来定义。例如,在瞬间观察一个运动车辆的速度,可以使用瞬时速度来描述它在那一刻的速度。

速度的变化率是加速度,即速度单位时间内的变化量。如果速度保持恒定,则称为匀速运动;如果速度随时间变化,则称为变速运动。

通过研究和计算速度,我们可以了解物体的运动状态、轨迹、方向和速度的变化规律。速度也是导航、交通规划、运输和运动控制等领域的重要参数。

3.加速度

加速度是物体在单位时间内速度的变化量。它描述了物体速度变化的快慢和方向。

加速度也是一个矢量量,具有大小和方向。加速度的大小可以通过计算速度变化与时间的比值来确定。平均加速度可以通过总速度变化除以总时间来计算。例如,如果一个物体在5秒内速度从0米/秒增加到10米/秒,那么它的平均加速度就是(10米/秒 ~ 0米/秒)/5秒,即2米/秒^2。

与速度一样,加速度也有方向。加速度的方向可以通过箭头或符号来表示。箭头指向速度变化方向的加速度被称为正加速度,而箭头指向相反方向的加速度被称为负加速度。

通过研究和计算加速度,我们可以了解物体的运动状态、速度的变化规律以及其对物体运动的影响。加速度也是机械设计、交通运输、力学控制等领域的重要参数。

（二）牛顿运动定律

牛顿运动定律是力学中最基本的原理，由英国物理学家艾萨克·牛顿提出。这些定律描述了物体运动的规律，并揭示了力和加速度之间的关系。

1.第一定律（惯性定律）

第一定律，也被称为惯性定律，是牛顿运动定律中的第一个基本原理。它表明物体在没有外力作用时会保持其静止状态或匀速直线运动的状态。

根据第一定律，如果一个物体处于静止状态，则它将继续保持静止，直到有外力作用于它上面。同样地，如果一个物体以恒定的速度在直线上运动，那么它将继续保持这种匀速直线运动状态，除非有外力改变它的运动状态。

这个定律的核心思想是物体具有惯性。惯性是指物体继续保持其运动状态的性质。换句话说，物体具有一种内在的倾向，要么保持静止，要么保持匀速直线运动，除非有外力干预。

例如，当我们推一辆停车的汽车，它会逐渐加速并保持匀速直线运动，即使我们不再推它，它也会继续前进。同样，当我们停止推动正在滑动的物体，它会因为摩擦力的存在而逐渐减速，最终停下来。

第一定律的应用广泛，特别是在惯性导航、运动控制和工程设计中。理解和应用第一定律可以帮助我们预测物体的运动行为，设计稳定和高效的运动系统，并进行精确的导航和控制。

2.第二定律（运动定律）

第二定律，也被称为运动定律，是牛顿运动定律中的第二个基本原理。它描述了物体在受到力的作用下产生加速度的规律。

根据第二定律，当一个物体受到力时，它会产生与所受力成正比的加速度。这意味着当物体受到更大的力时，它将具有更大的加速度；而当物体的质量更大时，在给定的力作用下，它将具有较小的加速度。

数学上，第二定律可以表达为 $F = ma$，其中 F 表示力，m 表示物体的质量，a 表示物体的加速度。这个等式说明了力、质量和加速度之间的关系。力的单位是牛顿（N），质量的单位是千克（kg），加速度的单位是米每秒平方（m/s^2）。

第二定律还可以重新排列为 $a = F/m$，即加速度等于作用力除以物体的质量。这个公式说明了在给定的力作用下，质量越大，物体的加速度就越小；质量越小，物体的加速度就越大。

通过应用第二定律，我们可以预测和计算物体在给定力的作用下的加速度和运动状态。例如，当我们用力推一个物体时，我们可以根据所施加的力和物体的质量来计算它的加速度；或者当我们知道一个物体的质量和加速度时，我们可以计算作用在它上面的力。

第二定律是运动学和动力学研究中最基本的原理之一。它对于分析和解释物体的运动行为、设计运动系统和进行工程计算都具有重要意义。这个定律也为力学、机械设计、运动控制等领域的应用提供了基础。

3.第三定律（作用反作用定律）

第三定律，也被称为作用反作用定律，是牛顿运动定律中的第三个基本原理。它描述了任何两个物体之间相互作用力的特性。

根据第三定律，当两个物体相互作用时，它们之间的力总是以大小相等、方向相反的一对力出现。这意味着如果一个物体施加一个力于另一个物体上，那么受到力的物体将以与施力物体相反的力作用于施力物体上。

例如，当我们站在地面上时，我们施加一个向下的力，即我们的重力，于地面上。根据第三定律，地面也会以相等大小、方向相反的力作用于我们身上，支持我们的体重。

类似地，当我们使用手推车推动一个物体时，我们施加一个向前的力于手推车上。根据第三定律，手推车也会以相等大小、方向相反的力作用于我们身上，造成我们后退的感觉。

这个定律表明了力的相互作用的对称性。每个作用力都有一个相等大小、方向相反的反作用力，它们同时存在，并且相互影响。

第三定律的应用广泛。它对于理解和分析物体之间的相互作用、运动的力学系统以及工程设计都具有重要意义。在机械设计和运动控制中，我们需要考虑到这个定律，确保系统的平衡和稳定。此外，第三定律也适用于其他领域，如电磁学、流体力学等。

（三）力和其他相关概念

力是导致物体发生运动、形状变化或产生变形的原因。力是矢量量，具有大小和方向。常见的力包括重力、弹力、摩擦力等。

1.重力

重力是由地球或其他天体吸引物体而产生的一种力。根据万有引力定律，物体之间的引力与它们的质量成正比，与它们之间的距离的平方成反比。

在地球上，重力是使我们保持在地面上的力。它使得物体朝向地球的中心运动，并决定了物体的重量。重力还是导致天体之间相互吸引和行星、卫星绕轨道运动的基本原因。

根据万有引力定律，两个物体之间的引力与它们的质量成正比，与它们之间的距离的平方成反比。具体来说，引力的大小由以下公式给出：

$$F = G * (m_1 * m_2) / r^2$$

其中，F 表示两个物体之间的引力，G 是一个常数（万有引力常数），m_1 和 m_2 是两个物体的质量，r 是它们之间的距离。

根据这个公式，当物体的质量增加时，引力也会增加；当距离增加时，引力会减小。这解释了为什么较大质量的物体之间的引力更强大，而距离较远的物体之间的引力较弱。

重力是自然界中普遍存在的一种力，它对于我们日常生活和科学研究都具有重要意义。它不仅使物体保持在地面上，还控制着天体的运动，影响着地球的形状和大气的运动。在航空航天、天文学、地球科学等领域，我们需要考虑重力的影响，以便更好地理解和解释物体的运动和相互作用。

2.弹力

弹力是指当物体被压缩或拉伸时，弹性物体产生的相反方向的力。它是一种恢复物体原始形状和尺寸的力。

当一个弹性物体受到外力而发生形变时，内部的分子和原子会受到扭曲和移动。这导致了内部的弹性势能增加，使得物体具有恢复原状的倾向。为了恢复原始形状，物体会产生一个与形变方向相反的力，即弹力。

弹力遵循胡克定律，即弹力与形变程度成正比。根据胡克定律，弹力（F）等于弹簧常数（k）乘以形变量（x）。这可以表示为 $F = kx$，其中 F 表示弹力，k 表示弹簧的刚度常数，x 表示形变量。弹簧常数取决于弹簧的材料特性和几何结构。

当物体被压缩或拉伸时，形变量增大，弹力也随之增大；当物体恢复到原始形状时，形变量减小，弹力也相应减小。弹力的大小与形变量的比例关系表明了弹性物体的回复特性。

弹力在日常生活和科学研究中具有广泛的应用。例如，弹簧、橡胶和绳索等都具有弹性，它们的弹力可以用于各种机械装置、悬挂系统和运动控制中。在材料科学和工程设计中，对于了解和利用材料的弹性特性至关重要。

3.摩擦力

摩擦力是当两个物体相互接触并相对运动时产生的一种力。它是由于接触面之间的粗糙度和分子间的相互作用而产生的。

当两个物体相对运动时，它们的表面会发生相互摩擦。这是由于物体表面的微小不平整导致接触点之间的相互阻碍。此外，物体表面的分子也会发生相互作用，如静电吸引力或分子间力。

摩擦力有两种类型：静摩擦力和动摩擦力。

（1）静摩擦力。

当两个物体相对运动的趋势存在但尚未开始滑动时，施加在物体上的摩擦力被称为静摩擦力。它与两个物体之间的压力成正比，并且具有一个最大值，称为最大静摩擦力。只有当施加的力超过最大静摩擦力时，物体才会开始滑动。

（2）动摩擦力。

当两个物体相对运动时，施加在物体上的摩擦力被称为动摩擦力。动摩擦力通常比静摩擦力小，它与两个物体之间的压力成正比。

摩擦力对于日常生活和工程应用非常重要。它可以提供阻力，使我们能够行走、开车或使用工具。同时，摩擦力也会产生热量，并导致能量的损失。

为了减少摩擦力，人们常常采取一些措施，如涂抹润滑剂、使用滚动替代滑动等。在某些情况下，如运动员的运动鞋和汽车轮胎，特别设计的材料可以减少摩擦力并提高性能。

三、电磁学与电磁辐射

电磁学研究电荷、电场、磁场以及它们之间的相互作用，而电核辐射则涉及原子核和电子之间的相互作用与辐射现象。

（一）电磁学的基本概念与原理

1.电荷

电荷是电磁学的基本概念，它描述了物质所带的电性属性。电荷分为正电荷和负电荷两种。

正电荷是指带有正电荷的粒子，如质子。正电荷表明粒子失去了一些电子，使其带有多余的正电荷。负电荷是指带有负电荷的粒子，如电子。负电荷表示粒子获得了额外的电子，使其带有多余的负电荷。

根据库仑定律，同种电荷相互之间会发生排斥，而异种电荷则相互吸引。这意味着正电荷之间或负电荷之间会互相推开，而正电荷与负电荷之间会相互吸引。

电荷的量化单位是库仑（C），其中 1 库仑等于约 6.24×10^{18} 个元电荷。元电荷是电荷的基本单位，正电荷和负电荷的大小都是元电荷的整数倍。

电荷是自然界中广泛存在的物理量，它在电磁学、电路、静电学、电动力学等领域具有重要作用。电荷的运动形成了电流，电流是电荷在导体中的流动。电荷与电场相互作用形成电力线，这导致了电场力和电势能的存在。

理解电荷对于我们解释和应用静电现象、电磁感应、电子学和通信技术等方面都至关重要。电荷的研究帮助我们深入了解电磁学的基本原理，并为电力传输、电子设备、电路设计和电磁波传播等提供了科学依据。

2.电场

电场是由电荷所产生的力场，描述了电荷对周围空间中其他电荷的作用力。它是一个矢量场，具有大小和方向。

当一个电荷存在时，它会在周围产生一个电场。电场可以看作是电荷在空间中扩展的影响力。电场的强弱表示了电荷对其他电荷施加的力的大小，而电场的方向表示了力的方向。

根据库仑定律，电场力与电荷之间的关系为：

$$F = k * (q_1 * q_2) / r^2$$

其中，F 表示电场力，k 是库仑常数，q_1 和 q_2 分别是两个电荷的大小，r 是两个电荷之间的距离。根据这个公式，我们可以看到电场力与电荷之间成正比，与距离的平方成反比。

电场的单位是牛顿/库仑（N/C），也可以表示为伏特/米（V/m）。这意味着单位电荷所受到的电场力被定义为 1 牛顿。因此，电场强度可以描述为单位电荷所受到的电场力。

电场是一个矢量场，它既有大小，也有方向。通常使用箭头或者电场线来表示电场的方向。箭头指向电荷所受到的力的方向，而电场线则是垂直于力线的曲线。

3.磁场

磁场是由电流或磁性物质所产生的力场，描述了磁荷（电流）对周围空间中其他电荷或磁荷的作用力。

根据安培定律，当电流通过导线时，会产生一个环绕导线的磁场。这个磁场的强度与电流的大小成正比，与距离导线的距离成反比。磁性物质也能产生磁场，其原理是磁性物质内部存在着微观磁偶极子的排列。当这些磁偶极子排列有序时,就形成了一个整体的磁场。

磁场可以通过磁感应强度来描述,通常用磁感应强度 B 表示。在国际单位制中,磁感应强度的单位是特斯拉(T)。磁场的方向可以通过磁力线来表示,磁力线是切线方向与磁场方向相同的曲线。磁力线的密度越大,表示磁场越强。

磁场在自然科学和技术应用中有广泛的应用。在物理学中,研究磁场可以帮助我们理解电磁现象和物质的特性。在工程技术中,利用磁场可以实现电动机、发电机和变压器等设备的工作原理。磁共振成像(MRI)是医学领域常用的影像技术,它通过利用强大的磁场和无害的无线电波来获取人体内部结构的图像。

4.电磁感应

电磁感应是指当一个电导体中的磁通量发生变化时,会在电导体中产生感应电动势和电流。

根据法拉第电磁感应定律,当一个闭合回路中的磁通量发生变化时,该回路内会产生感应电动势。磁通量的变化可以是磁场的强度、方向或面积发生改变。当磁通量发生变化时,感应电动势的大小与磁通量变化率成正比。如果回路是闭合的,那么产生的感应电动势将驱动电荷在回路中形成电流。

在发电机中,通过旋转的磁场使得线圈中的磁通量发生变化,从而在线圈中产生感应电动势。这个感应电动势经过外部电路后,就可以驱动电荷在电路中形成电流,实现能量的转换和传输。

电磁感应还广泛应用于变压器、感应加热、电磁传感器等领域。在变压器中,通过互感作用,可以实现电压的升降变换。在感应加热中,通过电磁感应产生的感应电流可以使导体发热。电磁传感器利用电磁感应原理测量物理量,如磁场、速度和位移等。

电磁感应还与迈克尔逊-莫雷实验、电磁波传播等方面有密切关系。迈克尔逊-莫雷实验使用了干涉现象来检验以太的存在,为光的本质提供了重要线索。而电磁波传播是指电磁场的振荡以波动形式传播,这一现象揭示了电磁场与光的本质联系。

(二)电核辐射的基本概念与原理

1.原子核

原子核是构成原子的中心部分,由质子和中子组成。它是原子中最重要的组成部分之一,具有正电荷,并且决定了原子的质量。

质子是原子核中带有正电荷的粒子，其电荷大小为基本电荷单位的正电荷。每个元素的原子核中质子的数量是固定的，决定了元素的原子序数，不同元素的原子核中质子的数量各不相同。

中子是原子核中不带电荷的粒子，质量略大于质子。中子的存在稳定了原子核的结构，通过中子与质子之间的相互作用，维持着原子核的稳定性。

原子核的直径通常约为1-10费米（1费米等于10^{-15}米），而整个原子的直径则约为0.1纳米（1纳米等于10^{-9}米）。因此，原子核在整个原子中占据非常小的空间，但它的质量却占据了绝大部分原子的质量。

除了质子和中子之外，原子核还可以包含其他粒子，如α粒子（即氦离子）或β粒子（即电子或正电子）。这些额外的粒子可以通过核反应或放射性衰变等过程产生或消失。

原子核的稳定性与其质子和中子之间的相互作用有关。当原子核中的质子和中子数量达到某种平衡时，原子核将具有最低的能量，并且是相对稳定的。如果原子核中的质子或中子数量超过了一定限度，原子核将不再稳定，可能发生衰变过程。

2.电子跃迁

电子跃迁是原子和分子物理学中重要的现象之一。电子跃迁是指电子从一个壳层跃迁到另一个壳层的过程。在这个过程中，电子会吸收或释放能量，并且导致原子发生光谱线和辐射现象。

当一个原子处于激发态时，其中一个或多个电子位于高能级的壳层上。由于高能级的壳层对应着较高的能量，处于激发态的原子会寻求回到较低能级的基态。为了实现这种能级的转变，电子必须跃迁到较低能级的壳层。

电子跃迁可以分为两种类型：吸收跃迁和辐射跃迁。

吸收跃迁发生在原子吸收外界能量时。当原子吸收能量时，电子会从低能级的壳层跃迁到高能级的壳层。在这个过程中，电子吸收了能量并被激发到更高的能级。这样的跃迁通常发生在原子与外部能量源（如光）相互作用时，吸收的能量与电子跃迁的能级差相关。

辐射跃迁是指原子从激发态返回到基态时释放出能量的过程。当电子从高能级的壳层跃迁到低能级的壳层时，它会释放出能量。这种能量以电磁辐射的形式传播，可以包括可见光、紫外线、X射线等不同波长的辐射。辐射跃迁导致原子发出特定频率或波长的光，产生了原子的光谱线。

原子的光谱线是由电子跃迁引起的特定波长或频率的光发射或吸收。通过观察和分析这些光谱线，科学家们可以获取关于原子结构、能级布局和物质组成等信息。

3.辐射

辐射是指物质通过空间传递能量的过程。在物理学和化学中，辐射可以包括电磁辐射和粒子辐射两种形式。

电磁辐射是一种由电磁波组成的能量传播方式。电磁波具有特定的频率和波长，包括广泛的光谱范围，从无线电波到可见光、紫外线、X射线和γ射线等。这些电磁波以光速传播，并且不需要介质媒介。电磁辐射可以由激发态的原子或分子跃迁回基态时产生，也可以由加速带电粒子（如电子）所产生。

粒子辐射是指由高速运动的带电粒子（如α粒子、β粒子）或无电荷粒子（如中子）产生的辐射。这些粒子通过空间传播，并且具有一定的能量。粒子辐射通常由放射性核素的衰变过程或高能粒子碰撞等事件引起。

辐射的产生与物质内部的相互作用密切相关。在原子核辐射中，原子核和电子之间的相互作用会导致辐射的产生。例如，放射性衰变是指不稳定原子核通过自发放射粒子或电磁辐射而转变为更稳定的核的过程。在这个过程中，原子核释放出能量，并且产生了特定类型的辐射。

辐射具有一定的能量和穿透能力，可以对物质产生影响。它在医学诊断、治疗和工业领域都有广泛应用。然而，高剂量的辐射也可能对生物体产生危害，如细胞损伤、遗传突变和肿瘤形成等。因此，对辐射的安全控制和防护非常重要。

科学家们通过研究辐射现象和辐射与物质的相互作用，以及开发辐射测量和防护技术，努力保护人类和环境免受辐射的危害。辐射的研究对于核物理学、天文学、医学和材料科学等领域的发展和应用具有重要意义。

4.辐射能谱

辐射能谱是描述辐射能量与频率或波长之间关系的图像或函数。它展示了不同类型辐射的能量分布和强度，对于理解辐射现象、物质相互作用以及相关应用具有重要意义。

不同类型的辐射（如电磁辐射和粒子辐射）具有不同的能谱特征。以电磁辐射为例，它的能谱可以根据频率或波长来描述。电磁辐射能谱包括广泛的光谱范围，从低频的无线电波到高频的γ射线。

在可见光范围内，我们可以观察到连续光谱和发射光谱。连续光谱是指由连续的频率或波长组成的辐射能量分布，例如白炽灯发出的光。而发射光谱则是特定元素或分子在激发态向基态跃迁时释放出的能量所形成的光谱。发射光谱呈现出离散的谱线，每条谱线对应着特定波长或频率的光。

此外，还存在吸收光谱，它是物质吸收特定波长或频率的光而产生的能谱。吸收光谱可以用来研究物质的组成和结构，因为不同物质对于不同波长的光有不同的吸收特性。

粒子辐射（如 α 粒子、β 粒子）也具有自己的能谱特征。这些粒子在空间传播时具有一定的能量分布，其能谱可以描述它们在不同能量范围内的强度分布。

通过测量和分析辐射能谱，科学家们可以获取关于辐射源的信息以及与物质相互作用的特性。能谱分析技术在核物理、天文学、材料科学、医学诊断等领域中得到广泛应用。例如，通过 X 射线能谱分析可以确定物质的成分和结构，通过光谱分析可以研究原子、分子的能级结构和相互作用规律。

电磁学和电核辐射是自然科学中非常重要的领域，涉及电荷、电场、磁场、原子核、电子等基本概念与原理。它们对于我们理解和解释自然界中的现象，如电磁感应、电磁波传播、原子结构和辐射现象，以及在通信、能源、医学和核技术等领域的应用都具有重要意义。

四、化学与化学反应

化学是自然科学的一门学科，研究物质的组成、性质、结构和变化规律。它探索了物质在分子和原子水平上的相互作用、反应和转化过程。化学反应是指物质之间发生变化的过程，包括化学键的形成和断裂、原子和分子的重排以及能量的吸收或释放。

化学反应的基本概念和原理涉及以下几个方面。

（一）原子和分子

原子和分子是化学反应中重要的基本概念。它们是构成物质的基本单位，参与着化学反应的进行。

原子是物质的最小粒子，由原子核和围绕核运动的电子组成。每个元素都有特定数量的质子、中子和电子，决定了其原子性质。原子通过化学反应可以重新组合形成新的物质。

分子则是由两个或多个原子通过化学键连接而成的结构。当原子彼此之间共享或转移电子时，形成了化学键。共价键是最常见的一种化学键，其中原子通过共享电子来稳定形成分子。离子键和金属键也是其他类型的化学键。

在化学反应中，原子和分子之间发生相互作用和转化。通过这些过程，原子和分子可以重新组合形成不同的化学物质。

例如，氢氧化钠（NaOH）是由一个钠离子（Na^+）和一个氢氧根离子（OH^-）组成的。当 NaOH 溶解在水中时，离子键断裂，钠离子和氢氧根离子与水分子发生相互作用，形成氢氧化钠的溶液。

化学反应中，原子和分子的重新组合和转化导致物质的性质和特征的改变。通过控制原子和分子之间的相互作用和转化，我们可以合成新的化合物，改变物质的性质，甚至实现能量的转化和储存。

（二）反应物和生成物

反应物和生成物是化学反应中的基本概念。它们描述了化学反应过程中参与反应的起始物质和通过反应产生的新物质。

反应物是指在化学反应开始时存在的物质，它们参与到反应中并发生变化。反应物可以是一个或多个原子、离子或分子，其组成和性质决定了反应的特征和方向。化学反应中，反应物之间的相互作用导致原子和分子的重新排列和重组，从而形成新的化学物质。

生成物是指通过化学反应得到的新物质。它们是反应物经过化学变化后的结果。生成物可以是一个或多个化合物、分子或离子。在化学反应中，反应物的原子和分子重新组合，化学键形成和断裂，导致生成物的形成。

例如，氢气（H_2）和氧气（O_2）是一种常见的反应物对，在其燃烧反应中，它们与空气中的氧气反应，生成水（H_2O）作为生成物。在这个反应中，氢气和氧气是反应物，而水是生成物。

化学反应根据反应物和生成物的不同类型可以分为各种不同的反应类型，包括氧化还原反应、酸碱中和反应、沉淀反应等。不同的反应类型会产生不同性质和组成的生成物。

（三）化学键

化学键是在化学反应中起着重要作用。它是原子之间共享或转移电子形成的力，决定了分子的稳定性和化学性质。

化学键的形成涉及原子之间的相互作用。当两个原子靠近时，它们的电子云开始重叠并发生相互吸引。这种相互作用通过共价键、离子键和金属键等方式实现。

1.共价键

共价键是最常见的化学键类型。它涉及原子之间电子的共享。原子通过共享一个或多个电子对来形成共价键。在共价键中，原子之间的电子云重叠，形成一个共享区域，使得原子能够更稳定地结合在一起。共价键通常存在于非金属原子之间。

2.离子键

离子键是由正负电荷之间的相互吸引力形成的。它涉及电子的转移，其中一个原子失去电子成为正离子，而另一个原子获得电子成为负离子。正负离子之间的静电吸引力就形成了离子键。离子键通常存在于金属和非金属原子之间。

3.金属键

金属键是在金属中形成的一种特殊类型的化学键。金属中的原子通过电子云的共享来形成金属键。金属中的自由电子可以在整个金属结构中流动，形成金属键。金属键使得金属具有良好的导电性和热传导性。

在化学反应中，化学键可以被打破或形成，从而导致物质的转化。当化学键被打破时，原子之间的连接断裂，从而释放出能量。当新的化学键形成时，原子重新组合并形成新的分子。这些过程导致了物质的重排和转化。

（四）反应速率

反应速率是化学反应进行的速度。它指的是单位时间内反应物消耗或生成的量。反应速率可以受到多种因素的影响，包括反应物浓度、温度、压力、催化剂等。

1.反应物浓度

反应速率通常与反应物浓度相关。当反应物浓度较高时，反应分子之间的碰撞更频繁，从而增加了反应发生的机会，反应速率也相应增加。根据速率定律，反应速率与反应物浓度的关系可以用反应级数表示。

2.温度

温度对反应速率有显著影响。随着温度的升高，反应物分子的平均动能增加，碰撞的能量也增加，有利于克服活化能，促进反应发生。根据阿伦尼乌斯方程，反应速率与温度之间呈指数关系，每10摄氏度温度升高约使反应速率增加1到2倍。

3.压力

在涉及气体反应的情况下，压力可以影响反应速率。当压力增加时，气体分子的浓度增加，碰撞的频率和能量也增加，从而促进反应的进行。但对于液体和固体相反应，压力的影响通常较小。

4.催化剂

催化剂是一种物质，它可以加速化学反应速率，但本身在反应过程中不发生永久性改变。催化剂通过提供新的反应路径或降低反应的活化能来增加反应速率。它可以有效降低反应所需的能量,并提高反应的选择性和效率。

化学动力学是研究反应速率和反应机制的学科。它通过实验和理论模型来揭示反应速率背后的基本原理和影响因素。化学动力学方程可以用来描述反应速率与反应物浓度、温度和催化剂浓度之间的关系。

了解和控制反应速率对于理解和优化化学反应非常重要。通过调节反应条件、添加催化剂以及设计合适的反应器,我们可以控制反应速率,提高反应效率和产率。这对于工业生产、药物研发、环境保护等领域具有重要意义。

(五)能量变化

在化学反应中,能量可以从环境中吸收或释放。这种能量变化可以通过热量变化来衡量。

能量变化在化学反应中起着重要的作用。它涉及化学键的形成和断裂、原子和分子之间的相互作用等过程。在化学反应中,当化学键被形成时,能量被吸收,而当化学键被断裂时,能量被释放。

能量变化对于理解反应的热力学特性和能量转化非常重要。它可以通过实验测量热量变化来确定。热量变化可以用焓变(ΔH)来表示,正值表示吸热反应,负值表示放热反应。

能量变化也与反应速率密切相关。在一些反应中,高能物质会经历一个活化能的阶段,需要吸收能量才能克服反应的活化能垒,进而发生反应。这种过程称为活化能吸收。而在其他情况下,反应释放的能量可以提供给反应物以克服活化能垒,从而促进反应的进行。

(六)反应机制

反应机制是指描述化学反应中每个步骤和中间产物的详细过程。理解反应机制对于揭示化学反应的本质和探索反应动力学和热力学规律非常重要。通过确定反应机制,我们可以了解分子在反应中如何发生变化和重排,以及反应的速率、选择性和产物分布。

确定反应机制通常需要多种实验技术和理论模拟方法的结合。下面是一些常见的方法。

1.反应动力学

通过测量反应速率随时间的变化,可以获得关于反应步骤和速率常数的信息。根据实验数据,可以推断出反应的整体顺序和速率决定步骤。

2.反应物的标记和追踪

在反应物中引入标记或追踪剂,可以追踪其在反应中的位置和转化,从而确定反应机制和中间产物的形成路径。

3.光谱分析

使用各种光谱技术(如红外光谱、核磁共振光谱等)可以提供有关反应物和产物之间化学键的形成和断裂、中间产物的生成和转化等信息。

4.理论计算

通过量子力学计算和分子模拟,可以在原子和分子层面上模拟反应过程。这种方法可以提供关于反应能垒、中间产物结构和反应路径的详细信息。

根据实验数据和理论模拟结果,化学家们可以建立一个合理的反应机制来描述反应的每个步骤和中间产物的生成。通常,反应机制包括反应的初级步骤(如分子相遇、反应活化等)和次级步骤(如中间产物的生成和消耗)。其中,中间产物是指在反应过程中暂时形成的中间物质,它们在后续步骤中被进一步转化为最终产物。

五、生物学与生命现象

在自然科学中,生物学是一个重要的分支,它研究生命现象和生物体的结构、功能以及它们与环境之间的相互关系。

生物学是研究生命的科学,它对生命现象进行系统的观察、实验和理论解释。生物学研究的范围非常广泛,包括从微观的细胞和分子水平到宏观的生态系统和进化过程等多个层面。生物学的研究对象主要是生物体,既包括单细胞的微生物,也包括复杂的多细胞生物。生物学研究的目的是理解生命的起源、演化、发展和生物体的结构、功能以及与环境的相互作用。

生物学的基本概念和原理有以下几个方面。

(一)细胞理论

细胞理论是一个基本的生物学理论,它认为细胞是生命的基本单位,所有生物都是由一个或多个细胞组成的。细胞理论认为所有生命现象都可以归结为细胞水平的活动。

根据细胞理论,细胞被视为生物体的基本结构和功能单位。每个细胞都包含了进行生命活动所需的基本元件,如细胞膜、细胞质、细胞核等。细胞能够执行许多重要的功能,包括新陈代谢、能量转化、生物合成、遗传信息的传递和维持生命稳态等。

细胞理论的重要性不仅体现在生物学研究中,也对其他科学领域有着深远的影响。在医学研究中,细胞理论的基本原则被广泛应用于疾病的诊断和治疗。通过观察和研究细胞的结构和功能异常,医生可以判断疾病的类型和程度,并制定相应的治疗方案。

在生物工程和生物技术领域,细胞理论也发挥着重要作用。例如,基因工程技术利用细胞的遗传信息和代谢功能,实现对生物体的基因组的操作和改造。细胞培养技术则通过控制细胞环境和提供必要的营养物质,使细胞可以在体外生长和繁殖,为药物研发、组织工程等领域提供了重要的手段。

(二)遗传学

遗传学是一门研究基因的传递和变异规律以及揭示生物体遗传信息传递和表达方式的学科。它的发展揭示类、有是生物个体遗究的基本原理包括基因的遗传规律、基因与表型的关系以及基因变异对物种演化的影响等。

基因的遗传规律主要研究基因在遗传过程中的传递规律和遗传方式。根据孟德尔的遗传法则,基因以一定的方式在个体间传递。通过研究基因的分离和连锁,可以确定某种性状的基因遗传方式和频率。

基因与表型之间的关系是遗传学研究中的另一个重要方面。基因决定了个体的遗传性状,而表型是个体在外部环境作用下所表现出来的形态特征。遗传学研究通过探究基因对表型的影响,揭示了遗传性状的表现和遗传变异的规律。

基因变异是指基因在遗传过程中发生的突变或重组等变化。基因变异对物种演化具有重要的影响。通过基因变异,个体可以产生新的遗传变异,从而使物种适应环境的能力得到提高,并促进物种的进化和适应。

在农业上,遗传学的研究可以为作物育种提供理论依据,培育出更高产、抗病虫害的品种。在医学中,遗传学的研究可以帮助人们了解疾病的遗传机制,为疾病的诊断和治疗提供参考。在生物工程领域,遗传学的研究可以用于基因工程和基因编辑等技术的开发,推动科学技术的发展。

(三)进化论

进化论是生物学的核心理论之一,它为解释生物多样性和生物体复杂性提供了重要的科学依据。进化论认为生物种群通过遗传变异、选择和适应等过程不断地演化和适应环境。

根据进化论,生物种群中存在着遗传变异。这种遗传变异可以是由基因突变或基因重组引起的,使得个体之间的遗传信息不完全相同。这些遗传变异会在后代中传递,并通过自然选择的作用在种群中逐渐累积。

自然选择是进化论的核心机制之一。自然选择指的是环境对于不同遗传变异的个体表现出的选择压力。某些遗传变异能够使个体适应环境并获得更好的生存和繁殖能力,从而更有可能将其遗传信息传递给下一代。而对于不利于适应环境的遗传变异,它们的生存和繁殖机会相对较低,遗传信息在种群中逐渐减少。

适应是进化论的另一个重要概念,指的是生物体对环境改变的适应性调整。随着环境的变化,那些具有适应性变异的个体会更有可能生存下来并繁殖后代。这样,在时间的推移下,种群中的适应性特征会相对增加,使得整个种群适应新的环境。

进化论的历史可以追溯到19世纪,达尔文是最早提出进化论的科学家之一。他通过观察和研究植物和动物的多样性,提出了物种的共同祖先和适应性变异的观点。随后,遗传学、生态学、地质学等领域的发展为进化论提供了更多的证据和解释。

进化论在生物学研究中具有重要的意义。它为解释生物种群的起源、多样性和复杂性提供了关键的科学基础。同时,进化论也对医学、农业和环境科学等应用领域产生了深远影响。例如,进化论为研究疾病的抗药性和农作物的改良提供了理论依据。

六、地球科学与地球系统

地球科学是研究地球的物质组成、内部结构、表面特征和地球各层系统之间相互作用的学科。它包括地质学、气象学、海洋学、地理学等学科,旨在揭示地球的演化历史、自然灾害的成因和预测,以及人类活动对地球环境的影响。

地球系统是由地球的大气圈、水圈、岩石圈和生物圈组成的一个复杂的整体。它们相互作用和影响,共同维持着地球上的生命和环境。以下介绍地球系统中各个圈层的基本概念和原理:

(一)大气圈

大气圈是包围地球的气体层,由各种气体组成,主要包括氮气、氧气和少量的其他气体,如水蒸气、二氧化碳等。大气圈对地球起着至关重要的作用,它通过一系列复杂的过程影响地球的气候和天气。

大气圈中的大气运动是影响天气变化的重要因素之一。大气圈中存在着各种不同规模和强度的气流系统,如风、暴雨、台风等。这些气流的形成和运动受到地球自转、地形、海洋和太阳辐射等因素的影响。风的产生和变化直接影响着地面上的气温、湿度以及云量等气象要素。

大气圈中的辐射平衡也对地球的气候和天气产生重要影响。太阳向地球释放出大量的辐射能量，其中有一部分被大气圈吸收，一部分直接达到地面。大气圈中的云、气溶胶等物质会散射、吸收和反射太阳辐射，从而影响地球的能量收支。这种能量平衡的变化导致了地球不同地区的温度差异，进而影响了气候型态和季节变化。

大气圈中的温室效应是地球上存在生命的重要原因之一。大气圈中的水蒸气、二氧化碳等温室气体能够吸收地表向大气释放的长波辐射，使得地球的表面温度维持在适宜的范围内。然而，由于人类活动引起的温室气体排放过多，造成了温室效应加强，导致全球气候变暖，引发了一系列的环境问题，如海平面上升、极端天气事件增加等。

最后，大气圈中的气象学研究和气候学研究对于我们理解和预测天气和气候变化至关重要。气象学研究大气圈中的各种天气现象，包括风、云、降水等，通过观测和模拟分析，提供准确的天气预报和气象灾害预警。而气候学研究则关注长期气候变化，通过对大气圈中各种因素的观测和分析，揭示气候变化的规律和趋势，为应对气候变化提供科学依据。

（二）水圈

水圈是地球上水在各种形式下循环的过程。它包括蒸发、降水、地表径流和地下水等多个环节。水圈对于维持陆地生态系统的平衡、调节气候以及为人类提供淡水资源起着至关重要的作用。

水圈中的蒸发是指水从地球表面蒸发成水蒸气的过程。当太阳照射到地表时，地表上的水分会受热蒸发成水蒸气，并进入大气层。这一过程使得水分得以从海洋、湖泊、河流和土壤等地方转移到大气层中。

降水是水圈的另一个重要环节。在大气层中，水蒸气会随着空气的运动逐渐冷却凝结成云，云中的水滴或冰晶聚集形成降水，如雨水、雪、冰雹等。降水通过下落到地面上，从而将水重新输入到陆地和水体中。

地表径流也是水圈不可忽视的一部分。当降水超过土壤的蓄水能力或地表无法渗透时，多余的水会形成地表径流，流入河流、湖泊和海洋等水体中。地表径流起到了水分再循环的重要作用，维持着陆地上各个水系的稳定。

最后，地下水也是水圈中的重要组成部分。一部分降水渗透到土壤中，形成地下水。地下水在地下岩石层中储存，并通过地下水脉络和泉眼供应水源。地下水不仅为植物提供了必需的水分，还是人类饮用水和农业灌溉水等重要来源之一。

（三）岩石圈

岩石圈是地球上由岩石和土壤组成的坚硬外壳层，包括地壳和上部地幔。它是地球最外层的固体部分，与大气圈和水圈相互作用，构成了地球系统的重要组成部分。

岩石圈是地质学研究的对象，它记录了地球的地质历史和演化过程。通过对岩石圈中不同岩石层序、化石遗迹等进行研究，可以揭示地球的演变过程和地质事件的发生。

岩石圈是地球上各种构造活动的场所。地球内部的构造运动如板块运动导致地壳的变形和断裂，形成山脉、地震带、断层等地质现象。这些构造活动使岩石圈不断变化，推动着地壳板块的运动和地球的地质演化。

岩石圈也是火山喷发和地震等地质灾害的主要发生区域。当地球内部的岩浆通过火山口喷出时，形成火山喷发；而地壳板块的运动和断裂则引发地震。这些地质灾害对人类社会和自然环境都有重要影响，因此研究岩石圈的构造和演化对于防灾减灾具有重要意义。

岩石圈还承载着地球上的生命。陆地上的土壤和岩石提供了植物生长所需的养分和支撑，为生物多样性的维持和生态系统的平衡起到重要作用。同时，岩石圈中的水和矿物质也为生命提供了必要的资源。

（四）生物圈

生物圈是地球上包括陆地、海洋和淡水环境的所有生命体所构成的区域。它是地球上生物多样性的栖息地，同时也是生态系统的基础和关键组成部分。生物圈中的各种生物与环境相互作用，并通过能量流动维持着生态平衡。

生物圈中的生物多样性对于维持生态平衡和生态系统功能至关重要。生物圈中存在着数以百万计的不同物种，从微生物到植物、动物等各类生物。这些生物之间形成了复杂的生态网络，相互依存和相互影响。生物多样性的丰富性可以提供更多的生态服务，如食物链的稳定、物质循环、土壤保持和气候调节等。

生物圈是生态学研究的对象，生态学研究生物与环境之间的相互作用和能量流动。生物通过与环境中的其他生物和非生物要素进行相互作用来获取营养、繁殖和适应环境。例如，植物通过光合作用吸收阳光和二氧化碳，并转化为能量和有机物质，提供给其他生物；而动物通过摄食植物或其他动物获取能量和养分。

生物圈中的生物与环境之间的相互作用还包括共生、捕食、竞争等。共生是指不同物种之间相互依存、互利共生的关系，如蜜蜂与花朵之间的传粉关系。捕食是指一种生物以另一种生物为食物的行为，维持了食物链的平衡。竞争是指生物之间为了资源(如食物、生存空间等)而进行的斗争,促进了适者生存和物种进化。

地球系统的运行受到多种因素的影响,并表现出一系列的原理和规律。

(一)平衡与不平衡

地球系统中的各个圈层之间通过质量、能量和物质的交换保持着动态平衡。这种平衡是指在相对稳定的条件下,系统内各个圈层之间的交互作用达到一种相对稳定的状态。然而,外界的干扰和内部的变化可能导致系统进入不平衡状态,出现自我调节和恢复的过程。

地球系统中的各个圈层之间通过质量、能量和物质的交换维持着动态平衡。例如,水圈中的蒸发和降水过程使得水分在地球上循环,保持了水资源的平衡。大气圈中的气候系统通过热量和湿度的输送来维持气候的稳定性。岩石圈中的岩浆运动和板块活动推动地壳的运动和重塑,维持了地球表面的地形和构造的平衡。

然而,外界的干扰和内部的变化可能打破这种平衡状态,导致系统进入不平衡状态。外界的干扰包括人类活动引起的环境污染、气候变化、土地利用变化等。这些干扰改变了圈层之间的交换过程,导致能量和物质的不均衡分布。内部的变化则包括自然因素如火山喷发、地震等地质灾害,以及生态系统内部的种群动态、物种相互作用等。

在不平衡状态下,地球系统会通过一系列自我调节和恢复的过程来寻求新的平衡。例如,水圈中的降水增加可以补充蒸发损失,使得水循环重新达到平衡;岩石圈中的板块运动和地壳变形可以缓解地震活动带来的压力。生物圈中的物种适应和演化也是一种自我调节的过程,通过进化适应新的环境条件。

(二)反馈机制

地球系统中存在着正反馈和负反馈机制,它们对于系统的稳定性和动态平衡起着重要作用。正反馈机制加强初始变化,导致系统向一个方向迅速发展,而负反馈机制则抑制初始变化,使系统趋向稳定。

温室效应是一个典型的正反馈过程。当大气中的温室气体增加时,它们会吸收并重新辐射地球表面向外的热辐射,这导致地球表面温度升高。而高温又加速了冰川融化和海洋的蒸发,释放更多的温室气体,进一步增强温室效应。这种正反馈机制加剧了全球气候变暖的趋势。

相反,云的形成是一个典型的负反馈过程。当地表水面蒸发,水蒸气上升到高空时,遇冷凝结成云。云层可以反射太阳光,减少地表的日照,从而降低地表温度。这种负反馈机制通过降低地表温度来抵消初始的温度上升,维持了气候的稳定性。

除了温室效应和云的形成外，地球系统中还存在着许多其他的正反馈和负反馈机制。例如，冰雪覆盖的减少会导致更多的太阳辐射被吸收，加速融化进而导致更大范围的冰雪消失，这是一个正反馈过程。另一方面，植被的生长可以吸收二氧化碳，减少大气中的温室气体浓度，从而抑制全球气候变暖，这是一个负反馈过程。

正反馈和负反馈机制在地球系统中相互作用，共同影响着环境的变化和稳定。然而，正反馈机制通常具有累积效应，并可能引发系统的不可逆转变；而负反馈机制则有助于维持系统的稳定性和恢复能力。因此，理解和研究正反馈和负反馈机制对于我们认识和预测地球系统变化的趋势至关重要，也为制定有效的环境保护和可持续发展策略提供了科学依据。

以上只是自然科学的一小部分基本概念和原理，每个学科都有更深入和专业的知识体系。通过对这些基本概念和原理的研究，我们能够更好地理解自然界的运行规律，并应用于科学研究和技术发展中。

第二节 自然科学在科技创新中的作用与价值

自然科学在科技创新中扮演着重要的角色，为人类社会带来了巨大的作用和价值。

一、提供基础知识

自然科学在科技创新中扮演着重要的角色，其作用与价值体现在多个方面。

（一）坚实的基础知识

自然科学为科技创新提供了坚实的基础知识。自然科学包括物理学、化学、生物学等学科，通过研究自然界的规律和原理，积累了丰富的知识体系。这些基础知识成为科技创新的基石，使得科技工作者能够在此基础上进行创新性的研究和开发。

1.物理学

物理学是研究物质的运动、力学、光学、电磁学等方面的学科。它为科技创新提供了基本的物理定律和原理，如牛顿运动定律、能量守恒定律、电磁感应等。这些定律和原理被广泛应用于各个领域，如航空航天、电子技术、能源等，推动了科技的进步。

2.化学

化学研究物质的组成、性质、结构和变化规律。化学的基础知识为材料科学、药物研发、环境保护等领域的科技创新提供了重要支持。例如，化学元素周期表为人们理解元素特性和化学反应提供了基础，化学合成技术为新材料和新药物的开发提供了手段。

3.生物学

生物学研究生命体的结构、功能、进化和生态等方面。生物学的发展为生物医学、农业科技、环境保护等领域的科技创新提供了重要支撑。例如，基因工程技术的发展使得遗传疾病的治疗成为可能，农业生物技术的应用提高了作物产量和质量，生态学研究为生态环境保护提供了理论基础。

（二）必要的工具和方法

自然科学为科技创新提供了必要的工具和方法。自然科学不仅研究自然界的规律，还积累了大量的实验技术、观测仪器和数据分析方法。这些工具和方法为科技创新提供了必要的手段，使科技工作者能够准确地观测、测量和分析现象，从而推动科技的进步。

1.实验技术

实验是科技创新中重要的手段之一。自然科学通过发展各种实验技术，使科技工作者能够在受控条件下进行精确的实验研究。例如，物理学中的粒子加速器和光谱仪，化学中的合成反应和分析技术，生物学中的基因编辑和细胞培养技术等都为科技创新提供了必要的实验手段。

2.观测仪器

观测仪器是科技创新中不可或缺的工具。通过观测仪器，科技工作者能够获取准确的数据和信息，进而深入研究和理解自然界的规律。例如，天文学中的望远镜和天体观测设备，地球科学中的地震仪和卫星遥感技术，生物医学中的显微镜和成像设备等都为相关领域的科技创新提供了强大支持。

3.数据分析方法

随着数据的快速积累和处理能力的提升，数据分析方法在科技创新中变得越发重要。自然科学通过建立统计学、计算机科学等交叉学科，发展出各种数据分析方法。这些方法能够帮助科技工作者从庞大的数据中提取有用的信息，揭示规律并进行模型构建和预测。例如，机器学习、人工智能等方法在医学诊断、智能交通、金融风控等领域展现出巨大潜力。

（三）验证和评估的依据

自然科学为科技创新提供了验证和评估的依据。科技创新往往需要经过一系列的实验验证和理论分析,以确保其可行性和有效性。自然科学提供了科学方法论,使科技工作者能够进行严谨的实证研究,从而验证和评估科技创新的成果。只有经过科学的验证和评估,科技创新才能够获得广泛的认可和应用。

1.实验验证

自然科学强调实证研究的重要性,其中实验验证是关键的环节。科技工作者通过设计和进行实验,收集实验数据并进行分析,以验证科技创新的假设或理论。实验验证能够验证科技创新的可行性、稳定性和效果,为后续的推广和应用提供可靠的依据。例如,在药物研发中,新药物需要经过严格的临床实验验证其疗效和安全性,才能获得上市许可。

2.理论分析

除了实验验证,科技创新还需要进行理论分析。自然科学提供了丰富的理论框架和模型,可以帮助科技工作者理解和解释现象,并预测科技创新的效果。通过理论分析,科技工作者能够从基本原理出发,推导出对应的数学模型或理论公式,从而评估科技创新的可行性和优劣势。例如,在工程领域,通过理论计算和仿真模拟,可以预测新产品的性能指标和工作状态。

3.学术评估

科技创新还需要经过学术界的评估和认可。自然科学在学术界有着严谨的评审体系,包括同行评议、学术期刊和学术会议等。科技工作者将自己的研究成果提交给学术期刊或学术会议,经过同行专家的评审和审稿程序,以确保研究的可靠性和质量。学术评估是科技创新的重要环节,它能够为科技创新提供独立的验证和认可,促进科技成果的传播和交流。

二、技术发展

自然科学在科技创新中发挥着重要的作用与价值,推动技术的发展是其中之一。自然科学通过研究物质、能量、生命等方面的基本规律和原理,为科技创新提供了坚实的基础知识。以下将从物理学、化学和生物学三个学科的角度来探讨自然科学在科技创新中推动技术发展方面的作用与价值。

(一)物理学

物理学研究物质的运动、力学、光学、电磁学等方面的规律。物理学的发展对技术领域具有深远的影响,推动了各种技术的发展和应用。

1.电子技术

电子技术的发展离不开物理学的支持,尤其是电磁学理论为其提供了基础。电磁学理论研究电荷与电荷之间、电流与电流之间以及电流与电荷之间的相互作用关系,从而揭示了电磁现象的本质规律。

在电子元件的设计和制造中,电磁学理论的应用至关重要。例如,电子器件中常使用的电容器、电感器、电阻器等元件的性能和特性可以通过电磁学理论来分析和优化。电磁学理论还指导着半导体器件的设计和制造,如晶体管和集成电路等,这些器件广泛应用于各种电子设备中。

电路的分析和优化也离不开物理学的支持。电磁学理论为电路中电荷和电流的传输、电压和电流的转换等提供了解释和计算方法。借助电磁学理论,工程师们可以对电路进行建模和仿真,以评估电路的性能,并进行优化设计。

通信和计算机技术的发展也受益于物理学的电磁学理论。通信技术中的无线电、微波和光纤通信等,以及计算机网络中的数据传输和信号处理,都依赖于电磁学理论。电磁学理论提供了关于电磁波传播、信号调制与解调、天线设计等方面的知识,为通信和计算机技术的发展提供了理论基础。

2.光学技术

物理学的光学研究为光学技术的应用提供了重要支持,使得光学技术在各个领域得以发展和应用。

激光技术是光学技术中重要分支,在医学、材料加工、通信等方面发挥着重要作用。激光器通过受激辐射的方式产生具有高度一致性、高亮度和高单色性的激光光束,这使得激光技术在医学领域被广泛应用于手术、眼科治疗、皮肤美容等方面。激光技术还在材料加工领域用于激光切割、激光焊接、激光打标等工艺,以及在通信领域中用于光纤通信传输和光存储等方面。

光学传感器是光学技术的另一个重要应用领域。光学传感器利用光的特性来检测和测量目标物体的属性或环境参数。例如,在环境监测中,光学传感器可以用于测量大气污染物、水质指标等;在生物医学领域,光学传感器可以用于血氧测量、荧光显微成像等应用。光学传感器具有高灵敏度、快速响应和非接触性等优点,因此在许多行业中得到广泛应用。

光学技术还在其他领域有着重要应用。例如,在光学显微镜中,通过利用光的折射、散射和干涉等现象,能够实现对微观结构和细胞等的观察和分析。光学投影显示技术也被广泛应用于电子产品中,如液晶显示屏、激光投影仪等。

（二）化学

化学研究物质的组成、性质、结构和变化规律，为技术创新提供了关键的支持。

1.材料科学与工程

化学的研究为材料科学与工程提供了重要基础，帮助人们理解材料的性质和制备方法，并推动新材料的开发和应用。

化学研究在材料的合成和制备中起着关键作用。通过对化学反应机制、物质结构与性质的研究，人们可以设计和合成出具有特定功能和优异性能的材料。例如，高强度材料的研究利用了化学的知识，通过调控材料的晶体结构和相互作用，实现了材料的强度和韧性的提升；高温超导材料的研究则依靠了化学的方法，通过合成掺杂材料和复合材料，实现了在极低温下材料的电阻变为零的超导性质；纳米材料的制备也依赖于化学技术，通过精确控制反应条件和尺寸分布，制备出尺寸在纳米级别的材料，展现出了许多独特的性质和潜在应用。

化学研究为材料的表征和分析提供了手段。通过各种化学分析技术，如质谱、红外光谱、核磁共振等，可以对材料的组成、结构和性能进行准确的表征和分析。这些分析结果有助于人们深入了解材料的特性，并为进一步优化和改良材料的性能提供指导。

化学研究也为材料应用领域的发展提供了支持。例如，在能源领域，化学研究推动了新型能源材料的开发，如太阳能电池材料、锂离子电池材料等，为可再生能源和储能技术的发展做出了重要贡献；在电子领域，化学研究促进了半导体材料的发展，如硅基材料、有机电子材料等，为电子器件的制备和微电子技术的进步提供了基础；在航空航天领域，化学研究帮助开发了高温耐热材料和轻质高强材料，提升了飞行器的性能和安全性。

2.药物研发

化学在药物研发中扮演着重要的角色，通过研究和合成化合物，化学家能够设计出具有特定药效的药物分子，为医学治疗提供了新的选择。

化学研究为药物发现提供了基础。化学家通过对疾病相关分子的结构和功能的深入研究，可以揭示疾病的发生机制，并找到潜在的治疗靶点。根据这些靶点，化学家可以设计和合成一系列化合物，并进行筛选和优化，以找到具有理想活性和选择性的药物分子。

化学合成技术使得大规模药物制备成为可能。药物分子通常需要以高纯度和大量产量进行制备，以满足临床使用的需求。化学合成技术的不断进步，使得化学家能够开发出高效、经济、可扩展的合成路线，实现药物分子的工业化生产。

化学研究也涉及药物分子的结构优化和改良。通过对药物分子的结构-活性关系的研究，化学家可以进行结构修饰和改良，以提高药物的活性、稳定性和药代动力学特性。这种结构优化可以改善药物的疗效和安全性，并降低不良反应的发生。

化学分析技术在药物研发中也起着重要作用。化学分析技术可以帮助研究人员对合成的化合物进行鉴定和纯度分析，确保药物的质量和一致性。此外，化学分析技术还可以用于药物代谢和药物-药物相互作用的研究，为药物的安全性评估提供依据。

（三）生物学

生物学研究生命体的结构、功能、进化和生态等方面，对生物技术和医学领域的技术发展起到了重要推动作用。

1.基因工程与生物技术

生物学的研究为基因工程与生物技术的应用提供了基础，使其在农业、医学等领域发挥着重要作用。例如，基因编辑技术 CRISPR-Cas9 的发展为基因疾病治疗提供了新的途径，而基因工程作物的开发则提高了农作物产量和抗病性。

基因编辑技术 CRISPR-Cas9 的出现革命了基因工程领域。这项技术允许科学家精确地修改生物体的基因组，通过删除、插入或修改目标基因，实现对遗传信息的精准调控。CRISPR-Cas9 已被广泛应用于基因疾病的治疗研究中，如癌症、遗传性疾病等。它为精准医学提供了新的方法，有望改善人类健康。

基因工程作物的开发在农业领域具有重要意义。通过基因工程技术，科学家可以向植物导入具有特定功能的基因，以增加农作物的产量、改善品质、提高抗病虫害能力等。例如，转基因作物可以具备抗虫特性，减少农药的使用量；也可以具备耐旱、耐盐等逆境特性，提高作物的适应性。这些技术的应用有助于提高农作物的产量和质量，促进粮食安全和可持续农业发展。

生物技术还在医学领域发挥着重要作用。例如，基因工程技术可以用于生产重组蛋白药物，如胰岛素、生长激素等。这些药物的生产不仅提高了效率和纯度，还减少了传统制备方法中对动物或人体组织的依赖。另外，生物技术还为疫苗的研发和生产提供了新的手段，加快了疫苗的开发速度。

2.生物医学技术

生物学的研究为生物医学技术的发展和应用提供了重要支持，推动了医学诊断、治疗和预防领域的进步。例如，基于生物标志物的诊断技术、干细胞治疗技术、基因检测和个性化医疗等都是生物学研究成果的应用。

生物标志物是指能够反映人体生理或病理状态的特定分子或遗传信息。通过对生物标志物的检测和分析，可以实现早期疾病的诊断、病情的监测和疾病风险的评估。例如，血液中的肿瘤标志物可以用于癌症的早期筛查和监测；心肌特异性酶和心电图可以用于心脏病的诊断和监测。这些生物标志物的检测技术在临床上具有高灵敏度和特异性，为疾病的早期发现和精准治疗提供了依据。

干细胞治疗技术是生物医学领域的重要突破。干细胞具有自我更新和多向分化的潜能，可以分化为各种不同类型的细胞，并在组织修复和再生中发挥作用。通过利用干细胞的特性，科学家可以研究并开发出用于治疗各种疾病的细胞治疗方法。例如，干细胞移植可以用于治疗心脏病、神经退行性疾病等；造血干细胞移植可以用于白血病等血液系统疾病的治疗。这些干细胞治疗技术为临床上无法根治或难以治疗的疾病提供了新的治疗选择。

此外，基因检测和个性化医疗也是生物医学技术的重要应用。基因检测技术可以对个体的基因组进行分析，帮助诊断遗传性疾病、预测药物反应性和疾病风险等。个性化医疗则是根据个体的基因信息和临床特征，为每个患者制定个性化的治疗方案。例如，基因检测可以用于癌症的分子诊断和靶向治疗的选择；个体化药物剂量调整可以根据个体的代谢特点进行优化。这些技术的应用有助于提高医学治疗的效果和安全性。

第三节 自然科学领域的前沿技术与趋势

自然科学领域涵盖了物理学、化学等多个学科，这些学科中不断涌现出许多前沿技术和趋势。

一、物理学领域的前沿技术与趋势

（一）量子计算机

量子计算机是一种利用量子力学原理进行计算的新型计算机。相比传统的经典计算机，量子计算机具有处理大规模数据和解决复杂问题的潜力。目前，全球范围内的科研机构和企业都在积极研究和开发量子计算机，希望能够实现量子计算的突破。

传统的经典计算机使用二进制位（比特）进行计算，而量子计算机则利用量子力学的特性，使用量子位（量子比特或量子比特）进行计算。量子位具有叠加态和纠缠态的特性，可以同时表示多个状态，这使得量子计算机能够进行并行计算，从而在某些特定情况下显著提高计算速度。

然而，要实现量子计算机的突破并不容易。量子系统非常容易受到环境干扰的影响，即使微小的扰动也可能导致量子信息的丢失，这被称为"量子退相干"。此外，量子计算机需要精确控制和操作单个量子比特，对于实验条件和技术要求也很高。因此，科学家们面临着许多挑战，包括如何提高量子比特的稳定性、降低量子误差以及构建更复杂的量子逻辑门等。

尽管面临挑战，但量子计算机仍然具有广阔的应用前景。量子计算机在解决复杂问题上具有优势，例如模拟量子系统、因子分解和优化问题等。量子计算机还可以应用于密码学、化学合成、材料科学等领域，为这些领域的研究和发展提供新的可能性。

目前，全球范围内的科研机构、高科技企业和大型互联网公司都在积极研究和开发量子计算机。已经取得了一些重要的突破，例如实现了有限规模的量子比特和量子门操作。此外，一些国家和地区也在加大对量子计算的投入，推动产业化进程。相信随着科学技术的不断进步和创新，量子计算机将在未来发挥重要作用，引领计算机科学的新时代。

（二）超导技术

超导技术是指在低温条件下电阻为零的物质特性。随着科学技术的进步，超导技术在能源传输、储存和医疗成像等领域具有广泛的应用前景。近年来，高温超导材料的发现和研究进展使得超导技术更加实用化和商业化。

传统的导电材料在通电时会产生电阻，限制了电流的流动和能量的传输效率。而超导材料在低温下具有完全无电阻的特性，能够实现高效的电能传输和储存。这使得超导技术在电力系统中的应用具有重要意义。

超导电缆是超导技术在能源传输领域的一种重要应用。通过将超导材料制成细丝或薄片，并将其包裹在绝缘材料中，可以制造出超导电缆。相比传统的电缆，超导电缆能够大幅度提高电流传输能力和能量转换效率。这意味着在相同尺寸下，超导电缆能够传输更大功率的电能，减少能源损耗，提高电网的稳定性和可靠性。

超导磁体也是超导技术的重要应用之一。超导磁体利用超导材料产生的强磁场，在医学成像、核磁共振、粒子加速器等领域发挥关键作用。与传统的电磁铁相比，超导磁体能够在更高的磁场强度下工作，并具有更低的能耗和更高的磁场稳定性。这使得超导磁体在医学成像中可以提供更高质量的影像，加速粒子物理实验的进展，并促进了核聚变等领域的研究。

近年来,随着高温超导材料的发现和研究进展,超导技术越来越实用化和商业化。高温超导材料相对于低温超导材料,不需要极低的温度就可以表现出超导性能,降低了制冷成本和技术难度。这为超导技术的应用提供了更多可能性,推动了超导技术的发展。

二、化学领域的前沿技术与趋势

（一）人工智能在化学中的应用

人工智能技术在化学领域的应用日益广泛,包括分子设计、反应预测等。通过机器学习和大数据分析,人工智能可以加快新材料和新药物的开发速度,提高研究效率。

1.分子设计

人工智能在分子设计中的应用主要包括分子生成、分子优化和分子筛选等方面。通过使用深度学习和基于图神经网络的模型,人工智能可以生成具有特定性质的新分子结构。机器学习算法还可以优化分子结构,以提高其性能或降低成本。这些方法不仅可以加快新材料的发现和开发,还可以为药物设计、催化剂设计等领域提供支持。

2.反应预测

人工智能可以帮助预测化学反应的结果和反应条件。通过分析大量的反应数据和文献信息,机器学习算法可以识别出反应的关键参数,并预测反应的产物和转化率。这对于合成化学领域的研究和生产具有重要意义,可以节省时间和资源,提高反应的成功率和效率。

除了上述应用,人工智能在化学领域还可以用于材料设计、反应机理研究、光电材料的优化等方面。通过将人工智能与化学知识相结合,可以挖掘大规模数据中的隐藏信息,发现新的规律和趋势,推动化学研究的进步。

然而,人工智能在化学领域的应用仍然面临一些挑战。例如,数据质量和数据稀缺性可能会影响模型的准确性和可靠性。机器学习算法的解释性和可解释性也是一个问题,因为在某些情况下很难解释模型的决策过程。这些问题需要继续研究和解决,以进一步提高人工智能在化学领域的应用效果。

（二）可持续化学

可持续化学是指在化学合成和生产过程中减少环境污染和资源消耗的方法和策略。在当今社会，随着环境问题和可持续发展的重要性日益凸显，可持续化学成了化学领域的一个主要研究方向。

1.绿色合成

绿色合成是可持续化学的核心概念之一。它旨在开发更加环保、高效且经济可行的合成方法，以减少或避免使用对环境有害的溶剂、催化剂和反应条件。绿色合成的方法包括使用可再生材料、无机催化剂、水作为溶剂等。通过绿色合成方法，可以减少废物产生和能源消耗，并降低对有毒物质的依赖。

2.可再生能源的应用

可再生能源如太阳能、风能等在可持续化学中具有重要作用。利用可再生能源替代传统能源供应，可以减少化学合成过程中的碳排放和环境影响。例如，利用太阳能进行光催化反应，通过光能转化实现化学反应，可以减少化学合成中的能源消耗和环境污染。

3.废物利用和资源回收

可持续化学还关注废物利用和资源回收。通过将废物转化为有价值的产品或原料，可以减少废物对环境的负面影响，并降低对自然资源的依赖。例如，利用废弃物进行生物质催化转化，可以生产出高附加值的化学品和燃料。此外，资源回收也是可持续化学的重要方向，包括金属回收、催化剂再生等。

可持续化学的发展离不开政策支持、技术创新和产业合作。各国政府和国际组织都制定了相关政策和标准，鼓励和推动可持续化学的发展。同时，科学家们致力于开发新的绿色合成方法、可再生能源技术和废物利用技术，以提高可持续化学的实施效果。产业界也积极参与，投资研发和推广应用可持续化学的技术和产品。

第四节　跨学科融合与自然科学创新

跨学科融合是指不同学科之间的相互交流和合作，通过整合不同学科的知识、方法和技术，来解决复杂问题和推动创新。在自然科学领域，跨学科融合发挥着重要的作用，可以促进科学研究的进展和应用的拓展。

一、跨学科融合的理论基础

跨学科融合的理论基础主要包括以下几个方面。

（一）知识交叉

跨学科融合的关键在于不同学科之间的知识交叉。各学科之间的知识交叉可以带来新的观点、新的方法和新的思维方式，促进创新和突破。

知识交叉能够带来新的观点。不同学科之间的交叉研究会让研究者们从不同的角度去看待问题，从而带来全新的观点。例如，在物理学和生物学的交叉研究中，物理学家的物质运动和力学的观点结合了生物学家对生命现象的认识，形成了生物物理学这一新兴学科。这种跨学科的交叉让人们对生命现象有了更深入的理解，也为生物技术的发展提供了新的思路。

知识交叉能够带来新的方法。不同学科之间的交叉研究会促使研究者们借鉴其他学科的方法和技术，从而创造出新的研究方法。例如，在计算机科学和心理学的交叉研究中，计算机科学家将机器学习和人工智能的技术应用于心理学研究中，开展了认知计算这一领域的研究。这种跨学科的交叉让人们能够更好地理解和模拟人类的认知过程，也为人工智能技术的发展提供了新的思路和方法。

知识交叉能够带来新的思维方式。不同学科之间的交叉研究会促使研究者们采用跨学科的思维方式来解决问题。这种跨学科的思维方式可以打破传统学科的边界，拓宽思维的视野。例如，在经济学和社会学的交叉研究中，研究者们将经济学的理论与社会学的观察相结合，采用跨学科的思维方式分析社会经济现象。这种跨学科的思维方式可以帮助我们更全面地理解社会经济系统的运行规律，也为社会发展提供了新的思考角度。

（二）概念融合

概念融合是指跨学科融合中的一个重要环节，它要求将不同学科的概念进行融合和整合。不同学科往往会使用不同的概念和定义来描述相同的现象或问题，这样就导致了在交流和合作过程中可能存在理解上的障碍。为了促进跨学科研究的发展，科学家们需要找到共同的语言和框架，以便更好地进行交流和合作。

在实际操作中，概念融合需要科学家们具备广泛的知识背景和跨学科的思维能力。科学家们需要具备对各个学科领域的基本概念和定义有一定的了解，这样才能够理解不同学科之间的差异和相似之处。科学家们还需要通过深入学习和研究，寻找不同学科之间的联系和共性，从而建立起共同的语言和框架。这包括对于相关学科的文献阅读、参加学术会议和与其他领域专家的交流等方式。

概念融合的核心目标是建立起一个统一的概念体系，使不同学科之间的研究可以进行有效的对话和合作。通过概念融合，科学家们可以将各个学科的专业知识和方法相互结合，从而产生更加全面和深入的研究成果。例如，在环境问题领域，概念融合可以将生态学、地理学、社会学等多个学科的概念整合在一起，形成一个综合性的理论框架，从而更好地理解和解决复杂的环境问题。

但概念融合也面临一些挑战和困难。不同学科之间的概念差异可能导致理解上的障碍，需要科学家们付出更多的努力来进行沟通和协调。概念融合需要时间和资源的投入，科学家们需要进行大量的文献研究和交流活动，这对于个体科研者而言可能是一项艰巨的任务。概念融合还需要科学界和学术机构的支持和推动，以建立起相应的平台和机制来促进跨学科研究的开展。

（三）方法迁移

方法迁移是跨学科融合中的一个关键方面，它涉及将一个学科中的方法和技术应用到另一个学科中，以发现新的规律和解决新的问题。通过方法迁移，不同学科之间可以相互借鉴和促进，进一步推动科学研究的发展。

在实际操作中，科学家们需要对目标学科的基本问题和研究方向有所了解，以便确定哪些方法和技术可以进行迁移和应用。科学家们还需要对源学科中的方法进行深入理解和掌握，以确保能够正确地应用到目标学科中。这可能涉及对源学科领域的文献阅读、学习相关工具和软件、与领域专家的交流等方式。

方法迁移的核心目标是将源学科中的方法和技术应用到目标学科中，从而获得新的洞见和解决方案。通过方法迁移，科学家们可以利用已有的知识和经验，快速地解决目标学科中的问题，避免重复劳动和资源浪费。例如，在生物系统研究中，数学建模方法的迁移可以帮助科学家们揭示生物过程的动力学特性和机制，从而更好地理解和预测生物系统的行为。

二、跨学科融合的实践与自然科学创新

跨学科融合在自然科学领域的实践已经取得了许多重要的成果，推动了自然科学的创新和发展。以下是几个具体的例子。

（一）生物医学工程

生物医学工程是一门跨学科的领域，涉及生物学、医学和工程学等多个学科的交叉融合。它旨在通过应用工程学的方法和技术来解决医学领域中的问题，改善人

类健康和医疗水平。生物医学工程结合了生物学的理论和医学的实践,以及工程学的原理和方法,为医疗设备、诊断工具和治疗方法的开发和应用提供了新的途径。

生物医学工程的研究领域非常广泛,涵盖了许多重要的方面。其中之一是医学成像技术,包括 X 射线、超声波、磁共振成像(MRI)和计算机断层扫描(CT)等。生物医学工程帮助改进这些医学成像技术,使其更加精确、高效,并提供更详细的图像信息,从而帮助医生进行更准确的诊断和治疗决策。

另一个重要的研究领域是生物材料和组织工程。生物医学工程利用工程学的原理和材料科学的知识,开发和研究各种生物材料,如人工关节、植入物和仿生组织等。这些生物材料可以用于替代受损或缺失的组织和器官,帮助恢复患者的功能和生活质量。

此外,生物医学工程还涉及生物传感器技术的研究与应用。生物传感器能够检测和监测生物体内的生理参数和分子信号,例如血压、心率、血糖等。这些传感器可以提供实时的监测和反馈,帮助医生了解患者的健康状况,并进行有效的治疗。

生物医学工程对医疗领域的贡献是巨大的。它通过创新的技术和方法,推动了医学的发展和进步。例如,心脏起搏器的发明改变了心脏病患者的生活质量,使他们能够正常地进行日常活动。人工关节的研发和应用为关节退化疾病的患者提供了重要的治疗选择,减轻了疼痛和行动障碍。生物医学影像技术的进步使医生能够更好地观察和分析患者的内部情况,有助于早期发现疾病并制定相应的治疗方案。

(二)环境科学与可持续发展

环境科学是一个综合应用了地球科学、化学、生物学等多个学科的领域。在面对全球气候变化、环境污染和资源枯竭等严峻问题时,跨学科融合在环境科学中具有重要作用。通过整合不同学科的知识和方法,如气候模型、环境监测和资源管理等,可以更好地理解和保护环境,并推动可持续发展的实现。

环境科学的研究领域非常广泛,涵盖了大气、水体、土壤、生物多样性等各个方面。通过地球科学的方法,例如气候模型和地质记录分析,可以研究气候变化的原因和趋势,预测未来的气候变化情况。同时,化学和生物学的知识和技术可以用于环境监测和评估,帮助我们了解环境中的污染物和生态系统的健康状况。资源管理和环境规划等工程学和社会科学的方法也为环境科学提供了重要的支持,以制定可持续发展的策略和措施。

跨学科融合在环境科学中的应用可以带来许多好处。它能够提供更全面、准确的环境评估和预测结果,为决策者提供科学依据。例如,结合气候模型、地质记录和生态系统监测等方法,可以更好地预测气候变化对生态系统和人类社会的影响,从而制定相应的适应和缓解策略。跨学科融合还能够推动环境保护和可持续发展的创新。通过整合不同学科的知识和技术,可以开发出更高效、低碳的能源和清洁技术,促进资源的有效利用和循环利用。

值得注意的是,跨学科融合会面临一些困难和挑战。首先,不同学科之间的语言和理论体系差异可能导致沟通和理解上的障碍,需要科学家们进行积极的交流和协调。其次,跨学科研究需要科学家们具备广泛的知识背景和跨学科的思维能力,这对于个体科研者而言可能需要投入更多的学习和研究时间。此外,跨学科融合还需要科研机构和学术界提供相应的支持和资源,以建立起相关的平台和机制来促进跨学科研究的开展。

第四章　科技创新人才与团队建设

第一节　培养科技创新人才的重要性与引进

科技创新是推动社会发展和经济增长的重要引擎。在当今高度竞争的全球化时代，培养和引进优秀的科技创新人才对于国家和地区的可持续发展至关重要。下面将从以下几个方面探讨培养科技创新人才的重要性以及引进人才的必要性。

一、培养科技创新人才的重要性

（一）推动科学研究和技术创新

科技创新人才是科学研究和技术创新的关键。他们具备深厚的学科知识和专业技能，能够开展前沿的科学研究，推动科技领域的突破和创新，为社会进步和产业升级提供强有力的支撑。

科学研究和技术创新是现代社会发展的重要驱动力。只有不断地进行科学探索和技术创新，才能解决各种复杂问题，实现经济持续增长和社会进步。而科技创新人才作为推动科学研究和技术创新的主体，具有不可替代的作用。

科技创新人才拥有丰富的学科知识和专业技能。他们在大学及其他科研机构接受系统的学术培训和实践锻炼，具备深入理解和应用学科知识的能力。这使得他们能够站在科技前沿，了解最新的研究成果和技术动态，并将其运用到实际创新中。

科技创新人才具备创新思维和解决问题的能力。他们经过系统的学术训练，培养了批判性思维、创造性思维和团队合作能力。在面对复杂的科研问题和技术难题时，他们能够迅速分析和解决，提出创新的解决方案。这种创新思维和解决问题的能力对于推动科技进步至关重要。

科技创新人才是科研团队和创新项目的核心。科学研究和技术创新往往需要由多个专业人员组成的团队协同工作。科技创新人才作为团队的核心，能够发挥领导和组织的作用，促进团队成员之间的合作与交流，协调各方资源，推动项目的顺利进行。

最后，科技创新人才对社会进步和产业升级有着重要的影响。科技创新的成果可以推动社会各个领域的发展，改善人们的生活质量。通过培养和引进更多的科技创新人才，可以不断提升国家的科技实力和竞争力，推动产业结构的优化和升级，促进经济的可持续发展。

（二）增强国家竞争力

在当今世界，拥有强大的科技创新人才是一个国家增强竞争力和核心竞争力的重要保障。科技创新人才具备全球范围内较高的影响力和竞争力，他们能够引领科技发展的潮流，推动国家在科技、经济和社会领域的崛起。

科技创新人才是国家科技实力的重要支撑。在当前知识经济时代，科技创新已经成为国家竞争的核心要素。拥有优秀的科技创新人才，意味着国家在技术研发、创新能力和科技产业链上具备了强大的竞争力。这些人才通过自己的智慧和努力，能够不断推动科技进步，带来新的发现、新的技术和新的应用，从而为国家的发展注入源源不断的活力。

科技创新人才对于国家经济发展至关重要。科技创新是经济增长的主要驱动力之一。拥有高水平的科技创新人才，能够带动产业结构优化升级，推动科技成果转化为具体的生产力，进而推动经济高质量发展。他们能够通过技术创新，提高生产效率、降低成本，为企业和国家创造更多的价值和就业机会，促进经济的持续增长。

科技创新人才还在社会发展中发挥着重要作用。他们不仅是科技领域的专家，还是社会进步的引领者和推动者。他们关注社会问题，探索解决方案，并将其转化为可行的科技创新项目，为社会发展提供了强有力的支持。他们的科技创新成果可以应用于医疗、教育、环保等领域，改善人民生活质量，推动社会进步和可持续发展。

为了增强国家竞争力，我们应该采取一系列措施来培养和吸引科技创新人才。首先，加强教育体制改革，提高高等教育质量，培养更多的科技人才。同时，建立健全科技创新政策和激励机制，为科技人才提供更好的研究环境、创新平台和经费支持。此外，加强国际交流与合作，吸引海外优秀科技人才来华工作和创新。通过这些努力，我们可以不断壮大国家的科技创新队伍，提升国家的竞争力和核心竞争力，实现经济社会的可持续发展。

（三）解决重大挑战和社会问题

在面对日益严峻的全球挑战和社会问题，如气候变化、能源短缺和医疗卫生等，培养科技创新人才具有重要意义。科技创新人才可以运用科学和技术手段来解决这些问题，为人类社会的可持续发展做出贡献。

气候变化是当前全球面临的最大挑战之一。科技创新人才可以通过研发清洁能源技术、推动低碳经济发展等方式来减少温室气体排放，降低碳足迹，促进可持续能源的利用和保护环境。他们可以开展气候模拟和预测研究，为制定应对气候变化的政策和措施提供科学依据。

能源短缺是制约国家发展和人民生活的重要问题。科技创新人才可以致力于开发新能源技术，提高能源利用效率，推动能源产业的转型升级。他们可以研发可再生能源、储能技术和智能电网等，为解决能源短缺问题提供创新解决方案。

医疗卫生问题是人类社会普遍关注的焦点。科技创新人才可以通过生物医药、基因工程和生物技术等领域的研究，开发新型药物、诊断工具和治疗手段，推动医疗卫生领域的进步和创新。他们可以改善医疗服务的质量和效率，提高疾病预防和治疗水平，促进人民健康和福祉。

为了应对重大挑战和社会问题，我们需要采取一系列措施来培养和支持科技创新人才。首先，加强科技教育，培养学生的创新意识和科学素养。其次，建立完善的科研体系和创新平台，为科技创新人才提供良好的研究条件和支持。同时，加强科技政策的制定和实施，鼓励企业增加科研投入，推动产学研结合，促进科技成果转化和应用。

通过培养科技创新人才并为其提供支持，我们可以应对重大挑战和社会问题，推动科技创新成果的转化和应用，为人类社会的可持续发展做出积极贡献。同时，这也将有助于提升国家的竞争力和核心竞争力，实现经济社会的长期稳定和可持续发展。

二、引进科技创新人才的必要性

（一）补充人才短缺

在许多地区和国家，科技创新人才的短缺问题是普遍存在的。面对快速发展的科技领域和竞争激烈的全球科技创新竞赛，引进优秀的科技创新人才可以有效地补充人才缺口，填补关键岗位的空缺，提升科技创新能力和水平。

科技创新人才具备深厚的专业知识和研究能力。他们经过系统的科学培训和专业学习，在特定领域拥有广泛的知识和独特的见解。他们不仅掌握着最新的科技动态和前沿技术，还具备解决复杂问题和开展创新研究的能力。

科技创新人才具备丰富的实践经验和创新思维。他们通常在国内外知名科研机构、高等院校或跨国企业工作，积累了丰富的科研经验和实践能力。他们熟悉先进的科研方法和技术手段，善于从实际问题出发，提出创新的解决方案。引进这些经验丰富的科技创新人才，可以为本地区或国家带来新的思路和方法，推动科技创新的发展。

科技创新人才具备国际视野和跨文化交流能力。他们常年与国际同行合作，积累了跨文化合作和交流的经验。他们了解国际科技前沿动态和全球科技创新趋势，并具备开展国际合作和竞争的能力。引进这些拥有国际视野的科技创新人才，可以促进本地区或国家与国际科技界的交流与合作，吸收先进的科技理念和管理经验，提升本地科技创新的国际竞争力。

为了弥补人才短缺并提升科技创新能力，引进科技创新人才是非常必要的。通过制定科技人才引进政策，提供良好的工作环境和待遇，积极开展国际招聘和人才引进项目，可以吸引更多优秀的科技创新人才来到本地区或国家，共同推动科技创新发展。同时，也应注重培养本土科技人才，加强人才培训和教育，提高本地区或国家的自主创新能力，实现科技创新的可持续发展。

（二）引入前沿知识和技术

优秀的科技创新人才通常具备丰富的研究经验和领先的知识技能。他们在国际上享有较高声誉，并拥有最新的科研成果和技术进展。引进这些人才可以带来前沿的知识和技术，推动本地区或国家在相关领域的发展。

引进科技创新人才可以快速引入最新的科研成果和技术进展。随着科技的快速发展，各个领域的知识和技术都在不断更新和演进。优秀的科技创新人才常年从事前沿科研工作，紧跟科技领域的最新动态，掌握最新的科学理论、实验方法和技术手段。他们将所掌握的前沿知识和技术带到本地区或国家，可以填补本地区或国家在特定领域的知识和技术空白，推动相关领域的发展。

引进科技创新人才可以促进本地区或国家的科技创新能力提升。优秀的科技创新人才通常具备深厚的研究经验和创新思维，擅长解决复杂问题并开展前沿研究。他们在国际科研合作中积累了丰富的经验，掌握了先进的科研方法和技术手段。引进这些人才不仅可以提升本地区或国家的科研水平，还可以带动本地区或国家的科技创新环境和氛围的改善，培养更多的本土科技创新人才。

引进科技创新人才还可以促进本地区或国家的科技产业发展。优秀的科技创新人才不仅擅长理论研究，还具备将科技成果转化为实际应用的能力。他们可以将自己的研究成果应用于产业发展，推动科技成果的商业化和产业化。通过引进这些人才，可以促进本地区或国家的科技产业链的完善和提升，推动相关领域的经济增长和竞争力的提升。

为了引入前沿知识和技术，并推动本地区或国家在相关领域的发展，引进优秀的科技创新人才是非常必要的。为此，我们可以制定有针对性的引才政策和措施，提供良好的研究和工作环境，吸引国内外优秀的科技创新人才来到本地区或国家。同时，也应加强本土科技人才的培养和发展，提高自主创新能力，实现科技创新的持续发展。通过这些努力，我们可以不断推动本地区或国家在科技领域的进步和发展。

（三）促进国际交流与合作

引进科技创新人才可以促进国际的交流与合作。这些人才带来不同的文化背景、研究方法和思维方式，激发本地区或国家内部的创新活力，同时也为国际学术交流和合作提供了契机。

引进科技创新人才可以丰富本地区或国家的研究环境和学术氛围。优秀的科技创新人才通常在国际知名的科研机构、高校或跨国企业工作过，积累了丰富的科研经验和国际合作经历。他们将自己在国际上所获得的学术资源和研究成果带到本地区或国家，可以为当地的科研工作注入新的思路和动力，激发创新潜能。他们还能够与本地区或国家的科研人员进行深入交流和合作，促进学术互补和相互学习，推动科技创新的跨界融合。

引进科技创新人才可以促进国际的合作与交流。这些人才通常在国际科研合作中具有丰富的经验和广泛的人脉资源。他们可以促进本地区或国家与其他国家的科技界之间的交流与合作，推动国际科研项目的开展和成果的共享。通过国际合作，本地区或国家可以借鉴其他国家的先进科研经验和管理模式，提高科技创新水平，加快科技成果的转化和应用。

引进科技创新人才还可以为本地区或国家打造国际科研交流平台。这些人才在国际学术界享有较高声誉，能够吸引更多国际知名学者、专家和研究团队来到本地区或国家进行访问和合作。通过建立国际性的科研交流平台，可以促进本地区或国家与国际学术界的深入互动和交流，推动科技创新的全球合作与共赢。

（四）增强创新生态系统

引进科技创新人才有助于构建更加完善的创新生态系统。他们在学术界和产业界之间建立桥梁，推动科技成果的转化和应用，促进创新资源的集聚和共享，培养更多本土创新人才。

科技创新人才在学术界和产业界之间具有独特的优势。他们既拥有扎实的学术背景和研究能力，又了解产业发展的需求和趋势。通过引进这些人才，可以促进学术界与产业界的紧密合作,搭建科技创新的桥梁。他们将科研成果转化为实际应用,推动科技成果的商业化和产业化。这不仅有助于提高科技创新的经济效益,还能够加速科技成果的落地,推动产业升级和转型。

引进科技创新人才有助于促进创新资源的集聚和共享。科技创新人才通常具备广泛的学术网络和人脉资源,能够吸引更多的创新资源汇聚到本地区或国家。他们可以促进学术交流与合作,引进国际领先的研究设备、科研项目和资金支持。同时,他们也能够推动知识产权的保护和转让,促进创新成果的共享和应用。通过这种方式,可以激发创新活力,提升创新资源的利用效率,加快科技创新的步伐。

第二节 科技创新团队的组建与管理

科技创新团队是推动科技进步和创新发展的重要力量。一个优秀的科技创新团队能够集聚各类专业人才,凝聚创新思想,共同攻克科学难题,并将科技成果转化为实际应用。

一、团队组建

科技创新团队的组建是推动科技进步和创新发展的重要环节。一个优秀的科技创新团队能够集聚各类专业人才,凝聚创新思想,共同攻克科学难题,并将科技成果转化为实际应用。科技创新团队的组建既需要考虑个体能力与背景,也需要注重团队协作和文化塑造。

(一)明确团队目标和使命

科技创新团队的组建首先需要明确团队的目标和使命。团队的目标应该与科技创新的方向和需求相契合,具有挑战性和前瞻性。同时,明确的使命和愿景可以激发团队成员的动力和积极性,形成共同的价值观和目标导向。团队的目标和使命应该被团队成员所接受和认同,并以之为引领,共同努力迈向成功。

确定团队的目标是制定团队发展的重要基础。团队的目标应该明确、具体、可衡量,并且与科技创新的方向相一致。例如,一个科技创新团队的目标可以是开发一种颠覆性的技术产品,推动某个行业的进步和发展。团队的目标应该有一定的挑战性,能够激发团队成员的创造力和积极性,同时也要考虑到可行性和实际操作的可能性。

除了明确的目标，团队的使命和愿景也是非常重要的。团队的使命是团队为何存在和追求的核心价值，而愿景则是对未来的期许和追求。明确的使命和愿景可以为团队成员提供共同的价值观和目标导向，让他们在工作中有更高的意义感和动力。例如，一个科技创新团队的使命可以是改善人们的生活质量，而愿景可以是成为行业领先的创新者和引领者。

明确团队的目标和使命需要广泛的参与和沟通。团队领导者可以组织团队成员进行讨论和思考，收集各种意见和建议，并最终达成共识。同时，团队的目标和使命应该被团队成员所接受和认同，让每个人都能够为之奋斗。在确定团队的目标和使命后，团队领导者还应该将其传达给团队成员，确保大家对于团队的方向和目标有清晰的理解。

（二）多样性与互补性

科技创新涉及众多学科和领域，团队成员的多样性和互补性对于科技创新团队的成功至关重要。一个具有不同背景、专业技能和经验的团队可以带来更多的创新思路和解决问题的方法。因此，团队成员应来自不同的学科背景和专业领域，相互之间具备互补的专业能力和知识。这样的团队组合可以提供全面的支持和合作，形成协同效应，推动科技创新的发展。

团队成员的多样性体现在各种方面，包括学科背景、专业领域、工作经验、文化背景等。不同学科背景和专业领域的团队成员可以带来不同的思维方式和视角，从而促进创新的产生。例如，一个科技创新团队中可能有工程师、设计师、市场专家和用户研究员等不同背景的人才，他们可以通过各自的专业知识和经验共同解决问题，从而提出更具创造性和实用性的解决方案。

团队成员之间的互补性则是指彼此之间具有不同的专业能力和知识，相互之间可以相互补充和协作。例如，一个科技创新团队中可能有技术专家、商务专家和市场专家等，他们各自拥有不同的专业能力，在项目推进过程中可以分工合作，形成高效的工作模式。互补性还可以促进团队成员之间的学习和交流，提高整个团队的综合能力。

多样性和互补性的团队成员组合可以带来许多好处。首先，不同背景和专业领域的团队成员可以带来更多的创新思路和解决问题的方法，从而提高团队的创造力和竞争力。其次，多样性和互补性可以促进团队成员之间的合作和沟通，增强团队的凝聚力和协作效果。最后，多样性和互补性还可以提供更广阔的资源和机会，为科技创新团队的发展提供更多可能性。

通过招募具有不同背景和专业能力的人才，形成一个多元化的团队，可以为科技创新提供更多的机会和可能性，推动团队的成功发展。

（三）灵活的管理和领导

科技创新团队的管理需要具备一定的灵活性和适应性。团队管理者应了解团队成员的需求和特点，采用合适的管理方式和方法，以激励和推动团队成员的积极参与和贡献。灵活的管理和领导风格可以根据不同的情况和任务进行调整，帮助团队成员充分发挥自身潜力和优势。

科技创新团队的管理者应该了解团队成员的需求和特点。不同的团队成员可能有不同的个人目标、职业发展需求和工作风格。管理者需要与团队成员进行有效的沟通和交流，了解他们的期望和关注点。通过建立良好的沟通渠道和关系，管理者可以更好地理解团队成员的需求，并相应地制定适当的管理策略。

管理者应采用合适的管理方式和方法。在科技创新团队中，团队成员通常是高素质的专业人才，他们需要一定的自主权和创造空间来发挥他们的才能。因此，管理者应该采取一种鼓励创新和自主的管理风格，给予团队成员足够的自由度和支持。同时，管理者也应提供必要的资源和培训，帮助团队成员充分发挥他们的潜力。

灵活的管理和领导风格可以根据不同的情况和任务进行调整。在科技创新中，团队可能面临各种挑战和变化，需要及时做出反应并采取相应的措施。管理者应具备敏锐的洞察力和决策能力，能够迅速适应变化的环境，并及时调整团队的工作重点和目标。同时，管理者还应鼓励团队成员灵活应对挑战，培养他们的创新思维和问题解决能力。

科技创新团队的成功离不开每个成员的个人成长和进步。管理者应通过定期的反馈和评估，帮助团队成员识别自身的优势和发展需求，并提供相关的培训和支持。同时，管理者还可以为团队成员提供晋升和职业发展的机会，激励他们持续学习和进步。

二、团队管理

（一）沟通与反馈

团队管理者应保持与团队成员的良好沟通，了解他们的想法、需求和问题，并及时给予反馈和指导。同时，也要鼓励团队成员之间的沟通和交流，帮助他们共同解决问题和改进工作。

团队管理者应建立开放和透明的沟通渠道。团队成员应该随时向管理者提问、表达意见或提出问题,而不用担心被忽视或批评。管理者可以定期组织团队会议、一对一面谈或使用在线沟通工具等方式与团队成员进行沟通。通过这些渠道,管理者可以了解团队成员的进展情况、工作困难以及他们对团队目标和工作流程的看法。

团队管理者应倾听团队成员的意见和建议。团队成员可能有独特的观点和经验,能够为团队的发展和创新提供有价值的意见。管理者应鼓励团队成员积极参与讨论和决策过程,并认真倾听他们的意见。通过倾听和尊重团队成员的声音,管理者可以增强团队成员的参与感和归属感,激发他们的创造力和积极性。

团队管理者应及时给予反馈和指导。团队成员需要知道他们的工作表现如何,以便进行自我评估和改进。管理者可以定期进行绩效评估或提供实时的反馈,指出团队成员的优点和改进的方面,并为其提供具体的建议和支持。同时,管理者还应鼓励团队成员相互之间给予反馈,帮助他们更好地理解自己的角色和责任,并促进整个团队的共同进步。

此外,团队管理者还应鼓励团队成员之间的沟通和交流。团队成员之间的合作和协作是科技创新团队取得成功的关键因素。管理者可以组织团队建设活动、项目讨论会或团队分享会等,促进团队成员之间的互动和交流。通过开展这些活动,团队成员可以分享经验、借鉴最佳实践,并共同解决问题,提高团队的整体效能。

(二)风险管理

科技创新涉及一定的风险和不确定性,团队管理者需要具备一定的风险管理能力。要对项目进行合理的风险评估和规划,制定应对措施,并及时调整团队资源和策略,以应对可能出现的问题和挑战。

团队管理者应进行全面的风险评估。这包括识别潜在的风险因素,分析其可能性和影响程度。风险因素可以包括技术难题、市场竞争、法律法规变化等各种因素。通过系统性的风险评估,管理者可以了解项目中存在的潜在风险,为制定相应的应对策略提供依据。

团队管理者应制定风险管理计划。风险管理计划是一份详细的文件,用于描述如何识别、分析、评估和应对风险。其中应包括风险的分类、风险责任人、风险评估的方法和标准、应对措施等内容。通过制定风险管理计划,团队管理者可以明确风险管理的目标和方法,指导团队成员在项目中进行有效的风险管理。

接下来,团队管理者应根据风险评估的结果制定相应的应对措施。应对措施可以包括风险规避、减轻风险、转移风险和接受风险等策略。例如,如果某个技术难题被识别为潜在风险,团队可以通过加强研发工作、寻求合作伙伴或引入外部专家等方式来减轻风险。团队管理者应与团队成员密切合作,确定最佳的应对策略,并制定详细的实施计划。

团队管理者应建立有效的沟通和反馈机制。团队成员应及时向管理者汇报可能出现的风险情况,并提出建议和意见。管理者则应给予及时的反馈和指导,帮助团队成员更好地应对风险。通过良好的沟通和反馈,团队管理者可以保持对项目风险的敏锐感知,并及时做出调整和决策。

最后,团队管理者应灵活调整团队资源和策略。科技创新中的风险和挑战往往是不可预见的,团队管理者需要具备灵活性和适应性,能够迅速调整团队资源和策略以应对变化。当出现风险或问题时,管理者应与团队成员共同制定解决方案,并及时调整项目计划和资源分配。

(三)团队文化建设

团队文化是团队凝聚力和创新力的重要源泉。团队管理者应树立积极向上、开放包容的团队文化,倡导团队成员之间的信任、合作和共享。可以通过组织团队活动、庆祝团队里程碑等方式来加强团队凝聚力。

团队管理者应树立积极向上的团队文化。积极向上的团队文化鼓励团队成员保持乐观、积极的态度面对挑战和困难。管理者可以通过激励和赞赏来表彰团队成员的努力和成果,让每个人都感到自己的价值和贡献被认可和重视。管理者还应以身作则,展示出积极向上的领导风范,激发团队成员的工作热情和积极性。

团队管理者应倡导开放包容的团队文化。开放包容的团队文化鼓励团队成员相互尊重、理解和支持。管理者应鼓励团队成员分享意见、提出问题,并保证他们的声音能够被充分听到和尊重。管理者还可以营造一个平等、包容的工作环境,消除团队成员之间的隔阂和歧视,让每个人都能够充分发挥自己的潜力和才华。

团队管理者可以通过组织团队活动来加强团队凝聚力。团队活动可以是一次户外郊游、团建培训、团队分享会或庆祝团队里程碑等。这些活动不仅可以增进团队成员之间的相互了解和信任,还可以促进合作和协作的意识。团队活动还可以提供一个放松和愉快的环境,让团队成员感到彼此的关心和支持,加强团队凝聚力。

最后,团队管理者应注重共享和学习的团队文化。共享和学习的团队文化鼓励团队成员相互分享知识、经验和资源。管理者可以鼓励团队成员进行知识共享会议、专业技能培训或经验交流活动,以促进团队成员之间的学习和成长。同时,管理者还可以鼓励团队成员将自己的成功经验和最佳实践分享给整个团队,帮助团队共同进步。

第三节　科技创新人才的评价与奖励

科技创新人才的评价与奖励是激励和推动科技创新的重要手段。评价和奖励的方式应该能够准确反映科技创新人才的贡献和成果，并为他们提供相应的激励和回报，以促进他们的持续努力和创新能力的发展。

一、评价科技创新人才的标准

评价科技创新人才应基于多个方面的考量，综合考虑个人的学术水平、科技成果、创新能力、团队贡献等因素。

（一）学术水平

评价科技创新人才的学术水平是评估其在学术界的影响力和贡献程度的重要指标。以下是一些常见的评价维度。

1.论文发表数量和质量

科技创新人才的学术水平可以通过其发表的论文数量和质量来评估。发表数量反映了他们在学术研究中的投入和产出，而论文质量则体现了其研究方法、实验设计和结果解读的严谨性和创新性。

2.专利申请与授权情况

科技创新人才的学术水平还可以通过其专利申请与授权情况进行评估。专利申请和授权反映了他们在科技创新方面的原创性和技术应用能力，代表了其在知识产权保护和技术转化方面的贡献。

3.学术会议报告

参加学术会议并进行报告是科技创新人才展示研究成果和交流学术观点的重要方式。评价学术水平时可以考虑科技创新人才参加的学术会议数量和报告的内容、质量等因素。

4.科研项目获批情况

科技创新人才参与的科研项目获批情况也是评价学术水平的重要指标之一。获得科研项目的资助反映了他们在科学研究中的创新能力和学术认可度，代表了其在科研领域的贡献和影响力。

评价科技创新人才的学术水平时需要考虑以上维度，并进行综合评估。同时，还应结合具体学科领域和研究方向的特点，确定适合的评价方法和标准。评价学术水平还需要考虑学术界的认可和同行专家的评价，以确保评价结果的客观性和公正性。

（二）科技成果

评价科技创新人才的科技成果是评估其在科技创新领域的实际贡献和影响力的核心内容。以下是一些常见的评价维度。

1.科研项目实施情况

评估科技创新人才的科技成果时，可以考虑他们参与的科研项目的实施情况。包括项目目标的达成程度、研究进展的质量和效率、项目成果的产出等。科研项目的实施情况可以反映科技创新人才在科研工作中的能力和表现。

2.技术转化和产业化成果

科技创新人才的科技成果还可以通过其技术转化和产业化成果来评估。技术转化和产业化成果包括科技成果的商业化应用、产品研发和市场推广等。这些成果可以直接体现科技创新人才在实际应用和经济效益方面的贡献。

3.技术解决方案的创新性和实用性

评价科技创新人才的科技成果时，需要考虑其技术解决方案的创新性和实用性。创新性体现了其在科技创新中的独特思维和创造能力，实用性代表了其技术解决方案在实际应用中的可行性和效果。

4.学术和专业荣誉

科技创新人才的科技成果还可以通过学术和专业荣誉来评估。这包括获得的学术奖项、荣誉称号、学术地位等。学术和专业荣誉反映了科技创新人才在学术界或专业领域的认可度和影响力。

评价科技创新人才的科技成果时需要综合考虑以上维度，并根据具体领域和研究方向确定适合的评价方法和标准。同时，还需结合同行专家的评价和行业认可，以确保评价结果的客观性和公正性。

（三）创新能力

评价科技创新人才的创新能力是评估其是否具备开拓精神和创新意识的重要指标，代表了其在科技创新中的潜力和竞争力。以下是一些常见的评价维度。

1.解决问题的创造性思维

创新能力体现在科技创新人才对问题的理解和分析能力，以及提出独特、富有创造性的解决方案的能力。创造性思维可以包括追求非传统的思路、跨学科的思考、从不同角度看待问题等。

2.创新方法和技术应用能力

评价科技创新人才的创新能力时,需要考虑他们是否具备应用新的科学方法和技术来解决问题的能力。这包括对新技术的了解和掌握,以及将其应用于实际问题中的能力。

3.创业精神和商业化能力

创新能力还涉及科技创新人才的创业精神和商业化能力。他们是否具备发现商机、把握市场需求、推动技术转化和产业化的能力,以及创办企业或参与创业项目的意愿和能力。

4.跨学科合作和交流能力

创新能力还体现在科技创新人才是否具备跨学科合作和交流的能力。他们是否能够与不同领域的专家进行有效的合作和交流,借鉴其他学科的思维和方法,从而促进科技创新的跨界融合。

评价科技创新人才的创新能力时需要综合考虑以上维度,并根据具体学科领域和研究方向确定适合的评价方法和标准。同时,还需结合同行专家的评价和行业认可,以确保评价结果的客观性和公正性。

(四)团队贡献

评价科技创新人才的团队贡献是评估其是否具备良好的团队合作能力和价值观的重要方面,代表了其在团队合作中的角色和影响力。以下是一些常见的评价维度。

1.团队协作能力

评估科技创新人才的团队贡献时,需要考虑他们在团队合作中的协调与沟通能力、分工与合作能力等。团队协作能力体现了他们在团队中发挥积极作用和推动项目进展的能力。

2.合作精神

评价科技创新人才的团队贡献还需要考虑其是否具备良好的合作精神。这包括与团队成员之间的互信、支持与尊重,以及愿意分享经验和知识,乐于帮助他人解决问题等。

3.对团队成果的贡献

团队贡献也可以通过评估科技创新人才对团队成果的贡献来进行。这包括他们在科技创新项目中所扮演的角色、所提供的专业知识和技术支持,以及对项目成功实施的贡献和影响。

评价科技创新人才的团队贡献时需要综合考虑以上维度,并根据具体项目和团队特点确定适合的评价方法和标准。同时,还需结合团队成员的评价和团队整体的绩效来进行评估,以确保评价结果的客观性和公正性。

二、奖励科技创新人才的方式

奖励科技创新人才的方式应该多样化、灵活性,并与评价标准相匹配。以下是一些常见的奖励方式。

(一)荣誉称号

奖励科技创新人才是推动科技进步和社会发展的重要举措之一。为了激励和鼓励科技创新人才,各国采取了多种方式进行奖励,其中包括荣誉称号、经济奖励、研究资金支持等。

荣誉称号是一种常见的奖励方式,通过给予科技创新人才特殊的学术或荣誉称号,如院士、杰出青年科学家等,以表彰他们在相关领域做出的杰出贡献。这种方式可以肯定科技创新人才在学术界的地位和影响力,为他们提供更广阔的发展机会。

院士称号是许多国家设立的最高科学荣誉,被认为是科学家事业的巅峰。成为院士代表着科技创新人才在所从事领域内的卓越成就和学术水平,具有很高的荣誉感和社会声望。这种荣誉称号的授予不仅对个人进行表彰,也对整个科技创新领域起到榜样和引领作用。

杰出青年科学家等类似的荣誉称号是对年轻科技创新人才的特殊表彰。这些称号通常授予年龄在40岁以下、在科研领域有突出成就的年轻科学家。通过给予这样的荣誉称号,社会能够更加关注和支持年轻科技创新人才,为他们提供更多发展机会和资源支持。

荣誉称号的设立和授予需要严格的评审制度和程序,通常由相关的科研机构或学术组织负责组织和进行评选工作。评选标准主要包括科研成果的重要性、创新性以及对社会和经济发展的贡献等方面。获得荣誉称号的科技创新人才除了享受一定的荣誉待遇外,还可以获得更多的学术交流、合作和资金支持等机会,进一步推动其科研工作的发展。

除了荣誉称号,奖励科技创新人才的方式还包括经济奖励和研究资金支持等。经济奖励可以激励科技创新人才继续进行科研工作,提供他们在学术研究中所需的资源和条件。研究资金支持则可以为科技创新人才提供更多的研究经费,支持他们开展科研项目和实验,推动科技成果的转化和应用。

（二）奖金与薪酬

奖金与薪酬的重要性在于激励科技创新人才，并对他们在科技研究和创新项目中取得的杰出成果给予直接回报。通过提供丰厚的奖金和薪酬，可以增强科技人才的积极性和动力，促使他们不断努力创新，推动科技进步。

奖金和薪酬作为一种直接回报，能够充分体现科技创新人才的辛勤努力和贡献。在科技领域，创新工作往往需要耗费大量的时间、精力和资源。给予丰厚的奖金和薪酬，可以让科技人才感受到自己所做出的努力和付出得到了公正的回报，进而更加投入到科技研究和创新项目中。

奖金和薪酬制度可以有效激发科技人才的积极性和动力。对于科技创新人才来说，除了追求事业发展和社会贡献外，经济方面的回报也是一个重要的考虑因素。通过提供丰厚的奖金和薪酬，可以满足科技人才的物质需求，增加他们对事业的投入和动力，进而促进科技创新的不断推进。

奖金和薪酬制度还可以帮助企业吸引和留住优秀的科技创新人才。在竞争激烈的科技行业中，优秀的科技人才往往受到其他企业的追逐和挖角。通过提供具有竞争力的奖金和薪酬，企业可以吸引并留住这些人才，建立稳定的科技团队，从而保持持续的创新能力和竞争优势。

最后，奖金和薪酬制度也可以作为一种绩效激励机制，促使科技创新人才不断提高自身的专业素质和工作能力。通过设立相应的绩效考核指标，并将奖金和薪酬与绩效挂钩，可以鼓励科技人才在工作中不断超越自我、追求卓越，提高整体科技水平。

（三）项目支持

项目支持是为了帮助科技创新人才开展更具创新性和前瞻性的科研工作而提供的资金、设备和资源等支持。通过提供这些支持，可以为科技创新人才创造良好的研究条件和平台，推动科技成果的产生和转化。

项目资金的支持是科技创新不可或缺的一部分。科技研究和创新项目通常需要大量的经费投入，包括实验材料、设备购置、人员薪酬等。为科技创新人才提供充足的项目资金，可以保障其科研工作的正常开展，降低经济压力，使他们能够集中精力进行创新性的科研工作。

实验设备的支持对于科技创新人才来说至关重要。科技创新往往需要借助高端的实验设备进行实验验证和数据采集。然而，这些设备通常价格昂贵且维护成本高，对于个人科研人员而言难以承担。通过为科技创新人才提供实验设备的支持，可以为他们提供必要的工具和资源，提高科研效率和质量。

项目支持还包括研究资源的提供。科技创新人才在进行科研工作时需要访问相关文献、数据库以及其他研究资源。为他们提供便捷获取这些资源的途径，可以拓宽他们的知识视野，促进创新思维的形成。同时，与其他科研机构和企业建立合作关系，分享研究资源和经验，也能够加快科技成果的转化和应用。

项目支持还可以通过培训和指导来提升科技创新人才的专业素质和创新能力。通过组织相关的培训课程、研讨会和导师制度等，帮助科技创新人才不断学习和成长。提供专业的指导和反馈，帮助他们在科研过程中解决问题，提高研究水平和创新能力。

（四）学术交流与合作

学术交流与合作是一种重要的方式，鼓励科技创新人才参加学术会议、国际交流和合作项目，以扩大他们的学术影响力和国际视野。这种方式可以为科技创新人才提供更多的学习和合作机会，促进他们在学术界的交流与合作。

学术交流可以让科技创新人才与同行学者进行深入的学术讨论和思想碰撞。参加学术会议和研讨会等活动，可以接触到最新的科研成果和前沿领域的研究进展，了解不同学者的观点和方法。通过与其他科研人员交流，科技创新人才可以拓宽自己的学术视野，获得新的思路和灵感，促进自身的学术成长和创新能力的提升。

国际交流能够帮助科技创新人才开阔国际视野，了解全球科技发展的趋势和前沿。参与国际学术交流活动，如国际会议、学术访问和合作项目，可以与来自不同国家和地区的科研人员进行交流和合作。通过与国际同行的互动，科技创新人才可以深入了解其他国家和地区的科技创新环境和经验，拓展自己的研究视野和思维方式。

学术交流与合作还可以促进跨学科的融合和合作创新。现代科技创新往往需要不同领域之间的交叉合作，将不同学科的知识和技术相结合。通过参与学术交流和合作项目，科技创新人才可以与其他学科的专家和团队合作，共同攻克科研难题，实现创新突破。跨学科的合作能够激发创新思维，促进科技成果的转化和应用。

学术交流与合作还有助于建立科技创新人才的学术声誉和合作网络。参加学术会议和合作项目，可以让科技创新人才广泛接触到同行学者和业界精英，建立起良好的学术关系和合作网络。这些学术联系和合作机会为科技创新人才提供了更多的合作伙伴和资源支持，有助于提高其学术声誉和影响力。

（五）职称晋升与职业发展

职称晋升与职业发展是为科技创新人才提供的一种机会，通过评审和评估，给予他们更高级别职称和更广阔的职业发展平台。这种方式可以激励科技创新人才不断进取，实现个人职业发展目标。

职称晋升是科技创新人才在职业生涯中的重要里程碑。职称代表着个人在科研能力、学术水平和专业贡献等方面的认可。通过评审和评估的过程，科技创新人才有机会晋升到更高级别的职称，如副教授、教授等，获得更高的职业地位和社会认可。这不仅对个人来说是一种荣誉，也是对其辛勤努力和专业成就的肯定。

职称晋升为科技创新人才提供了更广阔的职业发展平台。随着职称的提升，科技创新人才可以承担更高级别的科研项目和领导岗位，拥有更大的自主权和决策权。这为他们展示自己的才华和能力提供了更多的机会，有助于实现个人职业目标和发展愿景。同时，更高级别的职称也意味着更高的工资待遇和福利待遇，给予科技创新人才更好的物质回报。

评审和评估过程本身也促进了科技创新人才的自我提升和成长。在评审过程中，科技创新人才需要整理和总结自己的研究成果、学术贡献和专业能力，进行自我评估和定位。这不仅有助于他们深入思考自己的科研方向和目标，也能够发现自身的不足之处并加以改进。评审和评估过程为科技创新人才提供了一个反思和成长的机会，激发他们不断学习和提升自己的动力。

职称晋升还可以促进科技创新人才与学术界和产业界的合作与交流。具有更高级别职称的科技创新人才通常拥有更广泛的学术影响力和社会认可度，容易与其他领域的专家、学者和企业建立合作关系。这种合作与交流有助于促进科技成果的转化和应用，推动科技创新的实际落地。

第四节　科技创新人才的职业发展与培训

在当今快速变化的科技领域，科技创新人才的培养和职业发展变得越来越重要。科技创新人才具备深厚的专业知识和创新能力，能够推动科技进步，促进经济发展。因此，为科技创新人才提供良好的职业发展和培训机会至关重要。

一、科技创新人才的职业发展

科技创新人才的职业发展主要包括晋升、薪资增长和专业发展三个方面。

(一) 晋升

科技创新人才的晋升是一个多维度的过程，可以通过不同途径和方法来实现。以下是一些常见的晋升途径。

1.技术技能提升

科技领域的晋升通常需要深厚的技术功底。科技创新人才可以通过持续的学习和专业培训，提升自己的专业知识和技术技能。他们可以参加技术认证考试，获得相关的资格证书，证明自己在特定领域有深入的了解和能力。具备更高级别的技术技能将为晋升提供强有力的支持。

2.管理能力发展

除了技术能力，科技创新人才还应注重发展管理能力。随着职业发展的进展，他们可能需要承担更多的管理责任，例如领导团队、项目管理等。因此，科技创新人才可以通过参加管理培训课程、担任项目负责人或团队领导者等方式，培养和展示自己的管理潜力和能力。良好的管理能力对于晋升到高级职位至关重要。

3.职业发展规划

科技创新人才应该有清晰的职业发展规划。他们可以设定长期和短期的目标，并制定相应的行动计划。这包括确定想要达到的职位、需要提升的技能、所需的培训和学习机会等。有一个明确的规划可以帮助科技创新人才更好地管理自己的职业发展，寻找和抓住晋升机会。

4.寻求导师指导

导师是晋升过程中宝贵的资源和支持者。科技创新人才可以寻找有经验的导师，向他们请教并寻求指导。导师可以分享自己的经验和知识，提供宝贵的建议和反馈。他们还可以为科技创新人才推荐合适的晋升机会，并帮助他们建立有影响力的人脉关系。

(二) 薪资增长

科技创新人才在职业发展过程中，随着工作经验的积累和技术实力的提升，往往可以享受到较高的薪资待遇。以下是一些促使科技创新人才薪资增长的因素。

1.工作经验

随着在科技领域的工作年限增加，科技创新人才的经验和见识会逐渐丰富。他们通过实践中遇到的各种问题和挑战，不断提升自己解决问题的能力。这种丰富的工作经验将为他们在企业中的地位和价值增加，从而获得更高的薪资水平。

2.技术能力

科技创新人才通常具备深厚的专业知识和技术能力。他们不断学习和掌握新的技术，保持对行业前沿的了解，并能够应用这些技术解决实际问题。具备高级别的技术能力使得科技创新人才成为企业中不可或缺的核心人才，从而有机会获得更高的薪资待遇。

3.贡献与成果

科技领域重视绩效和成果的产生。科技创新人才通过自己的工作贡献和创新成果，为企业带来了实际的价值。这些贡献包括开发出新产品、提高生产效率、解决技术难题等。凭借这些成果，科技创新人才能够证明自己在企业中的重要性，并获得相应的薪资增长。

4.行业竞争和需求

随着科技行业的迅速发展，对于高级科技创新人才的需求也越来越大。一方面，科技创新人才属于紧缺人才，供需关系使得他们有更多的谈判空间。另一方面，科技行业的竞争激烈，企业为了吸引和留住优秀的科技创新人才，往往会提供较高的薪资待遇，以保持竞争力。

（三）专业发展

科技创新人才在职业发展中，专业发展是至关重要的。以下是一些促使科技创新人才专业发展的因素和方法。

1.持续学习

科技领域的知识和技术不断更新迭代，因此科技创新人才需要保持持续学习的态度。他们可以通过参加培训课程、研讨会、学术会议等形式，跟进科技领域的最新发展。此外，自主学习也是非常重要的，通过阅读学术论文、专业书籍、在线教育平台等，不断深化自己的专业知识。

2.技术研究与实践

科技创新人才应积极参与科技研究和实践项目。通过亲身参与科研项目，他们可以深入了解前沿技术，并在实践中提升自己的技术能力。同时，科技创新人才还可以通过申请专利、发表论文等方式，将自己的成果分享给行业同行，拓宽个人影响力和专业认可度。

3.积极主动，拓宽视野

科技创新人才应积极主动参与各类机会，拓宽自己的视野。他们可以关注国内外先进科技企业的创新实践，了解不同行业的发展趋势，以及国际科技合作与竞争的状况。通过接触多元化的观点和经验，科技创新人才能够更好地把握科技创新的方向和机遇。

二、科技创新人才的培训

科技创新人才的培训对于推动科学技术进步、促进经济发展和社会进步具有重要意义。在日益竞争激烈的科技领域，科技创新人才需要通过系统的培训来提升自己的专业能力和创新素养。以下是一些常见的科技创新人才培训方式。

（一）学历教育

科技创新人才的培养是推动社会进步和经济发展的关键所在。在科技创新领域，学历教育是培养高层次、高素质科技创新人才的重要途径之一。

学历教育主要通过高等院校或科研机构提供的硕士、博士学位培养科技创新人才。在这种教育模式下，学生可以系统地学习专业知识，深化对科学研究的理解和方法论。学历教育注重培养学生的科研能力和创新思维，培养他们成为具备独立研究和创新能力的科技创新领域专家。

学历教育的优势在于提供了系统化的学习环境和资源支持。学生可以在导师的指导下进行科学研究，参与各类科研项目，接触前沿科技信息和技术手段，拓宽自己的学术视野。同时，学历教育还为学生提供了与同行交流和合作的机会，促进了知识共享和创新碰撞。

（二）职业培训

职业培训对于科技创新人才的发展至关重要。它提供了一种机会，使他们能够提升实践能力和职业素养，并掌握最新的实验方法和工具，了解行业动态，培养创新意识和团队合作能力。

职业培训通过组织各种形式的工作坊、研讨会和培训班，为科技创新人才提供了实践操作技能的培训。这些培训活动通常由行业内专家或经验丰富的从业者主持，通过示范和实践指导，帮助科技创新人才掌握实验方法、仪器设备的使用和实践技巧等方面的知识与技能。这种实践能力的提升将使他们更好地应对实际工作中的挑战，提高工作效率和质量。

职业培训还着重培养科技创新人才的职业素养。在职业发展过程中，除了技术能力外，职业素养也是非常重要的。职业素养包括沟通能力、领导力、问题解决能力、团队合作能力等方面的素养。通过职业培训，科技创新人才可以学习到如何与他人有效沟通、如何领导和管理团队、如何分析和解决问题等重要技能。这些职业素养的提升将使他们在职场中更加出色，并有助于他们在团队中发挥更大的作用。

职业培训还提供了了解行业动态和最新科技进展的平台。科技领域的发展日新月异，新的技术和理论不断涌现。通过参加职业培训活动，科技创新人才可以获取最新的行业动态和技术资讯，了解当前和未来的研究方向和趋势。这对于他们引领科技创新具有重要意义，并帮助他们保持在专业领域的竞争优势。

（三）科研项目参与

参与科研项目对于培养科技创新人才来说是一条重要的途径。通过参与科研项目，科技创新人才能够亲身体验科学研究的全过程，提升他们的实践能力和科研方法。

参与科研项目可以让科技创新人才真正感受到科学研究的魅力。在项目中，他们将有机会接触到前沿的科学问题，了解最新的研究进展，接触到各种令人振奋的科学发现。这种亲身经历将激发他们对科学研究的兴趣，并且加深他们对自己所学知识的理解。

参与科研项目可以锻炼科技创新人才的实践能力和科研方法。在项目中，他们需要运用所学知识进行问题的解决，面对实际问题和挑战，思考并提出解决方案。通过实践，他们将学会如何收集和分析数据、进行实验设计、撰写科研报告等科研技能，提高他们独立思考和解决问题的能力。

参与科研项目还可以培养科技创新人才的团队合作和沟通能力。科研项目通常需要多个人共同协作，每个人贡献自己的专长和观点，共同完成项目的目标。在团队中，科技创新人才将学会与他人合作、协调工作，并通过交流和讨论来提高项目的质量和效率。

在项目中，他们面临着各种实际问题，需要运用自己所学知识和方法来解决。通过不断思考和尝试，他们将锻炼出寻找问题本质、提出创新解决方案的能力，培养出勇于探索和创造的精神。

（四）跨学科交叉培训

跨学科交叉培训在科技创新中扮演着重要的角色。科技创新的发展往往需要多个学科的知识和技能的综合运用，因此，培养具备综合素养的科技创新人才至关重要。交叉学科的培训可以帮助科技创新人才拓宽知识领域，增加跨界合作的能力，促进不同学科之间的知识融合和创新。

交叉学科培训可以帮助科技创新人才拓宽知识领域。传统的学科教育往往注重深度和专业性，但缺乏对其他学科的了解。然而，在科技创新中，问题往往是复杂的，需要不同学科的知识共同解决。通过交叉学科培训，科技创新人才可以接触到多个学科的知识,了解不同学科的方法和理论,从而更好地应对复杂问题。

　　交叉学科培训可以增加科技创新人才的跨界合作能力。科技创新往往需要不同领域的专家进行合作,而这些专家往往来自于不同的学科。通过交叉学科培训,科技创新人才可以了解其他学科的工作方式和思维模式,增加与不同学科专家进行有效合作的能力。这种跨界合作可以促进不同学科之间的知识交流和互相借鉴,从而推动创新的发展。

　　交叉学科培训可以促进不同学科之间的知识融合和创新。不同学科之间存在着相互联系和相互影响,通过交叉学科培训,科技创新人才可以将不同学科的知识和方法结合起来,产生创新的想法和解决方案。这种跨学科的知识融合可以打破学科之间的壁垒,激发出新的创新思维,推动科技创新的进步。

第五章　科技创新市场中的风险与回报

第一节　科技创新市场风险的类型

科技创新市场是一个充满机遇和挑战的领域，与其他市场相比，它具有一些独特的风险类型。以下是科技创新市场常见的几种风险类型。

一、技术风险

科技创新市场风险的类型众多，其中之一是技术风险。技术风险是指在科技创新过程中可能出现的技术难题、技术不成熟等问题所带来的风险。下面将详细介绍技术风险的几个方面。

（一）技术可行性风险

技术可行性风险是指科技创新项目实施过程中所面临的技术上的困难或障碍。在科技创新领域，技术可行性是项目能否成功实施的重要因素之一。这种风险可能来自于多个方面，包括技术难题、资源限制、时间压力等。

技术难题是技术可行性风险的主要来源之一。在开发新产品或推出新技术时，可能会遇到一系列的技术难题，例如设计复杂性、工艺可行性、性能要求等。这些技术难题可能需要大量的研发和测试，甚至需要进行长期的探索和实验才能解决。如果企业无法克服这些技术难题，就可能导致项目失败或无法达到预期效果。

资源限制也是技术可行性风险的一个重要方面。科技创新项目通常需要投入大量的资金、人力和物力资源。如果企业缺乏足够的资源支持，可能无法完成必要的研发工作或无法满足市场需求。技术创新往往需要跨学科的合作和知识共享，如果企业无法获得足够的合作伙伴或专业知识，也会对技术可行性造成影响。

时间压力也是技术可行性风险的一个重要方面。在科技创新市场中，时间往往是竞争的关键。如果企业无法在有限的时间内开发出具有竞争力的产品或技术，就可能失去市场机会。另外，技术的迭代速度非常快，市场需求和技术变化可能导致原本可行的技术变得不再可行，因此，及时的技术调整和灵活性也是应对技术可行性风险的重要因素。

为了应对技术可行性风险,企业可以采取以下策略。

1.充分评估技术难题

在项目启动之前,进行全面的技术可行性评估,识别潜在的技术难题,并制定相应的解决方案和计划。

2.资源规划与管理

合理规划和管理项目所需的资源,包括资金、人力和物力资源。确保能够满足项目的技术需求,并充分利用外部合作伙伴和专业知识。

3.风险管理与应急预案

建立风险管理体系,及时识别和评估技术可行性风险,并制定相应的应对措施和应急预案。在项目实施过程中,密切关注技术进展,并进行必要的调整和优化。

(二)技术成熟度风险

技术成熟度风险是指科技创新项目所采用的技术是否已经足够成熟并能够商业化应用。在科技创新领域,这种风险可能来自于技术验证不足、可靠性缺陷、市场适应性等方面。

科技创新项目通常需要进行一系列的实验和验证,以确保技术的可行性和有效性。如果在项目启动阶段或者开发过程中,对技术进行的验证不足或者验证结果不理想,就有可能导致技术达不到预期效果,甚至不能满足市场需求。

科技产品在商业应用中需要具备足够的可靠性和稳定性。如果所采用的技术存在缺陷或者容易出现故障,就可能导致产品不能正常运作,给用户带来不良体验,从而影响产品的市场竞争力和商业成功。

科技创新项目所采用的技术是否能够满足市场需求和客户期望,直接影响产品的市场接受度和商业化应用。如果企业在开发过程中没有充分考虑市场需求,或者无法及时调整技术以满足市场变化,就有可能导致产品难以获得市场份额。

为了应对技术成熟度风险,企业可以采取以下策略。

1.技术验证与实验

在项目启动之前,进行充分的技术验证和实验,以确保技术的可行性和有效性。通过实验室测试、原型制作等方式,验证技术的功能和性能,并获取反馈意见。

2.迭代式开发

采用迭代式的开发方法,将技术的改进和市场反馈融入产品开发过程中。及时收集用户反馈,不断优化产品的功能和性能,以提高技术的成熟度和市场适应性。

3.合作与共享

与行业内的合作伙伴、学术机构和研究机构建立紧密合作关系,共享技术资源和知识。通过合作,可以加速技术的成熟度,减少风险和成本。

4.安全性和可靠性测试

对产品进行全面的安全性和可靠性测试,确保产品在商业应用中能够正常运行,并满足用户的需求和期望。定期进行产品维护和更新,提高产品的可靠性和稳定性。

(三)技术竞争风险

技术竞争风险是指在科技创新项目中可能面临的竞争压力和不确定性。当其他公司或组织也在进行类似的科技创新,并且他们的技术更为先进或成熟时,就存在技术竞争风险。

技术竞争风险可能导致自己的产品无法在市场上占据优势地位。如果其他竞争对手的技术更为先进或成熟,他们可能能够提供更具竞争力的产品或服务。消费者往往会选择那些技术更好、性能更优越的产品,而忽视那些技术相对较弱的产品。因此,如果自己的技术无法与竞争对手媲美甚至超越,就有可能失去市场份额,无法占据优势地位。

技术竞争风险可能使自己被其他竞争对手迅速超越。科技创新领域的发展非常迅速,新的技术和创新不断涌现。如果其他公司或组织比自己更快地掌握了先进的技术并实现了市场突破,就有可能被迅速超越。这种情况下,即使自己在一开始取得了一定的竞争优势,但随着技术进步和市场变化,这种优势可能会逐渐减弱或消失。

为了应对技术竞争风险,企业可以采取以下策略。

1.持续创新和研发

加大研发投入,不断进行创新,提高技术先进性和成熟度,以保持竞争优势。通过持续创新,开发具有差异化竞争优势的产品和服务,以满足市场需求并吸引消费者。

2.加强知识产权保护

确保企业的知识产权得到充分的保护,包括申请专利、商标注册等措施。同时,加强知识产权的管理和维护,及时应对侵权行为,并与相关机构合作,维护自身的权益。

3.了解市场和竞争对手

密切关注市场动态和竞争对手的技术发展,了解其产品和战略。通过市场调研和竞争分析,及时调整自身的技术发展方向和市场策略,保持与竞争对手的竞争力。

（四）技术可复制性风险

技术可复制性风险是指科技创新项目所采用的技术是否容易被其他公司或组织复制。这种风险可能来自于缺乏专利保护、技术壁垒较低以及知识流失等方面。

在科技创新项目中，企业通常通过申请专利来保护自己的技术成果和创新发明。如果企业未能及时申请专利或者专利保护范围有限，就可能导致其他竞争对手获得技术信息并进行模仿。缺乏专利保护使得企业不能有效阻止他人复制其技术，从而减少了企业的竞争优势和市场份额。

如果所使用的技术相对成熟且易于掌握，那么其他竞争对手很容易通过学习和模仿来复制相似的产品或技术。技术壁垒的低下可能导致市场上出现大量类似的产品，竞争激烈，使得企业难以保持竞争优势和稳定的市场地位。

为了应对技术可复制性风险，企业可以采取以下策略。

1.专利保护与知识产权管理

及时申请合适的专利保护，确保自己的技术成果和创新发明得到法律的保护。建立完善的知识产权管理体系，保护企业的核心技术和商业秘密。

2.技术壁垒的建立

通过不断的研发和创新，提高技术壁垒，使得其他竞争对手难以迅速模仿和复制企业的技术。这可以包括不断改进产品性能、提高生产效率、优化用户体验等方面。

3.人才管理与知识共享

加强人才管理，吸引和留住核心技术人员。建立良好的团队合作机制和知识共享文化，促进内部知识的交流和沉淀，减少因人员离职而带来的知识流失风险。

（五）技术安全风险

技术安全风险是指科技创新项目所涉及的技术可能存在的安全隐患。在数字化和网络化的时代，技术安全风险变得尤为重要。这种风险可能来自于数据泄露、黑客攻击、系统漏洞等多个方面，对企业和用户造成严重影响。

在科技创新项目中，企业通常需要收集和处理大量的用户数据，包括个人身份信息、财务数据、交易记录等。如果这些数据未经妥善保护，就可能被黑客入侵、内部员工泄露或系统故障导致泄露。数据泄露可能导致用户隐私权受到侵犯，企业声誉受损，并可能面临法律责任。

黑客可以利用系统漏洞、网络弱点或社会工程学手段等方式入侵企业的网络系统，获取敏感信息、篡改数据或破坏系统运行。黑客攻击不仅会导致数据泄露，还可能导致业务中断、服务质量下降，甚至对关键基础设施造成严重影响。

科技创新项目中使用的软件、硬件或系统可能存在未知的漏洞或缺陷,这些漏洞可能被恶意利用,导致系统不稳定、易受攻击或功能异常。系统漏洞需要及时发现并修复,以确保系统的安全性和稳定性。

为了应对技术安全风险,企业可以采取以下策略。

1.安全意识教育与培训

加强员工的安全意识教育与培训,提高其对技术安全的认识和理解。员工应具备良好的密码管理、数据保护等安全习惯,并了解如何识别和防范网络威胁。

2.建立安全体系与措施

建立完善的技术安全管理体系,包括安全策略、安全流程和安全操作规范等。采取多层次的安全措施,如防火墙、入侵检测系统、数据加密、权限控制等,以提高系统的安全性和抵御外部威胁。

3.定期安全评估与漏洞修复

定期进行安全评估和漏洞扫描,及时发现和修复系统中的潜在漏洞和安全隐患。同时,建立响应机制,及时应对新出现的安全威胁和攻击事件。

二、竞争风险

竞争风险指的是企业在市场上面临的竞争压力和不确定性,可能导致其创新产品或技术无法取得预期的商业成功。

在科技创新市场中,竞争激烈是常态。随着技术的进步和市场的扩大,越来越多的企业涌入该领域,提供类似或替代的产品和服务。这种激烈的竞争给企业带来了以下几种竞争风险。

(一)价格竞争风险

价格竞争风险是指当市场上存在多家企业提供类似的产品或服务时,价格成为吸引客户的关键因素,从而导致企业被迫降低产品价格,可能影响其盈利能力的风险。

在竞争激烈的市场环境中,企业为了争夺更多的市场份额,常常会采取降价策略来吸引客户。这种价格战往往会造成产品价格下降,从而降低企业的盈利空间。尤其是对于规模较小的企业来说,他们往往无法通过大规模生产来降低成本,只能通过降价来增加销量,但这也可能导致其利润减少甚至出现亏损。

价格竞争还可能引发恶性循环。一旦某个企业降价,其他竞争对手可能也会跟进降价,形成价格倒逼效应,整个市场的产品价格都会受到影响。这就意味着企业不仅要承受自身利润的压缩,还要面临更加激烈的竞争,难以获得长期可持续的竞争优势。

价格竞争还可能导致品牌形象和产品质量的下降。在追求低价的同时，企业可能会降低产品的质量标准或者减少对客户的售后服务，以节省成本。这样一来，企业的品牌声誉可能会受到损害，客户对产品的信任度也会降低，从而影响企业的长期发展。

为了应对价格竞争风险，企业可以采取一系列策略。首先，企业需要树立自身的差异化竞争优势，通过独特的产品设计、技术创新、服务质量等方面与竞争对手区分开来，减少对价格的依赖。其次，企业应该注重市场调研，了解消费者需求和竞争对手的动态，及时调整自己的定价策略。此外，加强供应链管理，寻找成本节约的空间也是一种有效的方式。最重要的是，企业需要注重品牌建设和提升产品质量，提升客户忠诚度，从而减少对价格敏感性，增加盈利能力。

（二）品牌竞争风险

在科技创新市场中，品牌的知名度和声誉对企业的成功至关重要。无论是传统行业还是互联网领域，一个强大的品牌形象能够帮助企业吸引更多的消费者，建立稳固的市场地位。与此同时，品牌竞争风险也是一个需要警惕的问题。

如果企业无法建立强大的品牌形象，就难以在激烈的市场竞争中脱颖而出。在科技创新领域，产品更新换代速度快，技术变革频繁，消费者对品牌的认可度与忠诚度也相应提高。如果企业无法通过持续创新、独特的价值主张和优质的用户体验来建立自己的品牌形象，就很容易被竞争对手超越。毕竟，消费者更倾向于选择具备知名度、口碑良好的品牌，而不是相对陌生或声誉不佳的品牌。

品牌竞争风险还表现为竞争对手在品牌上的击败。在科技创新市场中，竞争对手层出不穷，不仅来自同行业内的企业，还有可能来自其他领域的跨界竞争者。如果竞争对手能够通过更好的市场营销策略、产品创新或者价格优势等方面击败企业的品牌，就会直接影响到企业的市场份额和盈利能力。此外，竞争对手还可能利用负面宣传、恶意攻击等手段来损害企业的品牌声誉，进一步加剧品牌竞争风险。

创新市场中的消费者越来越注重品牌的社会责任、产品质量和服务态度。如果企业在这些方面出现问题，例如产品质量不达标、客户服务不周到或违反道德伦理等，就会导致消费者对品牌产生疑虑甚至流失。失去消费者的信任和忠诚将直接影响企业的销售额和市场地位，给企业带来严重的经济损失。

面对品牌竞争风险，企业应该采取积极有效的措施来防范和应对。首先，企业要注重品牌建设，通过不断创新、提供优质的产品和服务，积极塑造良好的品牌形象。其次,企业需要密切关注市场动态和竞争对手的行动,及时调整自身的营销策略,保持市场竞争力。此外,建立健全的售后服务体系和投诉处理机制,加强与消费者的沟通和互动,树立良好的品牌声誉,增强消费者的信任感和忠诚度。

(三)渠道竞争风险

渠道竞争风险是指企业在销售和分发产品时,由于竞争激烈或与渠道商合作不畅等原因,无法获得足够的渠道支持,导致销售困难和市场份额损失的风险。

科技产品的销售通常需要通过多种渠道进行,包括线下门店、在线电商平台、经销商等。然而,市场上存在大量的竞争对手,这使得渠道商非常挑剔,他们往往倾向于选择那些能够带来更高利润和销售增长的产品供应商合作。因此,企业需要与渠道商建立良好的合作关系,并提供具有竞争力的条件,才能获得足够的渠道支持。

渠道竞争风险也存在一些挑战。首先,市场上的渠道商数量有限,而企业众多,因此渠道资源相对稀缺。这就需要企业在渠道选择上进行慎重考虑,找到适合自己产品定位和目标市场的合适渠道,以避免过度依赖某个渠道商或者面临渠道资源被竞争对手垄断的情况。

其次,与渠道商的合作关系需要长期维护和管理。渠道商通常与多个供应商合作,他们会根据各种因素选择与哪些企业进行合作。如果企业无法提供良好的售后服务、及时的产品支持或者竞争力强的价格政策,就有可能失去渠道商的信任和支持。因此,企业需要与渠道商建立良好的沟通机制,了解他们的需求和市场变化,并及时调整自己的销售策略和服务水平。

随着电子商务的发展,越来越多的科技产品通过在线电商平台进行销售。虽然这为企业带来了更大的销售机会,但也增加了渠道竞争的复杂性。企业需要与电商平台建立合作关系,并在价格、推广、售后等方面与其他竞争对手展开激烈的竞争,以获得更好的曝光度和销售额。

为了应对渠道竞争风险,企业可以采取一系列策略。首先,企业应该进行充分的市场调研,了解目标市场的消费者需求和渠道商的选择偏好,以便确定合适的渠道战略。其次,企业需要与渠道商建立长期稳定的合作关系,共同制定销售目标和计划,并提供相应的支持和激励措施。此外,通过不断优化产品品质、提升服务水平和建立良好的品牌形象,企业可以增加渠道商对自己产品的信任度,从而获得更多的渠道支持。

三、战略风险

在科技创新市场中,战略决策的不当可能导致项目的失败和投资的浪费。

(一)错误的市场定位

战略风险是指企业在制定和执行战略过程中面临的不确定性和潜在威胁,其中之一是错误的市场定位。这意味着企业在选择目标市场、定位产品或服务时出现了问题,导致无法满足市场需求,从而影响企业的竞争力和盈利能力。

错误的市场定位可能会带来以下几个方面的影响和风险。

1.错误的定价策略

错误的定价策略可能会对企业的盈利能力产生负面影响。市场定位的错误可能导致企业对产品或服务定价失误,进而影响消费者的购买意愿和企业的利润率。

如果企业将产品或服务定价过高,消费者可能会认为价格不合理,从而降低他们的购买意愿。这可能导致销售量下降,市场份额减少,并且错失了潜在的收入机会。过高的定价还可能使企业失去竞争优势,因为其他公司可能会提供更具吸引力的价格和价值。

相反,如果企业将产品或服务定价过低,虽然可能能够吸引消费者,但也可能导致利润率下降甚至亏损。低价定价可能无法覆盖生产成本、运营费用和利润要求,给企业带来财务压力和可持续经营的风险。低价定价也可能被消费者误认为产品质量不高,影响品牌形象和市场声誉。

正确的定价策略应该基于深入的市场调研和分析,明确产品或服务的目标市场和竞争环境。在定价时,需要综合考虑产品或服务的成本、竞争对手的定价策略、消费者的需求和购买力等因素。同时,还应该灵活调整定价策略以适应市场变化和消费者反馈。通过正确的定价策略,企业可以提高盈利能力,满足消费者需求,并在市场中保持竞争优势。

2.错误的推广策略

错误的推广策略可能会对企业的市场知名度、品牌影响力和潜在客户吸引力产生负面影响。当企业在市场定位上出现错误时,选择错误的推广渠道和方式可能导致宣传效果不佳。

推广是企业与消费者之间建立联系的重要手段,可以帮助企业传递产品或服务的价值,并吸引潜在客户。如果选择了错误的推广渠道,企业将无法准确地触达目标受众,从而使推广活动的效果大打折扣。

例如，如果企业的目标消费群体主要在社交媒体平台上活跃，但却选择了传统媒体进行推广，那么很可能无法有效地接触到目标受众，导致推广效果不佳。同样地，如果企业的产品或服务是面向年轻人群的，但却选择了传统广告媒介，如报纸和电视广告，可能无法引起年轻人的关注和兴趣。

错误的推广方式也可能降低宣传效果。如果企业在推广过程中缺乏创意、重复性强或无法与目标受众产生共鸣，可能无法引起消费者的兴趣和关注。这将导致推广活动的效果大打折扣，无法传递产品或服务的价值，减少市场知名度和品牌影响力。

正确的推广策略应该基于深入的市场调研和分析，明确目标受众的特征、喜好和行为习惯。在选择推广渠道和方式时，需要综合考虑目标受众所在的平台和媒体，以及他们对信息获取的偏好。同时，还应该注重创意和差异化，通过吸引人的内容和形式与目标受众建立情感连接，提高推广效果。

通过正确的推广策略，企业可以有效地传递产品或服务的价值，提升市场知名度和品牌影响力，并吸引更多的潜在客户。

3.竞争压力增加

错误的市场定位可能导致企业与同行竞争对手直接竞争，从而增加了竞争压力。这种竞争压力可能表现为激烈的价格战或产品特性竞争，对企业的成本、利润率和市场份额产生负面影响。

当企业市场定位错误时，可能会进入一个与同行竞争对手直接竞争的领域。这意味着企业将不得不与其他公司在价格上进行竞争，试图吸引消费者并获取更多的市场份额。这种价格竞争通常会降低产品的利润率，并可能导致企业陷入亏损局面。价格战还可能使整个市场的盈利空间被削弱，对所有参与者都造成负面影响。

另一方面，错误的市场定位还可能导致产品特性的竞争。企业可能试图通过改变产品特性或添加新功能来吸引消费者，并与竞争对手进行差异化。这种特性竞争往往需要投入大量资源和资金，包括研发、生产和营销等方面。如果企业不能有效地实施这些差异化策略，或者消费者对这些特性并不感兴趣，那么企业可能会面临额外的成本压力和销售困难。

正确的市场定位应该基于深入的市场调研和分析，明确企业的目标市场、目标受众和竞争环境。在确定市场定位时，需要考虑企业的核心竞争优势和差异化能力，并寻找与竞争对手有所区别的市场空间。通过准确的市场定位，企业可以避免与同行直接竞争，降低竞争压力，并为自身带来更稳定的盈利和市场份额。

为了避免错误的市场定位带来的风险，企业应该进行充分的市场调研和分析，了解目标市场的需求和竞争环境。同时，企业需要明确自身的核心竞争优势，并将其转化为市场定位和产品定位的关键要素。此外，建立有效的市场营销策略、合理定价策略以及恰当的推广渠道也是避免错误市场定位的重要措施。

（二）不合理的发展规划

不合理的发展规划可能导致企业面临战略风险。战略风险是指由于企业制定的不合理或不完善的发展规划，而导致企业在竞争环境中面临的各种不确定性和潜在威胁。

不合理的发展规划可能表现为以下几个方面。

1. 未考虑变化的外部环境

企业在制定发展规划时，需要充分考虑外部环境的变化和趋势，这是确保规划有效性和适应性的重要因素。如果企业忽视了行业竞争格局、科技发展、法律法规等因素的变化，可能会导致规划失效或无法适应市场变化。

行业竞争格局的变化是一个重要的外部环境因素。市场竞争激烈程度、竞争对手的策略和实力都会对企业的发展产生影响。如果企业没有对竞争格局进行准确评估，可能会导致规划与市场需求脱节，错过市场机会或无法应对竞争挑战。

科技发展的速度和趋势也是企业需要关注的重要因素。新技术的出现和应用可能会改变行业的商业模式、产品特性和市场需求。如果企业没有及时跟踪和评估科技发展的趋势，就有可能落后于竞争对手，错失技术创新带来的机遇，甚至面临被淘汰的风险。

不考虑变化的外部环境会增加企业面临的不确定性和风险。企业需要定期进行外部环境分析，关注行业动态、科技发展和法律法规的变化，并将这些因素纳入发展规划的考量之中。同时，建立灵活性和适应性，使企业能够及时调整战略和业务模式，以适应外部环境的变化。通过对外部环境的充分考虑和及时应对，企业可以降低不确定性和风险，提高发展的成功率和可持续性。

2. 资源配置不合理

不合理的发展规划可能导致企业资源的不合理配置，对战略执行和业务运营产生负面影响。过度集中资源于某一领域或项目，忽视其他重要领域的发展，会带来单一风险和依赖性。同时，资源分配不当还可能导致成本上升、效率下降，增加企业的经营风险。

过度集中资源于某一领域或项目可能会使企业面临单一风险。如果企业将大部分资源投入到某个特定领域或项目中,一旦该领域或项目出现问题,企业可能无法平衡损失,导致整体业务受到严重影响。这种单一风险使企业高度依赖某一领域或项目的成功,而缺乏多元化的风险分散策略。

不合理的资源配置可能导致其他重要领域的发展被忽视。如果企业过于关注某个领域,而忽视了其他具有潜力和增长空间的领域,就会错失市场机会并限制了企业的发展潜力。这种不平衡的资源配置可能使企业失去多元化的收入来源和竞争优势。

资源分配不当还可能导致成本上升和效率下降。如果企业将过多的资源投入到某个领域,而忽视了其他领域的需求,就会造成资源的浪费和低效利用。同时,资源分配不均衡也可能使企业在运营过程中面临短缺或过剩的问题,增加成本,并影响企业的盈利能力。

为了应对战略风险,企业需要建立科学合理的发展规划,并定期进行评估和调整。这包括准确的市场定位、对外部环境的敏感度、灵活性和适应性,以及资源的合理配置。同时,企业还应加强对竞争对手和市场动态的监测,及时调整战略,以保持竞争优势和可持续发展。通过合理的发展规划和有效的战略执行,企业能够降低战略风险,并实现稳定和可持续的发展。

(三)不确定性和变化风险

科技创新市场充满不确定性和变化,这是企业在进行科技创新项目时必须面对的挑战。不确定性和变化可以来自多个方面,包括技术、市场和政策等因素。这些因素可能随时发生变化,对项目的发展产生重大影响。

技术方面的不确定性和变化可能源于科技的快速进步和不断涌现的新技术。科技领域的创新日新月异,新技术层出不穷,企业很难准确预测未来的技术趋势和发展方向。如果企业不及时跟上技术的变化,可能会错失关键的市场机遇。

市场方面的不确定性和变化也是企业需要面对的挑战之一。市场需求和竞争态势都可能随时发生变化,企业需要密切关注市场动态,及时调整产品或服务的定位和策略。例如,某项科技创新可能在初期投资时看起来前景广阔,但由于市场需求的变化或竞争加剧,项目可能面临困境。因此,企业需要具备敏锐的市场洞察力,及时调整战略方向,以适应市场变化。

政策方面的不确定性和变化也是影响科技创新的重要因素。政府在科技领域的政策和法规可能随时发生调整,这对企业的发展产生直接影响。政策的不确定性可能导致企业投资决策的迟疑和不确定性,进而影响项目的顺利进行。因此,企业需要密切关注政策动态，与政府保持紧密合作，确保自身在政策变化中能够灵活应对。

以上是科技创新市场常见的几种风险类型，但并不是所有项目都会面临所有的风险。针对不同项目和行业，可能还存在其他特定的风险类型。因此，在科技创新市场中，了解并管理好各种风险是至关重要的。

第二节　科技创新市场的特点与趋势

科技创新市场是指以科技创新为核心驱动力，涵盖科技研发、技术转移、创业投资等环节的市场体系。随着科技进步和全球经济的发展，科技创新市场日益重要，其特点和趋势也在不断演变。

一、特点

（一）高风险高回报

科技创新市场的特点之一是高风险高回报。科技创新本身存在较高的不确定性和风险，因为创新项目的成功与否往往取决于多种因素，包括技术可行性、市场需求、竞争态势等。然而，成功的科技创新往往能够带来巨大的回报，不仅可以创造巨额利润，还有可能改变整个产业格局。

在科技创新市场中，投资者愿意承担高风险以期获得高回报。这主要体现在风险投资和天使投资领域。风险投资机构通常专注于早期创业阶段的项目，他们愿意将大量资金投入到具有潜力和创新性的初创企业中。虽然这些项目存在失败的风险，但如果成功，投资者将获得巨大的收益。类似地，天使投资者也会为了支持创新项目而提供资金和资源，他们通常对项目的成功具有更高的期望值，并期望通过投资获得丰厚的回报。

高风险高回报它吸引了大量的资金和资源流入创新领域。这种现象的背后有多重原因。首先，科技创新市场具有较高的不确定性，因此风险投资和天使投资是推动创新项目发展的重要资金来源。其次，科技创新带来的巨大回报激励了更多的投资者参与创新市场，他们希望通过投资成功的项目获得高额回报。最后，科技创新市场的成功案例和创业故事也进一步激发了人们对于科技创新的热情和投资信心。

尽管高风险高回报是科技创新市场的特点之一，但也需要注意到其中存在着一定的风险。科技创新本身的不确定性使得投资者面临着失败的可能性，而失败的项目可能会导致投资损失。因此，在科技创新市场中，投资者需要具备较高的风险承受能力和充分的尽调能力，以降低投资风险并提高回报率。同时，政府和相关机构也应加强监管和引导，建立健全的风险投资体系，保障科技创新市场的稳定和可持续发展。

（二）快速迭代更新

科技创新市场的另一个特点是快速迭代更新。随着科技的不断进步和市场需求的变化，企业在科技创新市场中需要持续进行产品迭代和技术升级，以保持竞争优势。

在科技创新市场中，技术的发展速度非常快。新的科学发现和技术突破不断涌现，不断推动着产业的发展和变革。同时，市场需求也在不断变化，消费者对产品和服务的要求日益提高。企业需要及时跟进技术的进展和市场的需求变化，通过快速迭代更新来满足客户的需求并保持竞争力。

快速迭代更新的核心是持续创新。企业需要不断地进行研发和实验，探索新的技术和解决方案。他们积极投入到研究和开发中，加强与科研机构、高校等合作，共同推动技术的进步和创新的发展。通过持续创新，企业可以更好地适应市场的变化，并在激烈的竞争中脱颖而出。

快速迭代更新也要求企业具备敏捷的组织和运营能力。企业需要建立灵活的研发体系，加强内部团队之间的协作和沟通，以便快速响应市场变化并进行技术迭代。同时，企业还需要加强与供应商和合作伙伴之间的联系，共同推动产品和技术的更新。

除了技术层面的迭代更新，科技创新市场还涉及商业模式的创新。随着技术的发展，传统的商业模式可能会受到挑战，新的商业模式不断涌现。企业需要审时度势，及时调整自己的商业模式，以适应市场的变化，并探索新的盈利方式。

快速迭代更新是科技创新市场的重要特点之一，它推动着科技的进步和产业的发展。通过持续创新和敏捷运营，企业可以更好地满足市场需求，提供具有竞争力的产品和服务。政府和相关机构也应加强对科技创新的支持，提供良好的政策环境和资源支持，为企业的快速迭代更新提供有力保障。只有在持续创新和快速迭代更新的推动下，科技创新市场才能持续繁荣发展，并为社会经济带来更大的效益。

（三）创新生态系统

这个生态系统包括科研机构、高校、企业、投资机构等多方参与者，他们相互合作、相互促进，形成了科技创新的良性循环。

在科技创新生态系统中，科研机构和高校是重要的创新源泉。科研机构致力于科学研究和技术探索，通过开展基础研究和前沿技术研发，推动科技的进步。高校则在教育培养和人才培养方面发挥着重要作用,他们培养出具有创新精神和专业知识的人才,为科技创新提供源源不断的人力资源。

企业是科技创新生态系统中的主要承载者。他们将科研成果转化为实际应用,推动科技创新与市场需求的结合。企业通过技术引进、自主研发等方式进行创新,不断推出新产品、新服务,满足消费者的需求。同时,企业也积极与科研机构和高校进行合作,共同开展研发项目,加速科技创新的转化和应用。

投资机构在科技创新生态系统中起到了关键作用。他们为创新项目提供资金支持,帮助初创企业实现快速发展。投资机构通过风险投资、天使投资等方式将资金注入到具有潜力的创新项目中,为其提供成长所需的资金和资源。这种投资机制促进了创新项目的孵化和发展,推动了科技创新市场的繁荣。

除了上述参与者之外,政府在科技创新生态系统中扮演着重要角色。政府通过制定政策、提供资金支持等方式,为科技创新提供良好的环境和条件。政府的支持和引导可以激发企业和研究机构的创新活力,促进创新成果的转化和应用。同时,政府还可以加强对知识产权保护的力度,鼓励知识产权的创造和运用,维护创新生态系统的稳定和公平。

不同参与者之间的合作与交流推动了科技创新的进步,加速了科技成果的转化和应用。一个良好的创新生态系统可以为创新者提供更多机会和资源,激发创新的活力,并推动社会经济的发展。因此,政府、企业、投资机构等各方应加强合作,共同营造良好的创新生态环境,为科技创新市场的繁荣做出积极贡献。

(四)跨界融合

在这个市场中,不同领域的技术和知识相互交叉、相互融合,形成了全新的创新领域和产业。

信息技术、生物技术、人工智能等领域的融合是科技创新市场的重要表现之一。随着科技的发展和进步,传统的行业边界逐渐模糊,不同领域之间的交叉创新成为可能。信息技术在医疗健康领域的应用,如远程医疗、智能诊断等,使得医疗行业与信息技术产生了深度融合。生物技术和农业技术的结合,推动了农业生产的精细化和高效化。人工智能技术在金融领域的应用,改变了金融服务的方式和效率。

跨界融合的优势在于可以借鉴不同领域的经验和技术,促进新的创新和突破。通过将不同领域的技术和知识进行整合和应用,可以创造出更加创新和有竞争力的产品和服务。这种融合可以打破传统行业的壁垒,创造出新的商业模式和价值链。

跨界融合也带来了一些挑战和问题。不同领域之间存在着专业知识的差异和语言的障碍，需要进行有效的沟通和合作。同时，跨界融合也可能引发新的法律、伦理和安全等问题，需要加强监管和规范。

为了促进跨界融合的发展，科技创新市场需要提供相应的支持和环境。政府可以制定相关政策，鼓励不同领域的交叉创新和合作。投资机构可以投资具有跨界潜力的创新项目，推动融合发展。企业可以加强内部团队的多学科合作，拓展合作伙伴关系，共同推动跨界融合的实践和应用。

二、趋势

（一）技术驱动的创新

技术驱动的创新是未来科技创新市场的一个重要趋势。随着科技的不断进步和应用领域的拓展，人工智能、大数据、云计算等前沿技术将成为创新的主要驱动力，推动各个行业的数字化转型和智能化升级。

人工智能（AI）是当前科技创新的热点领域之一。通过模拟人类智能，人工智能可以实现自主学习、决策和执行任务。未来，人工智能将在各个行业中发挥重要作用，如医疗健康、交通运输、金融服务等。例如，在医疗健康领域，人工智能可以辅助诊断、提供个性化治疗方案，极大地提高医疗效率和准确性。在交通运输领域，人工智能可以实现自动驾驶技术，提高交通安全性和交通效率。

大数据是另一个重要的技术驱动力。随着信息时代的到来，大量的数据被生成和积累，包括社交媒体数据、传感器数据、交易数据等。通过对这些数据进行分析和挖掘，可以获取有价值的信息和见解。未来科技创新市场将更加注重大数据的应用，以实现更精准的决策、个性化的服务和智能化的管理。例如，在市场营销领域，通过分析消费者的购买行为和偏好，可以实现精准广告投放和个性化推荐。

云计算是另一个关键的技术趋势。云计算通过网络提供计算资源和服务，使得用户可以随时随地访问和共享数据和应用。未来，云计算将成为科技创新的基础设施，支撑各种创新应用的开发和部署。例如，云计算可以提供弹性的计算能力，使得企业可以根据需求灵活调整计算资源的使用。同时，云计算也可以提供安全可靠的存储和处理能力，保障数据的安全性和隐私性。

技术驱动的创新在未来科技创新市场中具有巨大的潜力和机遇。通过持续投资和研发，推动人工智能、大数据、云计算等前沿技术的进一步发展，将为各个行业带来深刻的变革和创新。同时，政府、企业和投资机构也需要加强合作，提供良好的创新环境和支持,以推动技术驱动的创新在未来科技创新市场中发挥更大的作用。

(二)开放创新

开放创新是未来科技创新市场的重要趋势之一。随着全球化的进展和信息交流的便利,企业之间、国家之间将更加强调开放的合作模式,以推动科技进步和经济发展。

在开放创新的理念下,企业不再仅仅依赖内部创新能力,而是积极与外部合作伙伴进行技术共享和合作。这种合作可以涉及不同企业之间的合作,也可以是企业与科研机构、高校等合作伙伴之间的合作。通过开放创新,企业可以获得更广泛的资源和知识,提高创新效率和质量。

开放创新还可以促进不同国家之间的合作与交流。科技创新已经成为全球竞争的焦点,国家之间的合作和竞争已经超越了传统的边界限制。未来,国家之间将更多地进行科技创新的合作,共同解决全球性的挑战,推动科技的进步和应用。例如,各国可以共享科研成果和技术知识,开展联合研发项目,共同攻克科学难题。同时,国家之间还可以加强创新政策和法规的协调,为科技创新提供更好的环境和支持。

开放创新的核心是共享与合作。在科技创新市场中,不同企业和机构可以通过共享知识、技术和资源来实现互利共赢。例如,企业可以建立开放式的创新平台,吸引外部创新者的参与和贡献。同时,企业还可以参与到开放源代码项目、联合研发项目等活动中,与其他组织进行深度合作。

开放创新具有多重优势。它能够促进知识和技术的流动,推动创新的跨界融合和交叉创新。开放创新可以降低创新成本,减少重复投入,提高创新效率。开放创新还可以扩大市场规模和增加市场竞争,带来更多商业机会和经济效益。

为了促进开放创新的发展,政府、企业和科研机构需要共同努力。政府可以制定相关政策,鼓励企业开展开放创新和国际合作,提供相应的支持和激励措施。企业可以积极参与开放创新平台和项目,与合作伙伴建立良好的合作关系。科研机构和高校可以加强国际交流与合作,推动科技成果的共享和应用。

(三)人才和人文因素的重视

未来科技创新市场将更加注重人才和人文因素的重要性。优秀的人才是科技创新的核心驱动力,而人文因素则能够推动科技创新与社会需求的结合,实现科技创新的良性循环。

人才是科技创新的关键。未来科技创新市场将更加注重培养和吸引具有创新精神和专业知识的人才。这些人才具备深厚的学科知识和专业技能,同时还具备跨学科的综合能力，能够在不同领域中进行创新思考和实践。他们既具备理论基础，又能够应对实际问题，通过创新解决方案推动科技的进步。为了培养和吸引优秀的人才，未来科技创新市场需要加强教育和培训，提供良好的科研和创新环境，激励人才的创新潜能。

人文因素对于科技创新的发展也至关重要。科技创新不仅仅是技术的突破，还需要与社会需求和价值观相结合，才能产生真正的创新成果。未来科技创新市场将更加注重人文因素的考量，关注科技创新对社会、环境和人类福祉的影响。例如，在人工智能领域，人文因素需要引导和规范人工智能的应用，确保其符合道德伦理和社会价值观。又如，在生物技术领域，人文因素需要平衡科技创新与生态环境、食品安全等方面的关系。通过重视人文因素，科技创新可以更好地服务于社会发展和人类福祉。

人才和人文因素的重视也需要政府、企业和社会各界的共同努力。政府可以制定相关政策和措施，鼓励人才的培养和流动，提供良好的创新环境和支持。企业可以加强与高校、科研机构等的合作，为人才提供广阔的发展空间和机会。同时，企业还应注重员工的综合素质和职业发展，激发其创新潜能。社会各界可以加强科技创新的普及教育，提高公众对科技创新的认知和参与度，推动科技创新与社会需求的对接。

（四）创新金融的发展

未来科技创新市场将更加注重创新金融的发展。随着科技创新的快速发展和创业热潮的兴起，新型投融资方式将得到进一步推广和应用，为创新项目提供更多的资金支持。

众筹是一种通过互联网平台向大众募集资金的方式，已经成为科技创新领域的重要融资途径之一。未来，众筹将得到更广泛的应用和发展。通过众筹，创新者可以直接与投资者进行互动，获得初创阶段所需的启动资金。众筹不仅可以提供资金支持，还可以帮助创新者建立品牌形象、获取市场反馈，并吸引更多的关注和支持。

天使投资和风险投资也将在未来科技创新市场中发挥更大的作用。天使投资指的是早期投资者对初创企业进行资金支持，帮助其起步和发展。风险投资则是为具有高风险和高回报潜力的创新项目提供资金和资源支持。未来，天使投资和风险投资机构将继续为创新项目提供资金和资源，促进科技创新的繁荣。同时，投资机构还可以通过行业经验和专业知识，为创新者提供战略指导和管理支持。

科技创新市场还将出现更多新型的金融工具和机构,以满足创新项目的融资需求。例如,科技创新基金、创新孵化器等机构将充当中介角色,为创新项目提供资金、技术和市场资源的整合服务。这些机构通过与创新者紧密合作,推动项目的快速发展和商业化转化。

创新金融的发展还需要政府和相关机构的积极支持和引导。政府可以制定相应的政策和法规,鼓励创新金融的发展,并提供一定的激励措施,如税收优惠和创业补贴。同时,政府还可以加强监管和风险防范,保护投资者的权益,维护市场的稳定和公平。

第三节 科技创新产品开发与营销

科技创新产品的开发和营销是现代企业成功的关键因素之一。随着科技的不断进步和市场竞争的加剧,企业需要不断地推陈出新,引入创新产品以满足消费者的需求,并在市场中取得竞争优势。

一、科技创新产品的开发

科技创新产品开发是指利用先进的科学技术和创新思维,将新的理念、技术或设计应用于产品的研发过程。以下是一些科技创新产品开发的重点:

（一）市场需求研究

在开发科技创新产品之前,企业需要进行充分的市场需求研究。通过市场调研,企业可以了解消费者的需求和偏好,以及目标市场的潜在机会和挑战。只有深入了解目标市场,企业才能开发出真正符合消费者期望的产品。

市场需求研究是指通过收集、分析和解读市场信息来了解消费者对产品或服务的需求和喜好。这一过程包括定性和定量研究方法,以便全面地了解消费者的态度、行为和购买意愿。

市场需求研究可以帮助企业确定产品开发的方向。通过调研消费者的需求和痛点,企业可以确定哪些功能和特性是消费者最关注和追求的。例如,某家科技公司计划开发一款智能手机,市场需求研究可以帮助他们确定消费者是更加重视摄像头的画质还是电池续航时间,从而决定产品设计的重点。

市场需求研究可以帮助企业评估市场规模和竞争情况。通过了解目标市场中已经存在的竞争对手和他们的产品，企业可以更好地定位自己的产品，并找到差异化的竞争策略。市场需求研究还可以揭示目标市场的增长趋势、消费者群体的特点和购买习惯等重要信息，为企业的营销和推广活动提供依据。

市场需求研究也有助于企业降低开发风险和成本。通过了解消费者的需求和偏好，企业可以避免开发出无人问津的产品，从而避免资源的浪费。同时，市场需求研究可以帮助企业在产品开发过程中及时调整设计方案和功能设置，以确保最终产品能够真正满足消费者的期望和需求。

（二）团队合作

科技创新产品的开发需要团队合作，涉及跨学科的合作和专业知识的整合。为了确保产品的成功开发和上市，企业应该组建一个多元化的团队，包括工程师、设计师、市场专家等各个领域的专业人员，共同参与产品开发过程。

工程师是科技创新产品开发不可或缺的一部分。他们负责技术研发和产品设计，具有丰富的技术知识和实践经验。工程师通过将科学原理和技术应用于产品开发中，确保产品的功能和性能达到预期目标。他们在研发过程中面临技术挑战和难题，需要与其他团队成员紧密合作，共同解决问题。

设计师在科技创新产品的外观和用户体验方面起着重要的作用。他们关注产品的美学和人机交互设计，通过合理的界面设计和用户友好的操作方式提高产品的易用性和用户满意度。设计师与工程师密切合作，确保产品的外观和功能相协调，以及满足用户的审美和使用需求。

市场专家也是团队中必不可少的一员。他们负责市场调研和竞争分析，了解消费者需求和市场趋势，为产品定位和推广提供战略指导。市场专家通过与工程师和设计师的密切合作，将市场需求转化为产品的具体特性和功能，确保产品能够真正满足消费者的期望。

团队合作还可以促进创新和知识的共享。不同领域的专业人员带来了各自的专业知识和经验，可以相互学习和借鉴，从而促进创新思维和创意的产生。团队成员之间的沟通和协作也有助于解决问题和优化产品设计。

要实现有效的团队合作，企业需要建立良好的沟通渠道和协作机制。团队成员应该及时分享信息、交流想法，并制定明确的目标和任务分工。此外，企业还可以通过团队培训和团队建设活动，提高团队合作和协作能力，增强团队凝聚力和合作精神。

(三) 快速迭代

科技创新产品的开发过程中，企业面临着许多挑战和未知领域。为了确保产品能够及时上市并满足市场需求，企业应采用快速迭代的开发方法。

快速迭代是一种敏捷的开发方法，它强调在开发过程中不断进行测试、反馈和改进。通过将产品划分为多个小步骤，并逐步完善和优化每个步骤，可以快速响应市场变化和用户反馈，提高产品的质量和竞争力。

快速迭代可以帮助企业尽早获得用户反馈。在开发的早期阶段，企业可以推出一个原型或最小可行产品（MVP），并与用户进行交互和测试。这样可以及时获取用户对产品的意见和建议，了解他们的需求和偏好，从而及时调整产品设计和功能设置。

快速迭代可以减少开发风险。通过将开发过程分解为多个独立的迭代周期，企业可以快速验证各个模块的功能和性能。如果在某个迭代周期中出现问题或不符合预期，可以及时进行修复和改进，避免问题扩大化并减少后期的修复成本。

快速迭代也有助于创新和竞争力的提升。通过持续的测试和改进，企业可以不断优化产品的功能和用户体验，提供更好的解决方案。这有助于企业在市场上保持领先地位，并满足不断变化的消费者需求。

要实现快速迭代，企业需要建立敏捷的开发流程和有效的项目管理方法。团队成员应该具备灵活性和适应变化的能力，能够迅速响应用户反馈和市场需求。同时，企业还可以采用一些工具和技术，如原型设计软件、自动化测试等，来加快开发过程和提高效率。

二、科技创新产品的营销

科技创新产品的成功营销是产品上市后获得市场份额和用户认可的重要因素。以下是一些科技创新产品营销的关键点。

（一）定位和目标市场

在开发科技创新产品之前，企业需要明确定位和目标市场，并了解该市场的特点和需求。通过准确地定位目标市场，企业可以制定针对性的营销策略，以更好地满足消费者的需求。

企业需要明确科技创新产品的目标市场是谁。目标市场可能是某个特定的消费者群体，如年轻人、专业人士或家庭用户等。还可以根据地理位置、经济状况或兴趣爱好等因素来定位目标市场。例如，某公司开发了一款智能家居产品，他们的目标市场可能是中产阶级家庭，尤其是那些对节能环保和便捷生活有需求的家庭。

企业需要了解目标市场的特点和需求。这包括消费者的行为习惯、偏好、购买能力以及对产品功能和性能的重视程度等。通过市场调研和数据分析，企业可以获得关于目标市场的详细信息，从而更好地理解他们的需求和期望。

基于对目标市场的了解，企业可以制定针对性的营销策略。这包括产品定价、促销活动、渠道选择和品牌传播等方面。例如，如果目标市场是年轻人群体，企业可以考虑采用数字营销和社交媒体广告来吸引他们的注意力。另外，对于注重价格敏感性的消费者，企业可以提供多样化的产品配置和价格选择，以满足不同消费者的需求。

定位和目标市场的明确还有助于产品设计和功能开发。通过了解目标市场的特点，企业可以确定产品的核心竞争优势和独特价值，从而在产品设计中突出这些特点。同时，也可以根据目标市场的需求，针对性地开发和改进产品的功能和性能，以提供更好的用户体验和满足消费者的期望。

在整个产品生命周期中，企业需要不断关注目标市场的变化和需求的演变。随着时间的推移和市场的变化，目标市场可能会发生变化，消费者的需求和偏好也可能会改变。

（二）多渠道推广

企业在推广产品时，应该采用多种渠道进行宣传和推广，包括线上和线下渠道。通过多渠道的推广，可以扩大产品的曝光度，吸引更多的潜在用户。

线上渠道是现代企业推广产品的重要手段之一。社交媒体平台如 Facebook、Instagram、Twitter 等成了人们日常生活中不可或缺的一部分。企业可以利用这些平台来建立品牌形象，与目标用户进行互动和沟通。通过发布有趣、有价值的内容，企业可以吸引用户关注，并在用户心中树立起良好的品牌形象。电子商务平台也是线上推广的重要渠道之一。企业可以选择在知名电商平台开设在线商店，通过展示产品信息、提供优惠活动和购物便利等方式，吸引用户进行线上购买。通过运用线上渠道，企业可以覆盖到更广泛的受众群体，提高产品的知名度和认知度。

线下渠道也是产品推广的重要组成部分。展会、研讨会和行业活动等都是企业与用户直接互动的机会。企业可以选择参加相关行业的展会，搭建展台并展示产品。通过现场演示、产品说明和与用户的面对面交流，企业可以更深入地介绍产品功能和优势，并收集用户反馈和意见。企业还可以通过合作伙伴、经销商或零售商等渠道进行线下销售和推广。通过与不同渠道的合作，企业可以将产品更快速地推向市场，并获得更广泛的曝光度和销售机会。

除了线上和线下渠道，企业还可以考虑其他创新的推广方式。例如，可以利用影视媒体、音乐平台等来进行产品的植入式宣传，通过在受众喜爱的节目、电影或音乐作品中展示产品，引发观众的兴趣和好奇心。同时，企业还可以与意见领袖、博客作者、KOL（关键意见领袖）等进行合作，在他们的社交媒体账号、博客或YouTube频道等平台上进行产品推荐和评测。通过借助这些有影响力的个人，企业可以扩大产品的曝光度，增加用户的信任和购买意愿。

（三）用户体验

用户体验在科技创新产品中扮演着至关重要的角色。企业应该高度关注产品的易用性和用户友好性，并且积极倾听用户的反馈，及时进行改进和优化。

易用性是用户体验的核心要素之一。无论产品多么先进或功能强大，如果用户操作起来困难复杂，那么用户可能会感到沮丧并放弃使用。因此，企业应该确保产品的界面设计简洁明了，操作流程清晰直观。这包括合理的菜单设置、明确的图标和按钮，以及直观的指导和提示等。通过提供简单易懂的用户界面，用户可以更轻松地掌握产品的功能和使用方法，从而提升整体的用户体验。

用户友好性也是一个重要的考量因素。除了易用性外，产品还应该注重用户的感受和需求。企业可以通过用户研究和用户调查等手段，了解用户的偏好和期望，从而设计出更加贴合用户需求的产品。例如，根据用户群体的特点，可以个性化定制产品的设置选项，提供个性化的推荐和建议，以及支持用户自定义操作等。通过满足用户的个性化需求，企业可以增强用户对产品的满意度，进而提升用户体验。

最后，及时改进和优化是提升用户体验的重要手段。企业应该积极倾听用户的反馈和建议，并将其作为产品改进的重要依据。用户在使用产品过程中遇到的问题或困惑，都可以作为改进的切入点。企业可以通过建立完善的客户服务渠道，如在线社区、客服热线等，让用户能够方便地与企业进行沟通和反馈。同时，企业还应该建立健全的反馈机制，及时处理用户的问题和建议，并主动向用户传达改进措施的进展情况。通过不断改进和优化产品，企业可以提供更好的用户体验，增强用户的忠诚度和口碑传播效应。

（四）售后服务

良好的售后服务在提升用户对产品的满意度和忠诚度方面起着至关重要的作用。企业应该致力于建立一个完善的售后服务体系，以便能够及时回应用户的问题和需求。

一个完善的售后服务体系应该包括多种渠道用于用户反馈和问题解决。例如，在线客服、电话热线、电子邮件等都可以成为用户与企业沟通的途径。这样一来，用户可以选择他们最方便的方式与企业联系，而企业也能够接收到用户的反馈信息并及时回应。

企业应该设立专门的售后服务团队来处理用户问题。这个团队应该具备丰富的产品知识和技能，能够迅速解答用户的疑问并给予有效的解决方案。通过专业的售后服务团队，用户可以感受到企业的关心和专业性，从而增加对产品的满意度。

及时响应用户的问题和需求也是一个良好的售后服务体系的重要组成部分。当用户遇到问题时，他们希望得到快速的回应和解决方案。因此，企业应该确保在最短的时间内回复用户的咨询，并积极地解决他们的问题。这不仅能够提高用户对产品的满意度，还能增加用户对企业的信任和忠诚度。

最后，企业应该注重售后服务的持续性。售后服务并不仅仅是在销售后的一段时间内提供帮助，而应该是一个长期的过程。企业可以通过定期回访、提供产品维修保养等方式与用户保持联系，并及时解决他们的问题。这样一来，用户会感受到企业对他们的关心和支持，从而更加信任和忠诚于企业品牌。

第四节　科技创新资金策略与渠道

科技创新是推动社会进步和经济发展的重要力量，而资金的支持是科技创新的关键。

一、科技创新资金策略

（一）政府引导和支持

政府在促进科技创新方面扮演着重要的角色。通过制定相关政策和法规，政府可以引导企业和机构增加科技创新投入，从而推动科技创新的发展。

政府可以提供税收减免、研发补贴等优惠政策，激励企业增加研发投入。例如，降低企业的研发成本，减少税收负担，使得企业更愿意投入到科技创新领域。政府还可以设立专门的创新基金，为企业提供财政支持，帮助他们开展科技创新活动。这些政策的出台，能够有效提高企业的科技创新积极性，促进科技创新成果的转化与应用。

政府可以加大对科技创新领域的投资。政府可以设立科技创新专项基金，用于支持具有潜力的科技项目。通过向科技企业提供风险投资、股权投资等方式，帮助他们解决资金难题,推动科技创新的实施。同时,政府还可以鼓励科技企业与高校、科研机构等合作,共同开展科技创新项目。通过组织各方资源,提供专业的技术支持和人才培养,加速科技创新成果的孵化和转化。

政府还可以加强知识产权保护和管理。建立健全的知识产权法律制度,严厉打击侵权行为,保护科技创新成果的合法权益。同时,加强知识产权的宣传教育工作,提高企业和公众对知识产权的认识和重视程度,进一步推动科技创新的发展。

最后,政府可以建立科技创新的评价和监管机制。制定科技创新的评价标准和指标体系,对科技创新项目进行评估和监测,及时发现问题并采取相应措施加以解决。同时,加强对科技创新项目的监管,提高资金使用效益,确保科技创新活动的规范和有效实施。

(二)跨界合作与联合研发

科技创新在当今社会中起着至关重要的作用,而实现科技创新往往需要各个领域的专业知识和资源。为了充分发挥各方的优势,跨界合作和联合研发成为一种重要的资金策略。

跨界合作是指不同领域、不同类型的组织之间建立起合作关系,共同开展科技创新项目。企业可以与高校、科研院所、其他企业等建立紧密的合作关系,通过合作共享资源和风险,降低研发成本,提高科技创新效率。

跨界合作具有多方面的优势。首先,不同领域的专业知识和经验相结合,能够产生更加创新和有竞争力的解决方案。例如,医药企业与生物技术公司合作,在新药研发过程中,可以充分利用生物技术公司的专业知识和技术手段,提高新药研发的成功率。其次,跨界合作可以实现资源的共享和互补,提高科技创新的效率和质量。例如,企业可以与高校合作,共享高校的研究设备和人才资源,加快科研进程。同时,高校可以通过与企业的合作,将科研成果转化为实际应用,促进科研成果的产业化。再次,跨界合作能够降低研发风险。科技创新往往伴随着不确定性和风险,通过与多个合作伙伴共同承担风险,能够减轻企业单独承担风险的压力。

除了跨界合作,联合研发也是一种重要的资金策略。联合研发是指多个组织共同投入资源和资金,共同进行科技创新项目的研发工作。通过联合研发,各方可以共享风险和成本,提高科技创新的效率和质量。例如,多家企业可以联合开展某项关键技术的研发,共同投入研发经费和人力资源,加快技术的研发进度,并在成功后共同分享技术成果。

跨界合作和联合研发对于推动科技创新具有重要的意义。它们能够整合各个领域的专业知识和资源，促进创新思维的碰撞和交流，培养跨学科的人才，推动科技成果的转化和应用。在实施跨界合作和联合研发时，需要建立良好的合作机制和沟通渠道，明确各方的责任和权益，确保合作的顺利进行。同时，政府部门也可以加大对跨界合作和联合研发的支持力度，提供政策和资金等方面的支持，为科技创新搭建更加良好的平台。

（三）公共资源和平台建设

政府可以通过投入资金，建设科技创新园区、孵化器、实验室等基础设施，为企业和创新者提供场地、设备和服务支持，为他们提供一个良好的创新环境。

科技创新园区的建设是促进科技创新的重要举措之一。科技创新园区是集聚高新技术企业和研发机构的地方，提供了专业化的办公场所、配套设施和服务支持。政府可以投入资金兴建科技创新园区，提供优惠政策，吸引企业和创新者入驻。这样的园区不仅能够提供优质的办公环境和基础设施，还可以促进不同企业之间的交流合作，激发创新活力。

孵化器的建设也是公共资源和平台建设的重要内容。孵化器是为初创企业提供孵化和培育服务的机构，通常提供场地、导师指导、资金支持等，帮助初创企业快速成长。政府可以设立孵化器基金，为孵化器提供启动资金，并且制定相应的政策和规定来支持孵化器的运营。通过孵化器的建设，有助于培养和壮大初创企业，推动科技创新的快速发展。

实验室的建设也是公共资源和平台建设的重要组成部分。实验室作为科研和创新的核心场所，需要投入大量的资金和设备来保证其正常运转。政府可以投入资金建设实验室，提供先进的科研设备和技术支持，为科学家和研究人员提供良好的科研环境。实验室的建设不仅有助于推动科技创新的进展，还能够促进科研成果的产出和转化。

除了基础设施建设，建立开放共享的科技创新平台也是公共资源和平台建设的重要内容。政府可以积极引导和支持企业、高校、科研院所等各方在平台上进行合作和交流。通过建立开放的平台，不同领域的专业人才和资源可以互通有无，促进多方的协同创新。政府还可以提供政策支持，鼓励知识产权的共享和合理使用，推动科技成果的转化和应用。

二、科技创新资金渠道

（一）政府科技计划和基金

政府科技计划和基金旨在为企业和科研机构提供资金支持，促进科技成果的转化和应用。政府通过设立专项科技计划和科技创新基金来管理和分配科技创新资金。

1.专项科技计划

政府设立专项科技计划的目的是解决特定领域或行业的关键技术问题，推动相关领域的科技发展。这些计划通常由科技部门或相关主管部门负责组织实施。通过竞争评审等方式，优选出有潜力和创新性的项目，并为其提供经费资助。

专项科技计划可以覆盖多个领域，如信息技术、生物医药、先进制造等，以满足国家战略需求和社会发展的重点。企业和科研机构可以参与这些计划，通过提交项目申请，获得政府的资金支持。这些计划通常会设立一系列的评审标准，如技术可行性、创新性、市场前景等，确保资金的有效利用和科技成果的实际应用。

2.科技创新基金

科技创新基金是政府设立的用于资助具有重要科技创新价值的项目的专项基金。国家自然科学基金和国家科技重大专项等是我国比较知名的科技创新基金。

（1）国家自然科学基金。

国家自然科学基金是由国家自然科学基金委员会管理的资金项目，主要旨在支持基础研究和前沿探索。该基金的设立是为了推动我国科技创新和学术发展，提高科学研究的水平和质量。

国家自然科学基金面向全国范围内的科研机构和高校教师开放申请，资助优秀的基础研究项目。申请者可以根据自己的科研方向和研究计划，向国家自然科学基金委员会提交申请书，并经过评审专家组的审核评定。

国家自然科学基金的资助范围广泛，涵盖了自然科学的各个领域，包括数学、物理学、化学、生物学、地球科学等。资助项目可以是基础理论研究、实验研究、观测调查、数据分析等不同形式的科学研究。

申请获得国家自然科学基金的资助后，研究团队可以利用资金开展科学研究工作，购买实验设备、开展实验室建设、聘请科研人员等。此外，获得资助的项目还可以享受国家自然科学基金委员会提供的学术交流、研究成果发布等支持。

国家自然科学基金作为我国最重要的科研基金之一，在促进科技创新和学术发展方面发挥了重要的作用。通过资助优秀的基础研究项目，推动了科学知识的积累和创新成果的产生，为我国科技进步和社会经济发展做出了积极贡献。

（2）国家科技重大专项。

国家科技重大专项是由国家科技部负责管理的一项资金项目，旨在解决我国面临的国家战略需求和重大科技问题。该专项资助的项目通常具有较高的科技含量和经济社会效益，致力于推动科技创新和产业发展。

国家科技重大专项覆盖了多个领域，涵盖了新材料、节能环保、生物医药、信息技术、先进制造等重要领域。这些领域是国家发展战略的重点，也是我国科技创新的前沿方向。通过资助相关项目的研究与开发，可以加快科技成果的转化应用，提升我国产业竞争力和创新能力。

申请获得国家科技重大专项资助的项目需要符合一定的条件和标准，并经过严格的评审程序。申请者需要提交详细的研究计划和技术路线，说明项目的科技难点和预期成果，同时还需要考虑项目的可行性和经济社会效益。

获得资助的项目可以得到相应的经费支持，用于科研设备购置、试验验证、人才引进等方面。国家科技重大专项还提供相关政策支持和技术咨询服务，帮助项目团队克服技术难题，加速研发进程。

国家科技重大专项作为我国科技创新的重要支撑，对于推动战略性新兴产业发展、解决重大科技难题具有重要意义。通过资助优秀的科技创新项目，促进了科技成果的转化与应用，推动了我国科技实力的提升，为经济社会发展注入了新的动力。

除了上述两个例子，政府还设立了其他一些科技创新基金，如国家社会科学基金、国家重点研发计划等，以满足不同领域和层面的科技创新需求。

（二）银行和金融机构贷款

银行和金融机构贷款对于支持科技创新项目的研发和运营起着关键作用。企业可以通过向银行申请贷款来获得所需的资金支持，以推动科技创新的发展。

企业可以选择向商业银行或其他金融机构申请贷款。申请贷款需要企业提供相应的材料和资料，如贷款申请书、企业资质证明、财务报表等。银行会根据企业的信用状况、还款能力和借款目的等因素进行评估，然后决定是否批准贷款申请以及贷款金额和利率等条件。

一些金融机构也设立了专门的科技创新基金，旨在为科技型企业提供风险投资和创业投资。这些基金通常由政府、银行、风险投资机构等共同组建，专注于支持具有创新性和高增长潜力的科技项目。科技创新基金通过对企业进行评估和尽职调查，选择合适的项目进行投资，并提供资金、资源和管理支持，帮助企业实现科技创新和商业化转化。

在申请贷款或获得投资时，企业需要充分展示自身的科技创新能力和市场潜力。这包括具体的研发计划、技术方案、市场需求和竞争优势等。企业还应提供完整的财务报表和风险评估，以证明其还款能力和项目可行性。

银行和金融机构贷款为企业提供了重要的资金支持，促进了科技创新项目的顺利进行。通过借款或获得投资，企业可以购买研发设备、聘请人才、开展试验验证等，推动科技成果的产出和商业化应用。同时，贷款和投资也有助于提高企业的知名度和市场竞争力，吸引更多的合作伙伴和投资者的关注。

然而，在申请贷款或融资时，企业需要注意合理规划资金运用，并确保按时还款或回报投资者。此外，对于科技创新项目，还需要注意知识产权保护、技术风险管理和市场营销等方面的问题，以确保项目的成功和可持续发展。

（三）科技创新竞赛和奖励

科技创新竞赛和奖励是一种非常有效的促进科技创新的方式，也为创业者提供了获取资金的途径。不仅政府、企业，还有科研机构都会组织各类科技创新竞赛，并对优秀的科技创新项目给予奖励和资金支持。

科技创新竞赛能够激发创业者的创新热情和创造力。通过参与竞赛，创业者可以接触到各种前沿科技领域的问题和挑战，这将促使他们思考解决方案并进行创新尝试。竞赛要求参赛者具备创新思维和实践能力，通过竞争激励，创业者会更加努力地进行科技创新，以追求更好的成果。

科技创新竞赛提供了额外的资金和资源支持。在竞赛中获得奖励和资金支持，对于创业者来说是非常重要的。这些奖励和资金可以用于项目的进一步研发和推进，帮助创业者实现科技创新的商业化转化。竞赛还为创业者提供了与行业专家、投资人和企业高管等交流合作的机会，有助于扩大项目的影响力和资源支持。

科技创新竞赛还能够推动科技进步和产业发展。通过评选出优秀的科技创新项目并予以奖励，可以提升整个科技创新生态系统的水平。这些优秀项目的成果可以促进科技进步和技术升级，推动相关产业的发展和壮大。竞赛还有助于吸引更多的人才参与科技创新，为社会创造更多就业机会和经济增长点。

第五节　风险管理与控制策略

在科技创新市场中,风险管理与控制策略对于企业的成功至关重要。科技创新本身具有较高的不确定性和风险,因此,企业需要采取有效的风险管理和控制策略来应对潜在风险并确保项目的顺利进行。以下是一些常见的科技创新市场中的风险管理与控制策略。

一、制定风险管理计划

风险管理在科技创新市场中可以帮助企业识别、评估和应对各种潜在的风险,保障项目的顺利进行和成功实施。以下是制定科技创新市场风险管理计划的一些建议和策略。

（一）风险评估与量化

在确定了潜在风险后,对其进行评估和量化是非常重要的。通过评估和量化,我们可以确定这些风险发生的可能性以及对项目的影响程度。这样一来,我们就能更好地制定应对策略,做好风险管理工作。

评估风险的第一步是确定风险发生的可能性。我们可以借助概率论和统计学等工具,结合相关数据和经验,对风险进行科学的评估。通过分析过去类似情况的发生频率或者根据专家判断,我们可以估计出风险发生的概率。同时,也要考虑到可能的特殊情况或者未来的不确定性因素,如政策变化、市场波动等,以使评估更加全面准确。

评估风险的第二步是确定风险对项目的影响程度。这一步要考虑风险事件发生后可能对项目带来的负面影响,包括时间延误、成本增加、资源浪费等方面。我们可以通过制定风险评分标准来将风险分类,并对每种风险进行定量或定性的评估。定量评估可以使用数值指标或者模型进行分析,如财务指标、项目进度等;定性评估则侧重于对风险事件可能带来的影响进行描述和分析。

评估和量化风险的最终目的是为了提供决策依据,让项目管理者能够更好地制定风险应对策略。通过评估和量化,我们可以确定哪些风险是高风险、中风险或低风险,从而有针对性地采取相应措施来应对不同级别的风险。同时,还可以根据对风险发生概率和影响程度的评估结果,进行风险的优先级排序,以确保资源的合理利用和风险的有效管理。

（二）风险应对策略

在项目管理中，针对每种风险都需要制定相应的应对策略，以有效地管理和控制风险。

1.防范性措施

这些措施旨在预防风险的发生。例如，在技术风险方面，可以通过增加技术人员的培训和投入，提高项目的技术能力和可行性。另外，加强项目规划和设计阶段的质量控制，确保项目实施的基础工作做得更加细致和全面，从而减少潜在的技术风险。

2.转移风险

有些风险不能完全避免，但可以通过转移给其他方来降低风险的影响。例如，通过购买保险来转移一些非项目内控范围的风险，如自然灾害或法律诉讼。此外，与供应商签订合同来规定明确的责任和赔偿条款，将一些供应链风险转移给供应商，以减轻项目的风险后果。

3.减轻风险后果

对于某些无法完全避免的风险，我们可以采取措施来减轻其对项目的影响。例如，在人力资源风险方面，可以进行备案和培训计划，以确保在关键成员离职或疾病等突发情况下，能够及时调整资源并减少对项目进度和质量的不利影响。

4.接受风险

在某些情况下，风险的潜在影响较小或成本较高，我们可能选择接受风险而不采取进一步的措施。例如，对于一些次要的技术风险，我们可以接受其潜在影响，而将有限的资源用于更重要的风险应对措施上。

5.监控和应急计划

风险应对策略不仅包括预防和减轻风险的措施，还需要制定相应的监控和应急计划。通过建立有效的风险监控机制，可以及时察觉和评估风险的变化，从而能够迅速采取应对措施。同时，制定应急计划，并明确相关人员的职责和行动步骤，以应对风险事件的发生，最大限度地减少风险对项目的影响。

（三）风险监控与预警

在项目实施过程中，建立风险监控与预警机制是非常重要的，它可以帮助项目团队及时了解项目风险的变化和发展趋势，以便及时采取相应的措施来避免风险演变为危机。

1.确定监控指标

需要确定一些关键的监控指标，这些指标可以帮助我们评估项目风险的状态和趋势。例如，成本偏差、进度偏差、质量问题等都可以作为监控指标。同时，还可以根据项目的特点和需求，确定其他适当的指标来监测风险。

2.收集数据

为了进行风险监控，需要定期收集项目相关的数据，包括完成情况报告、问题记录、变更请求等。这些数据可以提供给项目团队进行风险分析和评估。

3.分析风险

通过对收集到的数据进行风险分析，可以识别出潜在的风险点和可能出现的风险事件。对风险的概率和影响进行评估，并确定其优先级。

4.设立预警机制

基于风险分析的结果，可以设立风险预警机制，确保项目团队在风险发生之前能够及时得到警示。预警机制可以包括定期的项目状态评估会议、风险提醒通知和相关报告等。

5.制定应对策略

一旦发生风险预警，项目团队需要立即采取相应的应对措施。这可能包括重新评估项目计划、调整资源分配、加强沟通协调等措施。重要的是，在制定应对策略时考虑影响因素、可行性和效益，并及时执行。

6.监控效果评估

进行风险监控后，需要对应对措施的效果进行评估，检查是否能够控制和减轻风险的影响。如果发现措施不够有效，需要进行调整和改进。

通过建立风险监控与预警机制，项目团队可以及时了解项目风险的变化和发展趋势，及早采取相应的措施，避免风险演变为危机。这样可以提高项目的成功率，确保项目按计划顺利进行。

（四）不断完善和改进

风险管理是一个动态的过程，需要随着项目的推进和市场环境的变化进行评估、学习和改进。

1.定期评估

定期对项目的风险管理进行评估，以了解当前的情况和效果。评估可以包括对已发生风险的后评估和对当前潜在风险的重新评估。这有助于发现潜在的新风险，并对已有风险措施的有效性进行检查。

2.学习经验教训

从项目中吸取经验教训是一个重要的改进方向。通过回顾已发生的风险事件和应对措施，可以识别到风险管理中的不足和问题，进而改进和优化风险管理策略。

3.风险文化建设

建立良好的风险文化是持续改进风险管理的基础。鼓励项目团队成员主动提出风险意识和识别风险的能力，同时促进信息共享和团队间的协作合作。

4.利用技术工具

运用适当的技术工具可以提升风险管理的效率和准确性。例如，利用项目管理软件和风险评估工具，可以更好地跟踪和分析风险，及时调整措施。

5.持续改进

将改进作为一个持续的过程，并与项目的生命周期相结合。风险管理应与项目管理过程紧密结合，不断进行调整和改进。随着项目的推进，可能出现新的风险和挑战，需要采取相应的策略来应对。

在制定科技创新市场风险管理计划时，还需考虑政策法规、行业标准和市场需求等因素。同时，建议企业充分利用现代信息技术手段，如人工智能、大数据等，提升风险管理的效率和准确性。

二、强化内部控制

良好的内部控制对于企业的稳定运作、减少人为失误和降低风险具有重要的作用。企业应该建立健全的内部控制机制，覆盖财务管理、操作流程、信息安全等方面，并加强员工的培训和意识教育，提高风险防控意识。

（一）明确内部控制的目标和原则

内部控制是指企业为达到特定目标而采取的一系列措施和制度，通过明确的责任分工、合理的流程和规范的操作，保护企业的资产安全和利益，并防止欺诈和不正当行为。明确内部控制的目标和原则是确保内部控制机制的有效性和可行性。

内部控制的目标是确保企业的资产安全、准确性和完整性。资产是企业最重要的资源之一，包括财务资产、实物资产和无形资产。内部控制的目标是保护这些资产，防止遭受损失或被盗窃，确保其完整性和准确性。例如，企业可以通过设立审批制度、制定密码访问控制等方式，确保只有经过授权的人员可以访问和操作资产。

内部控制的原则包括责任分离、合理性、适度性、连续性和透明度等。责任分离原则是指将相关操作分配给不同的人员，以减少欺诈和错误的风险。合理性原则是指内部控制措施应当符合企业实际情况和需求,不过分烦琐或复杂。适度性原则是指内部控制应当适应企业的规模、行业和特点,灵活而有效。连续性原则是指内部控制应当持续有效,而不是一时的或临时的。透明度原则是指内部控制应当公开、透明,相关制度和流程应当对内外部人员可见。

(二)建立健全的财务管理内部控制制度

建立健全的财务管理内部控制制度不仅可以确保财务信息的可靠性和准确性,还可以有效管理和控制企业的资金流动和风险。

1.制定和执行财务管理制度

财务管理制度是规范企业财务活动的基本规则和程序,包括会计政策、财务报告制度、审计程序等。企业应根据自身的需求和特点,制定适合自己的财务管理制度,并确保制度的合规性和有效性。例如,企业可以明确会计核算和报告标准,规定财务报表的编制和披露要求,确保财务信息的准确性和真实性。

2.编制和审核财务报表

财务报表是反映企业财务状况和经营成果的重要工具,它能够提供给内外部利益相关者参考和评估。企业应建立完善的财务报表编制制度,确保报表的准确性和合规性。同时,企业应设置专门的财务审核岗位,对财务报表进行审核,确保财务信息的真实性和完整性。企业还应及时披露财务报表,提高信息的透明度和可靠性。

3.确保资金安全

资金是企业正常运营和发展的重要基础,企业应建立健全的资金管理制度,规范资金使用、监控和控制。企业可以采取多种方式来确保资金安全,例如设立专门的资金管理部门,建立合理的资金流动和支付流程,加强内部审批和授权机制,防止未经授权的资金操作和风险的发生。

4.实施内部审计

内部审计是以独立、客观的立场,对企业财务和运营活动进行全面的评估和检查。通过内部审计,可以发现潜在的问题和风险,并提出改进意见和建议,为企业的管理决策提供可靠的依据。企业应建立内部审计制度,明确审计目标和范围,制定审计程序和执行计划,确保内部审计的有效性和可行性。

除了以上几个方面,企业还可以采取其他措施来进一步完善财务管理内部控制制度,如建立健全的风险管理制度、加强内部沟通和协作、培训和提升员工的财务管理能力等。

（三）规范操作流程

规范操作流程可以有效地减少错误和失误的发生，提高工作效率和质量。

1.明确工作流程

明确工作流程是指对企业各项工作的步骤和顺序进行规定和定义。企业可以根据不同的工作内容和特点，制定相应的操作手册或工作指南，明确每个环节的具体步骤和责任人。例如，在采购流程中，可以明确采购申请、采购审批、供应商选择和合同签订等各个环节的具体操作流程，确保每个环节都得到正确执行和监控。

2.明确责任人

明确责任人是指在每个操作环节中明确指定相应的责任人，确保每个环节的责任人对工作负责并能够及时有效地完成工作。责任人应具备相应的专业知识和技能，并清楚了解自己的职责和权限。企业可以通过设立岗位职责和权限矩阵，明确各个岗位的职责和权限，避免责任模糊和工作交叉。

3.制定审批程序

审批程序是指对重要决策和行为进行审核和批准的程序。企业可以根据不同的决策和行为设置相应的审批层级和权限要求，确保决策和行为的合规性和合理性。例如，在资金支出方面，可以设置预算编制、资金申请、资金审批和财务核销等环节，并明确每个环节的审批程序和权限要求，确保资金使用的合规性和有效性。

4.借助信息化技术建立流程管理系统

流程管理系统可以对操作流程进行监控和控制，通过自动化和集成化的方式，提高工作效率和准确性。企业可以选择适合自身需求的信息化解决方案，如工作流管理系统、ERP 系统等，实现对操作流程的在线监控和全程跟踪。

（四）加强信息安全内部控制

加强信息安全内部控制可以确保信息系统和数据的机密性、完整性和可用性，防止信息泄露和网络攻击。

1.建立信息安全管理制度

信息安全管理制度是指通过制定一系列安全政策、规范和流程，明确信息安全管理的目标、原则和具体要求，并确保其得到有效执行和监控。企业可以参考国内外的信息安全管理标准和最佳实践，如 ISO/IEC 27001 等，结合自身实际情况，制定适合自身需求的信息安全管理制度。该制度应包括信息安全政策、访问控制、网络安全、数据备份与恢复、安全事件管理等方面的内容，以确保企业信息资源的安全和可靠性。

2.加强网络安全防护措施

网络安全防护措施涉及网络设备、系统软件、应用软件等方面。企业应建立网络设备和系统软件的安全配置标准，并定期进行安全检查和漏洞修复。同时，企业还应采取有效的防火墙、入侵检测和防护系统等技术措施，防范网络攻击和恶意代码的入侵。此外，企业还可采用加密技术和安全访问控制策略，保障敏感信息的安全传输和存储。

3.对员工进行信息安全教育和培训

员工是信息安全的重要环节，他们的安全意识和行为习惯直接影响着企业的信息安全。因此，企业应定期组织信息安全培训，向员工普及信息安全知识和技能，提高他们对信息安全风险的认识和理解。培训内容可以包括安全政策、密码管理、网络安全、社交工程等方面的内容，并通过实际案例和演练活动增强员工的信息安全防范能力。

除了制度建设，企业还应加强员工的培训和意识教育。通过培训，提高员工对内部控制制度的理解和遵守意识。同时，加强沟通和协作，建立良好的内部控制文化，使每个员工都能够理解和承担自己在内部控制中的责任。

三、寻求外部支持

在科技创新市场中，风险管理和控制策略对企业的成功至关重要。为了有效应对和管理风险，企业需要寻求外部支持，以提供更全面、专业的帮助和资源。

（一）与投资机构建立合作关系

投资机构通常在科技创新领域有着深入的了解和专业的评估能力，他们可以为企业提供风险投资和融资支持，从而帮助企业获取更多的资金和资源，推动企业的发展。

通过与投资机构合作，企业可以获得更多的资金支持。投资机构通常具备丰富的资本实力和资源，他们愿意为具有潜力和市场前景的企业提供风险投资和融资支持。这些资金可以用于技术研发、生产扩张、市场推广等方面，帮助企业实现快速发展和增强竞争力。

投资机构在商业模式和市场拓展方面具有丰富的经验和专业知识。他们可以为企业提供专业指导和建议，协助企业优化商业模式，确保企业的产品或服务能够满足市场需求，并寻找合适的市场定位和营销策略。投资机构还可以通过自身的资源和网络，为企业提供市场拓展的支持，加速企业的业务发展。

此外，与投资机构建立合作关系有助于提高企业的知名度和树立信誉。投资机构通常在行业内具有较高的声誉和影响力，他们的投资行为会引起市场的关注和认可。与优质的投资机构合作，可以使企业获得更多的曝光机会，提升企业在投资者、合作伙伴和客户中的知名度和信誉，进而吸引更多的资源和机会。

（二）寻求专业咨询和服务机构的支持

在科技创新领域，寻求专业咨询和服务机构的支持对企业来说具有重要意义。这些机构可以提供多方面的支持，包括市场研究、技术评估、商业策划等，帮助企业解决知识和经验上的短缺问题，并指导企业制定有效的战略和计划。

专业咨询和服务机构可以提供市场研究和分析的支持。他们具备丰富的市场经验和专业知识，能够帮助企业了解市场趋势、竞争格局以及潜在的商机。通过系统性的市场研究和数据分析，企业可以更准确地定位目标市场、了解消费者需求、制定合适的定价策略等，从而提升产品或服务的市场适应性和竞争力。

专业咨询和服务机构可以进行技术评估和验证。在科技创新领域，技术的可行性和稳定性是企业成功的关键之一。这些机构可以通过专业的技术评估和验证，帮助企业评估技术的可行性、风险和前景，为企业提供技术方面的建议和支持。通过对技术进行全面的评估，企业可以及早发现和解决技术上的问题，降低项目失败的风险。

专业咨询和服务机构还可以提供商业策划和管理方面的支持。他们可以对企业的商业模式、组织架构和管理流程进行评估和优化，帮助企业提高运营效率和管理水平。这些机构还可以协助企业制定长期战略规划和市场推广策略，以确保企业在竞争激烈的市场环境中具备可持续发展的能力。

此外，一些专业咨询和服务机构还提供人才培养和招聘方面的支持。他们可以帮助企业引进具有相关专业背景和经验的人才，提升团队的能力和素质。这些机构可以根据企业的需求，进行人才市场调研、招聘流程管理、员工培训等工作，为企业提供全方位的人力资源支持。

第六节 科技创新市场中的回报与价值实现

随着科技的不断进步和创新，科技创新市场在全球范围内逐渐崛起。科技创新市场涉及多个领域，包括信息技术、生物技术、新能源等等。在这些领域中，科技企业通过创新研发出更先进的产品和技术，为社会带来了巨大的经济和社会效益。而科技创新市场的回报和价值实现是科技企业和投资者关注的重要问题。

一、经济层面

科技创新对于经济的发展具有重要意义，它不仅可以促进产业升级和增加就业机会，还可以带来回报和实现价值。

（一）回报实现

1.经济增长

科技创新是推动经济增长的重要驱动力之一。通过引入新技术和改进生产方式，科技创新可以提高生产效率和产品质量，促进企业竞争力的提升，进而推动整体经济的增长。例如，信息技术的快速发展使得数字经济蓬勃发展，为经济增长注入了新动力。

2.就业机会增加

科技创新带来了新的产业和业务模式，从而创造了大量的就业机会。在新兴产业领域，如人工智能、物联网、新能源等，科技创新为各类专业人才提供了广阔的就业空间。同时，科技创新也促进了传统产业的升级转型，为劳动力提供了更多的就业机会。

3.产业升级

科技创新可以推动产业结构的升级和优化。通过引入新技术和创新业务模式，传统产业可以实现转型升级，提高竞争力和附加值。例如，制造业的数字化和智能化改造，使得传统工厂具备了更高的自动化水平和生产效率，提高了产品质量和市场竞争力。

4.创新驱动发展

科技创新是实现创新驱动发展战略的核心要素。通过加大科研投入、优化知识产权保护制度等措施，科技创新可以激发企业创新活力，培育新的增长点和竞争优势。同时，科技创新也可以促进产学研结合，推动科研成果转化为实际生产力，进一步推动经济发展。

（二）价值实现

1.技术进步

科技创新可以带来技术的不断进步和突破。通过研发新技术和应用创新，科技创新可以满足人们对于更高品质生活和更高效生产方式的需求，提高社会生产力水平。例如，人工智能技术的应用使得许多领域如医疗、金融、交通等都得到了质的提升。

2.社会福利提升

科技创新可以改善人们的生活质量和社会福利。通过研发出更加智能、便捷的产品和服务，科技创新为人们提供了更多的选择和便利。例如，移动支付、共享经济等新兴业态的出现，使得人们的生活更加便利和丰富。

3.品牌溢价效应

科技创新可以带来品牌的溢价效应。通过不断推陈出新的科技创新，企业可以树立起创新领域的品牌形象，赢得消费者的认可和忠诚度。这种品牌溢价效应可以使企业在市场上取得更高的定价能力和市场份额。

二、社会层面

科技创新在现代社会中具有重要的作用和价值，它不仅推动了经济的发展，还改变了人们的生活方式和社会结构。在科技创新市场中，回报与价值实现是吸引投资者和企业参与创新活动的重要因素之一。

（一）社会发展

科技创新对社会发展具有重要意义。科技创新不仅推动了经济的发展，还带来了许多社会福利。

医疗技术的创新使得医疗资源更加丰富和普惠，提高了人们的健康水平和生活质量。随着科技的进步，医疗设备、诊断技术和治疗方法得到了大幅度改进。例如，医学影像技术的发展使得疾病的早期筛查和准确诊断成为可能，提高了治疗效果和生存率。生物技术和基因工程的突破，使得某些传统难以治愈的疾病可以通过基因治疗等手段得到有效控制。移动医疗技术的出现，使得人们可以随时随地进行健康监测和咨询，提高了医疗服务的便捷性和效率。

信息技术的创新使得信息获取更加便捷和快速，促进了教育和文化的发展。互联网的普及和数字技术的进步，使得人们可以随时获取各种信息资源。教育领域的在线学习平台和远程教育系统，为学生提供了更加灵活和个性化的学习方式。同时，数字图书馆和电子阅读器的普及，使得人们可以轻松获取各种书籍和文献资料，促进了知识传播和文化交流。社交媒体和在线社区的兴起，也为人们提供了更广泛的交流和合作平台，促进了社会的联系和共同发展。

（二）社会结构和产业格局改变

科技创新对社会结构和产业格局的改变具有重要影响。科技创新引发了产业格局的变革。随着科技的进步和创新的不断涌现，传统产业面临着转型和升级的压力。一些新兴产业和高新技术企业崛起，成为经济增长的新动力。例如，人工智能、大数据、物联网等新兴技术的应用推动了数字经济的快速发展，带动了云计算、电子商务、智能制造等相关产业的兴起。这些新兴产业的崛起改变了传统产业的竞争格局，促使企业进行技术创新和转型升级，提高了整体产业的竞争力。

科技创新也对社会结构产生了深远影响。随着互联网、智能手机等信息技术的普及，人们的生活方式和社交方式发生了巨大变化。互联网的普及使得信息获取更加便捷，人们可以通过网络获得各种知识和资源。智能手机的普及使得人们可以随时随地进行沟通和交流，改变了传统的时间和空间限制。科技创新也催生了共享经济和平台经济的兴起，改变了传统的产业和就业模式。例如，共享出行、共享住宿等模式的出现，重新定义了交通和旅游行业，促进了资源的更好利用和社会协同。

回报与价值实现是科技创新市场中的重要问题。在科技创新市场中，投资者通常会关注项目的潜在回报率和风险水平。对于初创企业而言，投资者往往更加关注其技术创新的独特性和市场前景。而对于成熟企业来说，投资者可能更加关注其创新能力和持续竞争优势。政府的支持和政策环境也对科技创新的回报和价值实现起到了重要作用。

为了实现科技创新市场中的回报与价值实现，需要加强科技创新的基础研究和人才培养，提高科技创新的核心竞争力；加强科技创新的国际合作与交流，吸引全球优秀的科学家和创新团队参与到科技创新中；还需要改善投资环境和金融体系，为科技创新提供更多的资金支持和风险投资。

三、环境层面

科技创新市场中的回报与价值实现不仅仅局限于经济和社会层面，还涉及环境层面的考量。

（一）环境保护

传统产业模式往往伴随着高能耗、高排放和资源浪费，给环境造成了巨大的压力。而科技创新可以提供解决方案，推动产业向清洁、低碳、循环的方向转型。以下将以新能源技术和清洁生产技术两个方面来说明科技创新对环境保护的影响。

1.新能源技术

新能源技术的创新使得太阳能、风能、水能等可再生能源得到更广泛的应用，减少了对传统化石能源的依赖，降低了碳排放和空气污染。传统能源的开采和利用往往会导致大量的温室气体排放和大气污染物的释放，加剧了全球气候变化和环境问题。而新能源技术的创新，如太阳能光伏发电、风能发电、水力发电等，利用自然界的可再生能源进行能源转换，不仅减少了对化石能源的需求，还减少了温室气体的排放和空气污染物的产生。这种清洁能源的应用不仅有助于减少环境污染，还可以提供可持续的能源供应，促进能源结构的转型和优化。

2.清洁生产技术

清洁生产技术的引入和应用，可以减少废弃物和污染物的排放，提高资源利用效率，降低环境风险。传统的生产方式往往存在着大量的废弃物和污染物的产生，对环境造成了严重的破坏。而清洁生产技术的创新，通过优化工艺流程、提高能源利用效率、循环利用废料等手段，实现了生产过程中的废弃物减量化和资源高效利用。例如，节能环保的制造工艺、绿色材料的应用、无废弃的循环生产等都是清洁生产技术的体现。这些技术的应用使得生产过程更加环保和可持续，减少了对环境的负面影响。

科技创新在环境保护中发挥着重要作用。它不仅提供了解决方案和技术手段，推动了产业的转型和升级，也改变了人们的生活方式和消费习惯。

（二）生态效益

科技创新不仅在环境保护方面发挥重要作用，还带来了生态效益。生态效益是指通过保护和恢复自然生态系统，促进生物多样性和生态平衡，为人类社会带来的长期利益。

生态恢复技术通过植被修复、湿地保护、水体治理等手段，改善受损的生态环境，提升生物多样性和生态系统的稳定性。例如，在破坏严重的生态系统中，可以采用人工引种、树木造林等措施，加速植被的恢复和土壤的修复，重建起生态系统的功能。湿地保护和河流治理可以恢复湿地生态系统的功能，提供生物栖息地和水资源的净化功能。这些生态恢复技术的应用，使得受损的生态系统得到修复和重建，提高了生态系统的弹性和抗干扰能力。

先进的监测和预警技术可以帮助及早发现和防范生态环境的问题，降低环境风险。通过遥感技术、无人机等手段，可以对大范围的生态环境进行监测，获取高精度的数据和信息。这些数据和信息可以用于评估生态系统的健康状况、动态变化以及可能存在的威胁因素。同时，结合人工智能和大数据分析等技术，可以建立预警系统，及时发出预警信号，引导相关部门采取措施应对潜在的环境风险。这样可以减少环境灾害的发生，保护生态系统的稳定性和可持续性。

科技创新还促进了生态产业的发展，实现了经济效益与生态效益的双赢。生态产业是指以生态资源为基础，以生态服务和环境友好型产品为核心，推动经济增长和环境保护的产业形态。

通过科技创新，开发了一系列的生态产业，如生态农业、生态旅游、环保工程等。生态农业通过有机种植、生态养殖等方式，实现了农业的可持续发展和生态系统的保护。生态旅游以保护自然环境为前提，提供独特的生态体验和旅游服务，促进了地方经济的发展和文化的传承。环保工程利用先进的技术和设备，处理废水、废气、固体废弃物等污染物，减少环境污染，保护生态环境。这些生态产业的发展不仅为地方带来了经济效益，还保护了生态资源和生态环境，实现了经济增长与生态效益的良性循环。

在科技创新市场中，回报与价值实现的环境层面考量是至关重要的。投资者和企业需要关注项目的环境影响以及环境管理和保护措施的有效性。政府在制定政策和提供支持时，也应该考虑到环境保护的目标。社会各界应该加强环境意识和责任意识，积极参与环境保护行动，推动科技创新的环境友好型发展。

为了实现科技创新市场中的回报与价值实现的环境层面，需要加强环境监测和评估，及早发现和解决环境问题，确保科技创新的可持续性和环境友好性；加强环境法律法规和政策的制定和执行，建立健全的环境保护体系，促进企业和个人遵守环境规定和标准；加强科技创新的国际合作和交流，共同应对全球性的环境问题，推动环境保护事业的全球发展。

然而，科技创新市场的回报与价值实现也面临一些挑战和难题。首先是技术风险和不确定性。科技创新需要大量的研发投入和时间，但并不是每一个创新项目都能够成功并获得经济回报。投资者需要承担技术风险，并对创新项目的成功潜力进行评估和把握。其次是市场风险和竞争压力。科技创新市场往往存在激烈的竞争和快速变化的市场环境，投资者需要关注市场需求和竞争态势，以保持自身的竞争优势。此外，政策环境和法律法规也会对科技创新市场的回报和价值实现产生影响，投资者需要关注相关政策和法规的变化，并做出相应的调整和应对。

第六章　科技创新的法律与道德问题

第一节　科技创新的法律框架

为了促进科技创新的持续发展，保护创新者的权益，并合理管理科技创新带来的各种挑战和风险，建立一个完善的法律框架是必不可少的。

一、数据保护和隐私权

随着信息技术的快速发展，数据成了科技创新的核心和驱动力。然而，数据的收集、处理和利用也带来了一系列的隐私和安全风险。为了保护个人的隐私权，建立一个完善的数据保护和隐私权的法律框架是必不可少的。

（一）数据保护法律的基本原则

数据保护法律框架应该以下基本原则为指导。

1.合法性和公正性

合法性和公正性是数据收集、处理和利用的重要原则。根据法律规定，数据的获取和使用必须遵守相关法律法规，并且需要个人的明确同意。

在数据的收集过程中，必须依法进行。这意味着数据处理方必须遵循国家或地区的相关法律法规，包括个人信息保护法、隐私权法等。只有在符合法律规定的情况下，才能合法地收集个人数据，而非通过非法手段获取。这可以保证个人数据的合法性。

在数据的处理过程中，应当保持公正性。数据处理方不得偏袒或滥用个人数据。所有数据处理活动都应当遵循公平原则，不损害个人权益。例如，在招聘过程中，不能因为某些个人特征而歧视求职者；在金融领域，不能因为个人信用状况而拒绝提供服务。公正性的原则可以确保数据的合理和公正的使用。

数据的处理过程应当公开透明。数据处理方应当向公众公开数据处理活动的目的、方式、范围等相关信息，以保障公众对于数据处理活动的知情权。公开透明可以帮助个人了解自己的数据被如何使用，并且监督数据处理方是否遵守合法性和公正性原则。

2.限定目的和最小化原则

根据这些原则,数据的收集和使用应当明确具体的目的,并且仅在达到这些目的的范围内进行。同时,数据的收集量应当限制在必要范围内,避免过度收集和滥用个人信息。

限定目的是指在进行数据收集和使用时,需要明确具体的目的。数据处理方需要明确自己为何收集这些数据以及如何使用这些数据。例如,在电商平台上,收集用户的购买记录可以用于个性化推荐和订单管理等目的。通过明确目的,可以保证数据的合法使用,防止数据被滥用或超出范围使用。

最小化原则是指数据的收集量应当限制在必要范围内。数据处理方应当根据实际需求确定所需的数据类型和数量,并尽量避免收集不必要的个人信息。例如,在进行市场调研时,只收集与调研主题相关的数据,而不需要获取个人的敏感信息。通过遵循最小化原则,可以减少个人信息的泄露风险,保护个人隐私。

限定目的和最小化原则的遵守有助于保护个人隐私和数据安全。它们要求数据处理方在收集和使用数据时,明确目的、合法合规,并且尽量减少对个人隐私的侵扰。此外,数据处理方还应当定期评估数据收集和使用的必要性,及时删除不再需要的个人信息,以避免过度保留个人数据。

3.数据质量和准确性

数据处理过程应当确保数据的准确性,并及时对数据进行更新,以防止因错误或过期数据而导致不良后果的发生。

数据的准确性是指数据应当真实、完整和可靠。数据处理方在收集和存储数据时,应当采取合适的措施来确保数据的准确性。例如,通过有效的验证机制,确保数据来源的可信度;通过数据清洗和校验,排除数据中的错误和冗余信息。同时,在数据使用过程中,需要遵循正确的数据操作方法,确保数据的准确性得到保持。

数据的及时更新是确保数据质量的重要环节。数据处理方应当定期检查和更新数据,以保证数据的时效性和有效性。特别是在涉及变动较大的领域,如人口统计数据、市场调研数据等,需要及时更新数据,以反映最新的情况。通过定期更新数据,可以避免因过期数据而导致的决策失误或信息不准确的问题。

为了确保数据的质量和准确性,数据处理方还应当建立健全的数据管理机制和质量控制体系。这包括设立数据管理责任人,制定数据管理规范和流程,进行数据质量评估和监控,及时发现和纠正数据问题。此外,加强数据的备份和安全保护,以防止数据的意外丢失或篡改。

4.安全性和保护措施

安全性和保护措施是数据处理过程中的重要考虑因素。数据处理方应当采取必要的安全措施，以确保数据的机密性、完整性和可用性，防止数据泄露、滥用和破坏。

数据的机密性需要得到保障。数据处理方应当采取适当的措施来防止未经授权的访问和披露敏感数据。这包括使用加密技术对数据进行加密，限制数据访问权限，建立访问控制机制等。同时，也需要对数据传输过程中的安全进行保护，例如使用安全协议（如 SSL/TLS）来加密数据传输通道，防止数据在传输过程中被窃听或篡改。

数据的完整性是指数据在存储和传输过程中没有被篡改或损坏。为确保数据的完整性，数据处理方应当采取相应的措施，如使用数据校验和算法、数字签名等来验证数据的完整性，防止数据被恶意篡改或损坏。

数据的可用性也是安全性的重要方面。数据处理方应当确保数据可以在需要时正常使用和访问，防止数据丢失或无法恢复。为此，需要建立合理的数据备份和恢复机制，定期进行数据备份，并确保备份数据的完整性和安全性。

除了上述措施，数据处理方还应当建立健全的安全管理体系，包括制定安全策略和流程、加强员工的安全意识培训、建立监控和报警系统等。同时，需要及时更新和升级安全技术和防护措施，以应对不断演变的安全威胁和攻击手段。

（二）个人信息的收集和使用

法律框架应明确规定个人信息的收集和使用条件，包括以下几个方面。

1.明示同意和知情权

个人信息的收集和使用应当经过个人的明确同意，并且告知个人数据处理的具体目的、范围和方式。个人应有权了解和掌握自己的信息被谁收集、使用以及如何保护。

个人信息的收集和使用必须基于个人的明示同意。数据处理方在收集个人信息前，应当明确告知个人信息的用途，并征得个人的同意。个人的同意可以通过书面、口头、在线点击等形式进行，但必须是自愿、明确且可撤销的。只有在取得个人明确同意的情况下，才能合法地进行个人信息的收集和使用。

个人应有权了解自己的信息被谁收集、使用以及如何保护。数据处理方应当向个人提供充分的信息，包括数据处理方的身份、联系方式，个人信息收集的具体目的、范围和方式，以及个人信息的安全措施等。个人有权知道自己的信息被如何使用，是否与第三方共享，以及是否跨境传输等情况。个人还有权了解自己的信息是否被匿名化处理或用于个性化推荐等特定目的。

2.特殊敏感信息的保护

特殊敏感信息的保护是个人信息处理中的重要方面。特殊敏感信息包括个人的健康状况、住址等，这些信息应当得到特别的保护。在未经明确同意的情况下，禁止收集和使用特殊敏感信息，除非法律另有规定。

特殊敏感信息的保护是出于尊重个人隐私和尊严的考虑。这些信息与个人的身体健康、个人特征等紧密相关，泄露或滥用可能对个人产生严重的负面影响。因此，在处理特殊敏感信息时，需要采取额外的保护措施，以确保其安全性和机密性。

未经明确同意禁止收集和使用特殊敏感信息。数据处理方在处理特殊敏感信息前，必须获得个人的明确、自愿的同意。个人的同意必须是知情的、明确的，并且可以随时撤回。如果没有合法依据或个人明确同意，数据处理方不得收集、存储或使用特殊敏感信息。

特殊敏感信息的保护还需要根据法律的具体规定进行。在某些情况下，法律可能允许特殊敏感信息的收集和使用，但必须符合特定条件和目的，并采取必要的安全保护措施。例如，医疗机构在处理个人健康信息时需要遵守医疗保密法律法规，并确保数据的安全性和机密性。

3.数据主体权利保护

个人对于自己的个人信息拥有一系列权利，包括访问、更正、删除等权利，并且有权拒绝或撤回对个人信息的使用授权。个人还应有权了解自己数据被处理的情况，以及是否存在数据泄露的风险。

个人有权访问自己的个人信息。个人可以向数据处理方请求获取自己的个人信息，并了解这些信息被如何收集、使用和存储。数据处理方应提供适当的方式，使个人能够行使访问权，并在合理时间内提供相关数据。

个人有权更正不准确或过时的个人信息。如果个人发现自己的信息有错误或需要更新，可以要求数据处理方进行更正。数据处理方应与个人配合，及时修正个人信息中的错误或更新信息，以确保信息的准确性和完整性。

个人有权删除自己的个人信息。在某些特定情况下，例如个人撤回同意或数据处理不再符合法律规定，个人有权要求数据处理方删除与自己相关的个人信息。数据处理方应尽快响应个人的请求，并采取必要措施删除相应的信息。

除了访问、更正和删除权利，个人还有权拒绝或撤回对个人信息的使用授权。个人可以根据自己的意愿，决定是否同意数据处理方使用和披露自己的个人信息。

个人还应有权了解自己的信息被如何处理,包括数据的用途、共享情况以及可能存在的风险,如数据泄露的风险。

(三)数据安全和保护措施

为了确保数据的安全性和保护,法律框架需要规定以下方面。

1.安全措施的要求

为保护个人信息的安全,数据处理者应采取必要的技术和组织措施。这些措施旨在防止数据泄露、滥用和破坏。以下是一些常见的安全措施:

数据加密:通过使用加密算法对个人信息进行加密,确保即使在数据被未经授权的访问时,也无法读取或理解其中的内容。

访问控制:建立适当的访问控制机制,限制对个人信息的访问权限。只有经过授权的人员才能访问特定的个人信息,并根据需要实行不同级别的权限控制。

网络安全:采取网络安全措施,包括防火墙、入侵检测系统、安全审计等,以保护网络环境免受未经授权的访问和攻击。

数据备份与恢复:建立合理的数据备份和恢复机制,确保个人信息在意外情况下的安全性和可用性。定期备份数据,并测试恢复过程,以确保数据的完整性和可靠性。

员工培训和意识提升:加强员工的安全意识培训,教育员工关于信息安全的重要性,以及如何正确处理和保护个人信息。

安全审计与监控:建立安全审计和监控系统,对数据处理过程进行实时监测和记录,发现异常活动或潜在威胁,并采取相应的应对措施。

这些安全措施旨在确保个人信息的机密性、完整性和可用性。数据处理者应根据具体情况评估风险并采取适当的技术和组织措施,以保护个人信息免受未经授权的访问、滥用和破坏。同时,数据处理者还应定期评估和更新安全措施,以适应不断演变的安全威胁和技术环境。

2.数据传输的安全保障

在个人信息的跨境传输中,数据处理者应采取必要的安全措施,以确保数据的安全性和保护。以下是一些常见的数据传输安全保障措施。

加密传输:在个人信息跨境传输过程中,使用加密技术(如 SSL/TLS 协议)对数据进行加密,防止数据在传输过程中被窃听、篡改或泄露。

安全协议与通道保护:建立安全的通信协议和通道,确保数据在传输过程中的机密性和完整性。采用安全的通信协议和加密算法,如 HTTPS,以保护数据的安全传输。

身份验证与访问控制：在数据传输的接收端，进行身份验证和访问控制，只允许经过授权的接收方访问和接收数据。通过身份验证和访问控制，防止未经授权的访问和数据泄露。

安全存储与防范措施：在数据传输结束后，数据处理者应采取相应的安全存储措施，如加密存储、备份和灾备等，以保护数据的安全性和完整性。

法律合规性：遵守涉及个人信息跨境传输的相关法律法规，根据法律要求履行必要的报告、通知和审批程序。

通过采取这些安全措施，数据处理者可以确保个人信息在跨境传输过程中得到充分的保护。数据处理者应根据具体情况评估风险并采取适当的技术和组织措施，以保障数据的安全传输和保护。

二、反垄断和公平竞争

随着科技行业的迅速发展和科技巨头的崛起，确保市场公平竞争和防止垄断现象的法律框架变得尤为重要。

（一）反垄断法律框架

反垄断法律框架旨在防止市场上的垄断行为和不正当竞争，维护市场的竞争秩序和消费者权益。以下是一些关键要素。

1.禁止滥用市场支配地位

禁止滥用市场支配地位是反垄断法的一项重要内容，其目的是保护市场竞争、维护公平和促进经济发展。滥用市场支配地位是指市场主导者利用其垄断或支配地位，采取不正当手段获取不公平优势。

在市场经济中，一些企业可能因为其技术、规模、品牌知名度等原因获得了市场支配地位。然而，这种市场支配地位并不意味着企业可以任意行事，他们有义务遵守公平竞争的原则，不得滥用其地位牟取不正当利益。

为了防止市场主导者滥用市场支配地位，各国都制定了相关的反垄断法律和监管机构。这些法律和机构负责监督市场行为，对涉嫌滥用市场支配地位的企业进行调查和处罚。一旦发现滥用行为，相应的制裁将会施加，包括罚款、强制性结构调整、限制市场份额等措施。

2.合并审查

合并审查是指根据反垄断法律框架，对潜在的合并和收购进行审查的过程。这一程序旨在避免形成过于集中的市场结构，以防止垄断现象的出现。

在市场经济中，企业之间的合并和收购是常见的商业行为。然而，如果这些合并和收购导致市场过度集中，可能会对消费者、竞争和整个经济体系产生负面影响。为了维护公平竞争和保护消费者权益，许多国家都制定了反垄断法律。

合并审查的目的是评估潜在合并或收购对市场竞争的影响。通常由专门的反垄断机构或监管机构负责进行审查，例如美国的联邦贸易委员会（FTC）和欧洲联盟的欧洲委员会。

在审查过程中，相关机构会对合并或收购交易进行综合评估。他们会考虑各种因素，如市场份额、竞争程度、市场进入障碍等。如果合并或收购被认为会导致市场过度集中或垄断，审查机构可以采取一系列措施，如要求合并方出售部分业务、限制市场份额或完全阻止交易的进行。

合并审查的重要性在于保护市场竞争和消费者权益。它可以防止垄断企业通过合并或收购来进一步扩大其市场份额，限制其他竞争对手的发展空间，从而损害消费者利益和市场公平竞争。

3.处罚和补救措施

反垄断法律框架规定了对违反竞争法规定的企业可能采取的处罚和补救措施，以确保公平竞争和维护市场秩序。这些措施包括罚款、限制经营等。

罚款是一种常见的处罚措施。当企业被认定为违反反垄断法规定时，相关机构可以对其处以巨额罚款。罚款的数额通常根据违法行为的严重程度和企业的经济实力来确定。罚款的目的在于惩罚违法企业，并给其他企业树立警示作用，以防止类似行为的再次发生。

限制经营也是一种常见的处罚措施。当企业滥用市场支配地位或限制竞争时，相关机构可以采取一系列限制措施，如限制其市场份额、限制价格策略、限制区域扩张等。这些限制措施旨在防止企业进一步扩大其市场影响力，恢复公平竞争环境。

除了上述措施，反垄断法律框架还可以采取其他补救措施，如强制许可、监管监督等。这些补救措施的具体选择取决于违法行为的性质和严重程度，以及对市场竞争的影响。

4.促进创新和竞争

反垄断法律框架不仅致力于打击垄断行为和维护市场竞争的公平性，还鼓励创新和竞争的发展。通过保护知识产权、减少市场准入壁垒等措施，反垄断法律框架促进了科技创新和市场竞争。

保护知识产权是反垄断法律框架中的重要一环。知识产权包括专利、商标、版权等，是创新活动的重要支撑和保护。反垄断法律框架通过确保知识产权的合法性和有效性，鼓励企业进行创新投入，并保护他们的独特技术或产品免受不正当竞争的侵害。这样可以激励企业进行更多的研发和创新，推动科技进步和经济发展。

反垄断法律框架致力于减少市场准入壁垒，鼓励市场竞争。市场准入壁垒是指阻碍新进入者进入市场的各种障碍，如高昂的资金需求、专有技术壁垒、行业准入许可等。反垄断法律框架通过监管机构的介入，确保市场准入过程的公平性和透明度，防止市场主导者滥用其地位设置不合理的准入壁垒。这样可以鼓励更多的企业进入市场，增加市场竞争程度，促进创新和效率的提升。

反垄断法律框架还注重打击不正当竞争行为，维护公平竞争环境。不正当竞争行为包括虚假宣传、商业诋毁、串通投标等，这些行为会损害消费者权益和市场公平竞争。通过制定反垄断法律规范这些行为，并采取相应的执法措施，可以维护公平竞争环境，鼓励企业通过真实的市场竞争来获取优势。

（二）公平竞争法律框架

公平竞争法律框架旨在维护市场公平竞争环境，防止不正当竞争行为。以下是一些关键要素。

1.消费者权益保护

法律规定了一系列措施，以保护消费者免受虚假广告、欺诈行为等违法行为的侵害，并确保其享有合理的购物体验和权益。

针对虚假广告，公平竞争法律框架规定了相关的处罚和补救措施。虚假广告是指企业或商家发布具有误导性的广告内容，以获取不当利益或误导消费者购买产品或服务。根据法律规定，一旦发现虚假广告行为，相关机构可以对其进行罚款、警告甚至撤销广告许可证等处罚。消费者也可以通过起诉或向相关部门投诉来寻求补救，获得赔偿或退货等权益。

公平竞争法律框架还关注欺诈行为的打击和保护消费者权益。欺诈行为是指企业或商家故意欺骗消费者，以获取不正当利益的行为。法律规定了对欺诈行为的严厉处罚，包括罚款、吊销营业执照等。消费者也可以通过向相关机构举报欺诈行为，保护自身权益。

除了对违法行为的处罚和补救措施，公平竞争法律框架还加强了对消费者权益的宣传和教育。相关机构会定期发布消费者权益保护的宣传资料，提供消费者投诉渠道和维权途径，以帮助消费者更好地了解和维护自己的权益。

2.促进市场透明度和信息披露

公平竞争法律框架重视促进市场透明度和信息披露，以确保消费者能够获取充分的信息并做出明智的购买决策。

市场透明度是公平竞争的基础。相关法律要求企业在市场交易过程中提供真实、准确、完整的信息，确保消费者了解产品或服务的价格、质量、特性、成分、产地等重要信息。这样的要求有助于消除不对等信息的障碍，让消费者在选择商品时更加明智。

信息披露是保障市场透明度的重要手段之一。根据公平竞争法律框架，企业有义务向消费者披露相关信息，如产品的性能参数、使用方法、安全注意事项、售后服务等。通过充分的信息披露，消费者可以更好地了解产品或服务的细节，从而做出符合自身需求的决策。

为了确保信息披露的有效性，公平竞争法律框架也规定了对虚假宣传和误导性信息的惩罚措施。一旦发现企业故意提供虚假信息或误导消费者，相关机构可以对其进行罚款、警告等处罚。同时，消费者也有权利通过起诉或向相关部门投诉来寻求补偿和维权。

除了法律的规范，公平竞争法律框架还鼓励企业自主加强信息披露。一些企业为了提升市场形象和消费者信任度，主动公开产品信息、质量检测报告等，以展示其诚信和负责任的态度。

在科技创新领域，一些国家和地区还专门制定了针对科技公司和数字平台的监管措施，以应对特定的问题和挑战。例如，欧盟的数字市场法规和美国的互联网巨头监管等。

需要注意的是，随着科技创新的迅猛发展，反垄断和公平竞争法律框架也面临着新的挑战和调整。在制定和实施这些法律框架时，需要与科技行业的快速变化和复杂性保持同步，并采取灵活的措施来应对新兴问题，如数据隐私、平台经济等。

三、风险评估和管理

随着科技的快速发展，各种新兴技术的出现给社会带来了巨大的机遇和挑战。在这个过程中，科技创新不可避免地涉及一系列的风险，包括技术安全风险、伦理道德风险、法律合规风险等。因此，建立一个有效的法律框架来评估和管理科技创新的风险至关重要。

（一）风险评估

风险评估是科技创新法律框架中至关重要的一环，它有助于科技创新者全面了解潜在风险并制定相应的管理措施。在进行风险评估时，需要考虑以下几个方面。

1.技术可行性评估

科技创新项目的成功与否很大程度上取决于其技术可行性。因此，科技创新者需要评估技术难度、资源需求、研发周期等因素，并确定是否具备实现项目目标的能力。

2.市场需求评估

科技创新必须满足市场需求才能取得商业成功。因此，科技创新者需要评估目标市场的规模、竞争情况、消费者需求等因素，以确定项目的商业可行性和市场前景。

3.伦理和社会影响评估

科技创新往往涉及伦理和社会问题，如隐私保护、数据安全、人工智能道德等。科技创新者需要评估项目对社会和个人的影响，并确保其符合伦理规范和法律法规。

4.环境影响评估

科技创新也会对环境产生影响，如电子废物、能源消耗等。科技创新者需要评估项目对环境的影响，并采取相应的环境保护措施。

为了进行有效的风险评估，可以采用一些常用的方法和工具，如SWOT分析、风险矩阵、案例研究等。此外，政府、学术界和专业机构也可以提供相关的指导和支持，为科技创新者提供必要的帮助。

（二）风险管理

风险管理是科技创新法律框架中不可或缺的一环，它旨在减轻和管理科技创新所面临的各种风险。在风险管理过程中，可以采取以下措施。

1.技术安全管理

科技创新涉及信息技术、网络安全等方面，因此需要建立相关的技术安全管理措施。这包括制定技术标准和规范、加强技术审查和监管、提供安全培训等。科技创新者应确保其技术安全措施符合最新的安全要求，并及时更新和改进。

2.伦理规范管理

科技创新往往涉及伦理和道德问题，如人工智能的道德准则、基因编辑的伦理规范等。科技创新者应遵守相关的伦理规范，确保科技创新符合社会伦理价值和道德原则。政府和学术界也应制定相关的指导方针和伦理框架，引导科技创新走向正确的道路。

除了以上措施,还需要建立有效的监管机制和法律责任体系。政府应加强对科技创新的监管和执法力度,确保科技创新符合法律和伦理要求。对于违法违规行为,应依法追究责任,并给予相应的处罚。还应鼓励企业和科技创新者自主进行风险管理,加强内部管理和自律,确保科技创新的安全和可持续发展。

除了风险评估和管理,科技创新的法律框架还应包括其他重要内容。建立健全的知识产权制度,保护科技创新的成果和创新者的权益;建立科技创新的审批和监管机制,确保科技创新符合法律和伦理要求;还应加强对科技创新的信息公开和知情同意的保护,确保公众对科技创新有充分了解和参与。

第二节 科技创新中的知识产权保护

科技创新是推动社会进步和经济发展的重要驱动力,而知识产权保护则是保障创新者合法权益、促进创新活动持续开展的重要保障机制。下面将从知识产权保护的重要性、知识产权的种类以及当前科技创新中的知识产权保护问题等方面进行阐述。

一、知识产权保护的重要性

知识产权是指人们在科学、文学、艺术、发明创造等领域中所拥有的独特的知识和创造成果,包括专利权、商标权、著作权、商业秘密等。知识产权保护对于科技创新具有重要意义。

(一)保护创新者权益

保护创新者权益的重要性无法忽视。知识产权的有效保护能够确保创新者享有其创造的独立权利,使其能够获得应有的回报和利益,进而激励创新活动的持续开展。

知识产权保护是对创新者辛勤劳动的肯定和鼓励。无论是科学技术领域的发明家、文化艺术领域的创作者,还是商业领域的企业家,他们在创新过程中付出了巨大的心血和努力。如果没有知识产权的保护,创新者的成果可能会被他人非法使用、复制或篡改,导致创新者的努力毫无价值。只有通过知识产权的保护,创新者才能获得应有的尊重和回报,进一步激发他们的创新潜能。

知识产权保护有助于促进经济发展和市场竞争。创新是推动社会进步和经济增长的重要引擎。知识产权的保护可以确保创新者在市场上享有独特的竞争优势,鼓励企业和个人进行更多的创新活动。在一个有良好知识产权保护制度的环境中,企业愿意投入更多资源用于研发和创新,因为他们知道自己的成果会受到法律的保护,不会被侵权行为所剽窃。这种积极的创新环境有助于推动经济增长,促进市场竞争,提高产品质量和技术水平。

知识产权保护也有利于传播和分享知识。虽然知识产权保护的初衷是为了鼓励创新者的创造和投资回报,但同时也要注意平衡知识的传播与分享。在知识产权保护的框架下,创新者可以通过授权、许可等方式将自己的知识转化为商业价值,并得到相应的经济回报。同时,其他人也可以在尊重知识产权的前提下,从中学习、借鉴和创新,推动整个社会的知识进步。

(二)促进科技创新

知识产权保护在促进科技创新方面起着至关重要的作用。它为创新者提供了稳定的创新环境,鼓励他们进行更多的研发和创新,从而推动科技进步和社会发展。

知识产权保护确保了创新者的合法权益。通过专利、版权、商标等形式的保护,创新者能够享有他们的创新成果的独占权,防止其他人未经授权使用、复制或篡改这些成果。这种保护使得创新者能够获得合理的回报,激励他们进行更多的研发投入。如果没有知识产权保护,创新者可能会遭受抄袭和剽窃的风险,导致他们失去创新的积极性和动力。

知识产权保护也推动了科技进步和社会发展。通过给予创新者合理的回报,他们能够继续进行研发和创新,不断推动技术的进步。这将带来更多的创新产品和服务,提高社会生产力和竞争力。同时,科技创新也能够解决社会问题,改善人们的生活质量,促进经济的可持续发展。

然而,知识产权保护并不意味着封闭和僵化。在推动科技创新的过程中,需要平衡知识产权保护和知识共享的关系。鼓励合理的技术标准制定和技术交叉应用,促进开放式创新和开放源代码的发展,有利于加快科技进步的步伐,并让更多人分享创新成果带来的福利。

(三)促进技术转移和合作

知识产权保护在促进技术转移和合作方面为创新者提供了法律保障,鼓励他们与其他企业、机构进行合作,加快技术的传播和应用,从而推动科技进步和社会发展。

知识产权保护为技术转移提供了稳定的法律框架。通过专利、商标、版权等形式的保护,创新者能够确保其技术成果不被未经授权的使用或复制。这种保护为创新者提供了信心和动力,使他们更愿意将自己的技术转移到其他企业或机构中,实现技术的商业化和应用化。同时,知识产权保护也为技术转移双方提供了明确的权益和责任,降低了合作风险,增强了双方的合作意愿。

知识产权保护促进了技术合作和协同创新。创新者可以通过许可或转让知识产权,与其他企业或机构建立合作关系,共同开展研发、生产和营销等活动。这种合作能够整合各方的资源和优势,加快技术的推广和应用。同时,合作还能够促进技术的跨界融合和创新,产生更具竞争力和市场价值的产品和服务。

知识产权保护也为技术转移和合作提供了经济回报。通过合理的技术许可和转让协议,创新者可以获得合作伙伴支付的专利使用费或技术转让费等形式的回报。这种回报不仅鼓励了创新者进行更多的研发投入,还使得技术转移和合作成为一种双赢的商业模式。合作伙伴通过获取先进技术和知识,提高了自身的竞争力和创新能力。

二、知识产权的种类

知识产权包括多个不同的种类,每一种都有其特定的保护范围和保护方式。

(一)专利权

专利权是指对于新颖、有创造性和实用性的发明所授予的独占权。专利权保护发明者在一定时间内对其发明进行独占,防止他人未经许可使用、制造、销售该发明。

专利权的核心目的是鼓励创新。通过给予发明者专利权的保护,可以激励创新者进行更多的研发活动。发明者知道他们可以获得合法的回报,从而更加积极地投入到创新工作中。这种激励机制促进了科技进步和社会发展,推动了经济的繁荣。

专利权保护为发明者提供了独占市场的机会。拥有专利权意味着发明者拥有对特定产品或技术的独占权,其他竞争者不能在一定时间内复制或使用该发明。这使得发明者能够在市场上取得竞争优势,享受垄断地位,获取更大的市场份额和利润。这种独占权的保护鼓励了创新者进行更多的投资和风险承担,进一步推动了技术的发展和应用。

然而,专利权并非绝对的。在享受专利权的同时,发明者也有一些义务和限制。例如,发明者必须公开技术信息,使得其他人可以在专利权期限结束后使用该技术。此外,专利权也受到法律的限制,不得侵犯公共利益、社会伦理和竞争秩序等方面的规定。因此,专利权的行使需要在法律和道德框架下进行,并且需要平衡专利权的保护和知识共享的关系。

(二)商标权

商标权是指对于某种商品或服务所采用的特定标志的独占权。商标权保护商标所有者对其商标的独占使用权,防止他人在同类商品或服务上使用相同或相似的商标。

商标权的核心目的是确保消费者的知情权和选择权。商标作为商品或服务的标识,具有识别和区分功能。通过商标权的保护,消费者可以凭借商标来识别并辨认不同品牌的商品或服务,避免购买假冒伪劣产品或误导性的服务。商标权保护消费者的知情权,促进了公平竞争和市场秩序的维护。

商标权保护为商标所有者提供了独占市场的机会。拥有商标权意味着商标所有者在同类商品或服务的市场上享有独占地位。其他竞争者不能在同类商品或服务上使用相同或相似的商标,从而避免混淆消费者,侵犯商标所有者的市场份额和声誉。商标权的保护激励创新者进行更多的品牌建设和市场推广活动,增强了企业的竞争力和品牌价值。

商标权保护也有助于构建良好的商业环境和品牌形象。商标是企业的重要资产之一,对于企业来说具有重要的商誉价值。通过商标权的保护,企业可以建立和维护自己独特的品牌形象,增强消费者对其产品或服务的信任度和忠诚度。商标权的保护还能够促进企业进行品牌扩展和多元化发展,推动企业的长期发展和市场占有率的提升。

(三)著作权

著作权是指对于原创的文学、艺术、科学作品所授予的独占权。著作权保护作者对其作品的权利,包括复制、发行、展示、演出等权利。

著作权的核心目的是鼓励创作和保护知识产权。通过给予作者著作权的保护,可以激励他们进行更多的创作活动。著作权保护意味着作者能够享有其作品的独占权,防止他人未经许可使用、复制、传播该作品。这种激励机制促进了文学、艺术、科学领域的创新和发展,推动了人类文明的进步。

著作权保护为作者提供了经济回报的机会。作为一种知识产权,著作权赋予作者对其作品的经济利益的支配权。作者可以通过授权、许可或销售著作权来获取合理的回报。这使得创作者能够从自己的作品中获得收入,鼓励他们进行更多的创作和投入。同时,著作权的保护也保障了作者的声誉和尊严,使其能够得到应有的社会地位和认可。

著作权保护还促进了文化多样性和文化交流。通过著作权的保护,不同国家和地区的作品可以在国际范围内传播和交流,促进了文化的多元发展。同时,著作权的保护也鼓励跨界合作和创新,推动不同领域的融合与进步。这有利于促进全球文化的交流、理解和共享。

著作权的行使应该在法律和道德规范下进行,并且需要平衡著作权的保护和公众利益的关系。例如,在教育、科研、新闻报道等公共利益领域,著作权的行使可能受到限制。著作权的保护也应考虑到信息技术和互联网的发展,寻求适当的平衡,以实现著作权的保护和信息共享的良好结合。

(四)商业秘密

商业秘密是指企业拥有的具有商业价值且未公开的信息。它包括技术秘密、商务秘密和市场秘密等,对企业的竞争力和商业地位至关重要。商业秘密的保护旨在防止他人非法获取、使用或披露这些信息。

商业秘密的核心目的是保护企业的创新成果和核心竞争力。技术秘密作为商业秘密的一种形式,包括独特的工艺、制造方法、产品设计、配方等,它们是企业的核心技术和创新成果。商务秘密涉及企业的商业计划、客户信息、销售策略等关键信息。而市场秘密则包括市场调研数据、消费者需求分析等与市场竞争相关的信息。商业秘密的保护确保了企业能够在竞争中保持优势地位,防止其他竞争者通过不正当手段获取其商业机密。

商业秘密的保护有助于维护公平竞争和市场秩序。商业秘密的保护可以防止不正当竞争行为,如商业间谍活动、盗窃商业机密等。这有助于维护公平竞争的原则,促进市场经济的健康发展。商业秘密的保护还可以鼓励企业进行更多的创新和投资,因为它们知道自己的商业机密受到法律保护,不易被他人获取和复制。

商业秘密的保护对企业的持续发展和可持续竞争力至关重要。商业秘密是企业的重要资产之一,对企业的市场地位、品牌形象和利润率具有重要影响。通过保护商业秘密,企业能够在市场上取得竞争优势,保护自身的创新成果和商业机密。商业秘密的保护也为企业吸引投资和合作伙伴提供了信心,促进了技术转让和合作的机会。

在享受商业秘密保护的同时,企业也需要采取合理的保密措施,如签订保密协议、建立内部安全体系等。商业秘密的保护应遵守相关法律法规的规定,并且平衡商业秘密的保护与公众利益、知识共享的关系。在某些情况下,如法律调查、公共安全等,商业秘密可能需要根据法律规定进行合理披露。

三、当前科技创新中的知识产权保护问题

随着科技创新的快速发展,知识产权保护面临着一些新的挑战和问题。

(一)跨国侵权

随着全球化的深入推进,知识产权跨国侵权现象日益突出。侵权者往往通过多地运作、涉及多个国家的方式逃避法律制裁,给知识产权保护带来了困难。

跨国侵权对知识产权保护构成了挑战。由于涉及多个国家和地区,跨国侵权活动更加复杂和隐蔽,侵权者常常利用不同国家之间的法律差异和执法难度来规避责任。例如,他们可以在一个国家制造侵权产品,然后在另一个国家销售,以逃避当地的知识产权法律制裁。这种跨国侵权行为给创新者的合法权益带来了严重威胁。

跨国侵权使得知识产权保护变得更加复杂。不同国家有不同的知识产权法律体系和执法能力,存在差异化的法律规定和司法实践。这导致了在跨国侵权案件中,需要面对不同的法律标准、证据要求和审理程序等问题。同时,语言和文化的差异也给跨国知识产权保护带来了挑战。

跨国侵权还加大了执法的难度和成本。由于涉及多个国家,需要进行国际合作和信息共享,加大了执法机构的协调和资源投入的难度。同时,长时间的跨国追溯和取证也增加了执法的成本和时间消耗。这使得跨国侵权案件的打击变得更加困难。

为应对跨国侵权现象,国际社会需要加强国际的合作与协调。各国之间加强知识产权保护的合作,共同打击跨国侵权行为,加强信息共享和执法协作。完善相关的国际法律框架和协定。例如,世界贸易组织(WTO)的《知识产权协议》(TRIPS协议)规定了知识产权的国际标准和保护要求,促进了全球范围内的知识产权保护。加强技术手段的运用,利用数字化和互联网技术来跟踪和打击跨国侵权行为,提高侦查和取证的效率。

(二)创新周期缩短

科技创新的速度越来越快,创新周期大大缩短。对于一些技术类创新,知识产权保护的时间可能无法覆盖整个创新周期,使得创新者的权益难以得到充分保护。

创新周期的缩短带来了知识产权保护的挑战。在某些领域,特别是科技领域,新技术和新产品的研发周期越来越短。创新者需要投入大量的时间、精力和资源来进行创新,但由于知识产权保护的程序和审批时间较长,不能及时获得专利等知识产权的保护。这使得创新者在创新过程中面临着知识产权被他人侵犯的风险。

创新周期缩短还加剧了技术竞争的激烈程度。当一个创新成果问世后,往往很快会有其他企业或个人跟进并开展类似的研发工作。如果创新者不能及时获得知识产权的保护,他们的竞争优势可能会被其他竞争者迅速消解。这使得创新者在面对市场竞争时更加困难,可能失去了先发优势和市场份额。

创新周期缩短还给技术转移和合作带来了挑战。在创新过程中，技术交流和合作是非常重要的。然而，由于创新周期的缩短，创新者可能无法等到知识产权保护完全确立后再进行技术转让或合作，这增加了技术转移和合作的风险和不确定性。

为解决创新周期缩短带来的问题，需要采取一系列措施。首先，加快知识产权保护的审批和授权过程。政府应当加强知识产权管理机构的建设和运行，提高知识产权审批的效率，尽可能缩短保护期限的审查时间。其次，加强创新支持和资金投入。政府可以通过加大对创新项目的资金支持、减免相关费用、建立科技创新基金等方式，促进创新者的创新活动，并提供必要的经济支持。同时，鼓励企业之间的合作与联盟，共享创新资源和知识产权，加快技术转移和合作的进程。

此外，创新者也应增强自身的创新能力和竞争优势。通过不断提升研发能力、加强人才培养和引进，积极参与国际科技合作等方式，提高自身的技术水平和创新实力，以应对创新周期缩短带来的挑战。

（三）专利申请成本高

申请和维护专利的费用较高，对于一些中小企业或个人创新者来说，可能承担不起这样的费用，导致他们的创新成果得不到有效保护。

专利申请的费用包括申请费、代理费、文件翻译费等多项开支。对于中小企业或个人创新者来说，这些费用可能会占据较大比例的研发预算，增加了创新者的经济负担。由于专利申请过程需要持续投入时间和精力，也增加了创新者的管理成本。

专利维护的费用也是一个重要的考虑因素。一旦专利被授予，创新者还需要支付年费和维护费用来保持专利的有效性。随着专利数量的增加和维护期限的延长，这些费用可能进一步增加，给创新者带来更大的负担。

专利申请和维护的费用还受到国际差异的影响。在不同国家和地区，专利申请和维护的费用标准和程序也存在差异。对于创新者来说，如果希望在多个国家或地区获得专利保护，就需要支付更多的费用。

为了解决专利申请成本高的问题，可以采取一系列措施。首先，政府可以通过减免申请费、提供资金支持等方式来降低中小企业和个人创新者的申请成本。例如，设立专门的专利奖励基金，为符合条件的创新者提供资金支持。其次，鼓励创新者之间的合作与联盟，共享专利申请和维护的费用，减轻单个创新者的负担。同时，加强知识产权培训和咨询服务，提供专业的指导和帮助，帮助创新者降低申请成本和风险。

针对上述问题，需要国际社会加强合作，加大知识产权保护力度。同时，政府应加大对知识产权保护的投入和支持，完善相关法律法规，提高违法侵权的处罚力度。创新者也应增强自我保护意识，采取技术手段等方式提升知识产权的保护效果。

第三节 良好的科技创新道德规范与实践

科技创新在现代社会中起着举足轻重的作用，它不仅推动了经济发展和社会进步，还为人们带来了更多便利和机遇。为了确保科技创新能够造福人类，并避免对社会和个人造成负面影响，建立良好的科技创新道德规范并将其付诸实践至关重要。

一、注重社会责任

在当今社会，建立并实践良好的科技创新道德规范，注重社会责任，对于确保科技创新可持续发展具有重要意义。

（一）倡导可持续发展与环境保护

科技创新者应当认识到他们的行为对环境和可持续发展产生的影响，并承担相应的责任。在实践中，他们可以采用清洁和可再生能源来减少碳排放，降低对环境的影响。同时，在产品设计和研发过程中，要注重资源的节约利用和环境友好型。这意味着在材料选择、能源利用和废弃物处理等方面要考虑到环境因素，避免对生态系统造成负面影响。

在科技创新过程中，可以通过改进现有技术或开发新技术来实现环境保护和可持续发展目标。例如，开发更高效的能源利用技术，减少能源消耗和碳排放。另外，可以推动绿色交通技术的发展，如电动车辆和智能交通管理系统，以减少空气污染和交通拥堵。还可以通过智能城市建设，提高资源利用效率和环境监测能力。

除了在科技创新方面的努力，科技创新者还应积极参与环境保护活动，倡导可持续发展理念，促进绿色科技创新。他们可以参与社会组织或非政府组织的活动，推广环境保护意识，开展环境教育和宣传工作。他们还可以与企业、政府和学术界等各方合作，共同研究解决环境问题的方法和技术，促进环境保护和可持续发展的实践。

（二）加强道德教育与专业培训

为了确保科技创新的道德规范得到有效实施，科技从业人员需要接受道德教育和专业培训，提高他们的道德意识和道德判断能力。在这方面，大学和研究机构扮演着重要的角色,应当加强科技伦理教育,引导科技从业人员树立正确的价值观和道德观念,培养他们具备良好的道德素养。

大学和研究机构可以将科技伦理教育纳入课程设置,包括科技伦理原则、伦理决策模型、伦理案例分析等内容,帮助学生了解科技创新与社会伦理之间的关系,培养他们在科技发展中秉持道德的意识和行为。还可以通过组织专题讲座、研讨会等活动,邀请专家学者分享道德经验和思考,引导学生深入探讨科技创新的伦理问题。

专业组织也可以在道德教育方面发挥作用。他们可以制定和宣传科技创新的道德准则,明确科技从业人员应遵循的道德规范,并倡导行业内部的道德讨论和交流。专业组织还可以组织道德培训课程或研讨会,帮助科技从业人员掌握道德决策模型和伦理分析工具,提高他们在面对伦理困境时的判断能力和决策水平。

除了教育和培训,建立科技创新的道德监督机制也是必要的。政府、企业和学术界可以共同制定相关法律法规和行业标准,明确科技创新活动中的道德底线和责任界限。同时,加强对科技创新过程的监督和评估,发现和纠正不符合道德规范的行为,推动科技创新朝着更加道德和可持续的方向发展。

二、强调透明和负责任的创新过程

（一）透明的创新过程

1.公开信息

科技创新者在进行研究时,应当积极主动地公开相关信息,包括研究方案、数据、方法和结果等。这种公开的做法对于科技创新领域来说具有重要意义。

透明的信息共享可以增加科技创新者的信任度。通过公开研究方案,人们可以更好地了解科技创新者的研究思路和目标,从而对其研究工作产生更大的信任感。公开研究数据和方法也能够让其他人更容易评估和验证研究成果的可靠性,进一步提升科技创新者的信誉。

公开信息有助于其他人验证和复现研究成果。科技创新是一个迭代发展的过程,不同的研究者可能会尝试在相同领域进行类似的研究。如果科技创新者公开了研究方法和数据,其他人就可以基于这些信息来验证和复现研究成果,确保其可靠性和有效性。这种验证和复现的过程有助于促进科技创新领域的交流和合作,推动科学的进步。

最后,公开信息促进科学共享和进一步的创新。科技创新者通过公开信息,可以将自己的研究成果分享给更广泛的科研社区,从而为其他人提供了学习和借鉴的机会。这种科学共享有助于推动知识的传播和交流，激发更多人的兴趣和灵感，进而促进科技创新的持续发展。

2.公开决策过程

在科技创新中，决策过程的公开是非常重要的。一个透明的决策过程包括资源分配、合作伙伴选择、实验设计等方面的决策。公开决策过程的好处在于消除潜在的利益冲突和偏见，确保决策的公正性和可追溯性。

公开决策过程有助于消除潜在的利益冲突。在科技创新中，涉及大量的资源分配，比如资金、人力、设备等。如果决策过程不透明，存在一些利益相关方可能会通过幕后操作来争夺资源，导致资源的不合理分配。而公开决策过程可以让所有相关方都能够了解决策的依据和过程，从而减少利益冲突的可能性，确保资源的公平分配。

公开决策过程还有助于消除偏见。在科技创新中，决策者可能会受到个人观点、偏见或压力的影响，导致决策结果不公正。通过公开决策过程，其他人可以对决策进行监督和审查，确保决策的客观性和中立性。公开决策过程可以提供一个公共的平台，让各方都能够参与并对决策进行监督，从而减少偏见的可能性。

公开决策过程还能够保证决策的可追溯性。科技创新往往涉及复杂的实验设计和数据分析过程。如果这些过程不透明，其他人就无法验证和重现实验结果，从而降低科学研究的可信度。通过公开决策过程，包括实验设计、数据收集和分析等环节都可以被记录和公开，确保科技创新的可追溯性和可靠性。

（二）负责任的创新过程

1.遵守伦理准则

在科技创新中，科技创新者应该尊重人类和动物的权益，并确保他们的研究过程不会对个体或群体造成不必要的伤害。这需要遵守伦理准则和法律法规，以确保科技创新的发展与社会的健康、安全和可持续发展相一致。

遵守伦理准则可以保护人类的权益。在进行科技创新时，涉及人类参与者的研究，比如临床试验或用户调查等，必须确保其自愿参与并明确知情同意。在处理个人数据时，科技创新者应该遵守隐私保护的原则，确保个人信息的安全和保密。通过遵守伦理准则，可以保护人类的尊严和隐私权，确保科技创新符合伦理道德的要求。

遵守伦理准则还可以保护动物的权益。在某些科技创新领域，可能会涉及动物实验。科技创新者应该确保动物实验符合伦理准则，比如最小化动物的痛苦和痛苦，尽量使用替代方法来避免动物实验。科技创新者还应该尊重动物的生存权和福利，确保他们在实验过程中得到适当的关怀和保护。

遵守伦理准则有助于确保科技创新的安全和可持续发展。科技创新涉及许多新技术和新产品的开发，而这些可能带来一定的风险和不确定性。科技创新者应该遵守相关的法律法规，确保他们的研究和产品符合安全标准，不会对公众或环境造成危害。科技创新者还应该考虑到社会和环境的可持续性，尽量减少资源消耗和环境污染，推动可持续发展的目标。

2.安全与风险管理

在科技创新中，特别是涉及生物、化学或其他潜在危险的领域，科技创新者应该采取必要的安全措施来管理风险，防止事故发生，并减少对环境和公众的风险。

科技创新者应该进行风险评估，并制定相应的安全管理计划。他们应该识别潜在的危险因素，并评估可能导致事故或意外事件的风险程度。基于这些评估结果，科技创新者应该制定安全管理计划，明确安全操作规程、防护设施和紧急处理程序等，以确保实验室和研究场所的安全性。

科技创新者应该提供必要的培训和教育，确保团队成员了解并遵守安全规范。他们应该向团队成员提供相关的安全培训，包括正确使用实验设备和化学品、遵循操作规程、识别和处理危险情况等。通过培训和教育，科技创新者可以提高团队成员的安全意识和应急响应能力，减少事故和风险的发生。

科技创新者应该定期进行安全检查和风险评估，确保实验室和研究场所的安全状态。他们应该对实验室设备、防护设施和紧急处理措施进行定期检查，并及时修复或更新有缺陷的设施。同时，科技创新者还应该关注新的安全风险和技术发展，及时调整安全管理计划，以适应不断变化的科技环境。

最后，科技创新者应该与相关部门和机构合作，共同推动安全管理和风险控制的工作。他们可以与安全专家、监管机构和其他科研机构进行合作，分享经验和最佳实践，加强安全意识和安全文化的建设。通过合作，科技创新者可以共同提高安全管理水平，减少事故和风险对环境和公众的影响。

3.可持续发展考虑

在科技创新中，科技创新者应该考虑到他们的研究或产品对环境和社会的影响，并努力减少负面影响，推动可持续发展。这涉及资源利用效率、碳排放减少、废弃物处理等方面的责任。

科技创新者应该关注资源利用效率，努力降低资源消耗和浪费。他们应该在研究和生产过程中尽量采用节约型的技术和方法，优化资源利用效率。例如，通过使用高效能源设备、循环利用原材料、减少废弃物等措施,来降低资源消耗和环境压力。

科技创新者应该致力于减少碳排放,降低对气候变化的影响。他们应该寻找更清洁和可再生能源的替代方案,推动低碳技术的发展和应用。同时,他们也可以通过优化生产过程、改善能源效率和提倡绿色交通等方式,减少碳排放量,为环境保护和可持续发展做出贡献。

科技创新者还应该关注废弃物的处理和回收利用。他们应该制定有效的废弃物管理策略,包括分类收集、合理处置和循环利用等措施,减少对环境的污染和资源的浪费。通过推动废弃物的资源化利用,科技创新者可以为可持续发展提供更多的支持。

最后,科技创新者还应该积极参与社会责任和公益事业,推动社会的可持续发展。他们可以关注社会问题,开展有益于社会的研究和项目,如解决能源、医疗、教育等领域的挑战。通过将科技创新与社会发展紧密结合,科技创新者可以为社会的可持续发展做出更大的贡献。

三、遵守道德规范

在科技创新领域,遵守道德规范是非常重要的。科技创新者应该自觉将道德规范融入日常工作中,并且加强道德教育和培训,以提高道德意识和道德判断能力。

(一)责任感和使命感

科技创新者在进行工作时,应该始终意识到他们的努力和研究对社会和人类有着深远的影响。这种意识使得他们应该怀抱责任感和使命感,并将人类的利益放在首位。

责任感是指科技创新者对自己的行动和决策负责的意识。他们应该明确自己的研究目标和动机,并确保这些目标和动机符合伦理原则和价值观。例如,在人工智能领域,科技创新者应该确保人工智能系统不会被滥用或用于违背伦理的行为。他们应该意识到人工智能的发展可能带来一些风险和挑战,如隐私问题、失业问题等,因此需要采取相应的措施来解决这些问题,保护用户的隐私权和就业机会。

使命感是指科技创新者认识到自己的工作对社会和人类具有重要意义,并以此为动力来推动科技的发展。他们应该积极寻找解决社会问题和满足人类需求的创新方法,并将其转化为实际的科技产品或服务。比如,科技创新者可以致力于开发可再生能源技术,以减少对化石燃料的依赖,降低环境污染和气候变化的影响;他们也可以通过开发医疗技术来改善人类的健康状况,提高医疗水平。

同时，科技创新者还应该与其他领域的专家、政府机构、企业和公众进行合作，共同解决社会面临的挑战。他们应该积极参与社会讨论和决策过程，推动科技创新与社会发展的良性互动。他们还应该持续学习和更新自己的知识，关注科技发展的最新趋势和前沿领域，以保持自己的竞争力和创新能力。

（二）参与学术交流和专业组织

科技创新者应该积极参与学术交流和专业组织，以促进科技创新的健康发展并确保其与社会价值的一致性。

参与学术交流可以让科技创新者与其他同行进行互动和合作。通过参加学术会议、研讨会和研究讨论，他们可以了解最新的科技进展和研究成果，拓宽自己的知识视野。学术交流还提供了一个平台，让科技创新者能够分享自己的研究成果、经验和观点，从而得到来自同行的反馈和建议。这种相互交流和学习的过程可以推动科技创新的进步，并帮助科技创新者不断提高自己的研究水平和创新能力。

参与专业组织可以让科技创新者与其他领域专家和从业者进行交流和合作。专业组织通常由一群拥有相同专业背景和兴趣的人组成，他们共同致力于推动该领域的发展和应用。通过加入专业组织，科技创新者可以与其他会员共同探讨和制定行业的道德标准、规范和最佳实践，以确保科技创新的发展与社会价值的一致性。专业组织还提供了一个交流和合作的平台，科技创新者可以在这里结识志同道合的人，建立合作关系，并共同解决行业面临的挑战。

（三）加强自身的道德教育和培训

随着科技的快速发展和应用，伦理和道德问题也日益凸显，需要科技创新者具备良好的道德素养和道德判断能力。

科技创新者可以通过参加伦理学课程来提高自身的道德意识和道德理论知识。伦理学是研究人类行为与价值观念之间关系的学科，对于科技创新者来说，了解伦理学的基本原理和道德观念是非常重要的。通过学习伦理学，科技创新者可以更好地认识到科技的发展和应用对人类社会、环境和个体权益可能带来的影响，从而在科技创新中更加注重伦理道德的考量。

科技创新者还可以参加道德研讨会、讲座等活动，与其他领域的专家学者进行交流和讨论。这样的活动能够帮助科技创新者深入了解不同领域的道德挑战和伦理问题，拓宽他们的视野和思考角度。通过与他人的交流和讨论，科技创新者可以获得不同的观点和意见，从而更加全面地审视自己的科技创新行为，并在道德决策中做出更明智的选择。

科技创新者还可以参与道德评估和道德指导机构的工作,为科技创新提供道德指导和监督。这些机构通常由专业的伦理学家、法律专家和社会公众组成,他们能够对科技创新项目进行道德评估和风险分析,提出相应的建议和指导。科技创新者可以积极参与这样的机构工作,了解并遵守相关的道德准则和规范,确保自己的科技创新行为符合道德标准和社会期望。

第四节 法律与道德问题的解决与应对策略

科技创新的快速发展带来了许多法律与道德问题。在这个信息爆炸的时代,我们面临着人工智能伦理、生物技术等一系列复杂的问题。解决这些问题不仅需要制定适应性强的法律法规,还需要培养良好的道德意识和价值观。下面将探讨科技创新的法律与道德问题,并提出相应的解决与应对策略。

一、人工智能伦理

科技创新带来了许多前所未有的机遇和挑战,同时也引发了一系列法律与道德问题。在人工智能伦理方面,我们需要制定相应的法律框架和采取应对策略,以确保科技创新的发展符合伦理要求并最大限度地造福于人类。

(一)建立法律框架

1.隐私保护

隐私保护是科技创新中的重要法律与道德问题之一。为了保护个人的隐私权利,制定隐私保护法律是必要的。

隐私保护法律应明确规范个人数据的收集、存储、使用和共享。这包括明确规定哪些个人数据可以被收集,以及在何种情况下可以使用和共享这些数据。法律应设定明确的界限,防止滥用个人数据,并保护个人的隐私权利。

隐私保护法律的制定需要考虑到科技发展的特点和挑战。随着技术的进步,个人数据的收集和使用方式也在不断演变,法律需要保持灵活性和适应性,及时跟进科技的发展,并对新兴技术带来的隐私问题进行评估和规范。

2.数据安全

为了保护用户数据免受非法获取和滥用,许多国家已经开始制定数据安全法律,并要求科技公司和组织采取必要的措施来确保数据的安全。

数据安全法律的制定旨在建立一个全面的框架，以保护个人和组织的敏感信息。这些法律规定了数据的收集、存储、处理和共享的规则和标准。它们明确了数据主体的权利和责任，以及数据处理者的义务和限制。数据安全法律还规定了违反数据安全规定可能面临的处罚和补偿机制，以确保法律的有效执行。

对于科技公司和组织而言，数据安全法律要求它们采取一系列必要的措施来保护用户数据。这包括但不限于加密数据、建立安全的网络和系统、实施访问控制和身份验证机制、进行定期的安全审计和漏洞修复等。科技公司和组织还需要制定详细的数据安全政策和操作规范，确保员工按照规定的流程和标准来处理用户数据。

然而，数据安全法律的有效执行仍然面临一些挑战。随着科技的不断发展和数据的快速增长，新的安全威胁和漏洞也不断涌现。因此，政府、科技公司和组织需要共同努力，加强合作，持续改进数据安全法律和措施，以适应不断变化的数据安全环境。

（二）持续监测和更新

1.监测科技发展趋势

监测科技发展趋势并及时应对新出现的法律与道德问题是确保科技发展与社会伦理相协调的重要措施。科技公司和政府机构应密切关注科技发展的最新动态，进行分析和评估，并及时更新相应的法律和政策。

监测科技发展趋势可以帮助科技公司和政府机构了解新兴技术的发展方向和应用领域。通过跟踪科技行业的研究、市场动态和创新趋势，可以提前预知可能出现的法律与道德问题。这有助于科技公司更好地规划其研发和商业战略，以及政府机构及时制定相关法律和政策。

对新出现的法律与道德问题进行分析和评估是确保科技发展与社会伦理相协调的关键步骤。当新技术出现时，可能涉及隐私权、数据安全、人工智能伦理、社会公正等一系列法律与道德问题。科技公司和政府机构应进行深入的研究和讨论，分析其潜在影响和挑战，并从多个维度考虑其社会和伦理影响。

及时更新相应的法律和政策是确保科技发展与社会伦理相协调的必要举措。当新出现的法律与道德问题被识别出来时，相关的法律和政策需要进行修订和完善，以适应科技发展的需求和社会的变化。这需要政府机构积极参与，与科技公司和专家进行合作，制定具有前瞻性和灵活性的法规，以平衡科技创新和公共利益之间的关系。

2.及时修订和完善

随着科技创新的迅猛发展,社会环境不断变化,相关法律和准则也需要及时修订和完善,以适应新的挑战和需求。这一过程是保持法律体系与科技创新环境相匹配的重要举措。

及时修订和完善相关法律和准则能够解决科技创新带来的新问题和风险。科技创新涉及诸多领域,如人工智能、大数据、互联网金融等,这些领域的发展会引发新的法律和伦理问题。例如,人工智能技术的广泛应用可能涉及个人隐私保护、算法公平性、责任追究等方面的问题,而这些问题在传统法律体系中可能没有明确规定。通过及时修订和完善相关法律和准则,可以建立起适应科技创新的新规范,保障公众利益和个人权益。

及时修订和完善相关法律和准则有助于促进科技创新的健康发展。科技创新是推动社会进步的重要力量,但如果缺乏相应的法律和准则约束,就可能导致滥用科技、侵犯公众利益等问题。通过修订和完善相关法律和准则,可以规范科技创新的行为,加强监管和责任追究,提升科技创新的社会效益。

及时修订和完善相关法律和准则还有利于提升国家的创新能力和竞争力。在全球科技竞争激烈的背景下,一个完备、适应性强的法律体系是吸引和保护创新人才和企业的重要因素。通过修订和完善相关法律和准则,可以为创新提供更好的环境和保障,吸引更多的投资和资源,推动科技创新的持续发展。

二、生物技术

生物技术作为一种重要的科技创新领域,涉及许多法律和道德问题。在面对这些问题时,需要采取一系列应对策略来解决与规范生物技术的发展。

(一)建立健全的法律法规体系

建立健全的法律法规体系是解决生物技术法律问题的关键措施。随着生物技术的不断发展和应用,相关的法律法规需要及时跟进并完善,以确保科技创新与社会公共利益之间的平衡。

政府应制定针对生物技术领域的专门法律法规。这些法律法规应覆盖各个方面,包括但不限于生物安全、知识产权、伦理审查、商业化应用等。例如,在生物安全方面,可以制定严格的生物安全管理法规,明确生物实验室的分类和标准,规范生物材料的处理和运输。在知识产权方面,可以加强对生物技术研究成果的保护,鼓励创新,并确保合理的技术转让和利益分享。还应加强对人类基因编辑、克隆等敏感领域的监管,明确相应的道德和伦理底线。

建立专门的监管机构来负责生物技术的监督和管理。这样的机构可以协调各个部门和利益相关者之间的合作,确保生物技术活动符合法律法规的要求,并及时应对新兴的科技挑战。监管机构应具备专业知识和技能,能够及时了解和掌握生物技术发展的最新动态,制定相应的政策和措施。

加强国际合作与协调也是建立健全的法律法规体系的重要方面。生物技术的发展具有跨国性特征,涉及多个国家和地区的利益和安全。因此,各国应加强沟通与协商,共同制定国际公约和准则,推动生物技术领域的国际治理。同时,可以借鉴其他国家和地区的经验和做法,相互学习,提高各国法律法规的适应性和有效性。

加强社会参与和公众意见的征集也是建立健全法律法规体系的重要环节。生物技术的发展直接关系到公众的利益和福祉,因此,应广泛征求公众的意见和建议。通过举办听证会、座谈会等形式,收集公众的声音,从而制定更具包容性和可行性的法律法规。同时,加强对公众的科学知识普及和教育,提高公众对生物技术的理解和认知水平。

（二）加强道德伦理教育和引导

在生物技术领域,涉及一系列伦理和道德问题,如人类基因编辑、克隆技术等,需要引导社会各界达成共识,确保生物技术的发展与社会伦理价值相协调。

教育系统应加强对道德伦理的教育。通过将道德伦理教育融入学校课程,培养学生的伦理意识和道德判断能力。在生物技术相关专业的教育中,注重伦理道德的教育内容和案例讨论,使学生在掌握科学知识的同时,能够更好地考虑伦理和道德的因素。还可以通过开设公众讲座、举办辩论赛等形式,促进公众对生物技术伦理问题的关注和思考。

媒体和社会组织应承担起引导和宣传的责任。媒体可以通过报道生物技术的伦理问题、案例分析等方式,提高公众对生物技术伦理挑战的认知和理解。同时,社会组织可以组织相关研讨会、论坛等活动,促进专家学者、科研人员和公众之间的交流和对话,形成多元化的观点和共识。

加强专业伦理审查和指导也是重要的手段。在生物技术研究和应用过程中,应建立严格的伦理审查机制,确保研究项目符合道德准则和法律法规的要求。专业伦理委员会可以对研究方案进行审查和指导,并提供道德决策的支持。还可以建立行业伦理准则和自律机制,引导从业人员遵守道德规范,保证生物技术的安全和合理使用。

（三）加强国际合作与协调

加强国际合作与协调是解决跨国生物技术问题的有效途径。鉴于生物技术具有全球性特征，涉及多个国家和地区的利益和安全，通过国际合作与协调，可以促进信息共享、经验交流和资源互补，共同应对跨国生物技术问题。

加强国际合作可以促进科学研究的合作与创新。生物技术的研发与应用需要依赖各国之间的科研合作与知识交流。国际合作可以促进科学家之间的合作研究项目，共同攻克科学难题，推动生物技术的发展与创新。通过建立科研合作机制、开展联合研究项目等方式，加强国际科学家之间的合作，可提高科研水平和效率，实现优势互补和资源共享。

加强国际协调可以促进法律法规的协调与统一。由于生物技术的发展具有跨国性特点，各国的法律法规可能存在差异，这给跨国生物技术研究和应用带来了不一致性和难题。国际协调是解决这些问题的关键。各国可以加强对生物技术领域的政策、法律和准则进行对话和协商，推动国际的法律法规协调与统一，达成共识和行动框架。国际组织如世界卫生组织、联合国粮农组织等也发挥着重要的作用，在推动国际生物技术治理方面提供指导和支持。

加强信息共享与风险评估合作是国际合作的重要内容。生物技术涉及许多潜在的风险和安全问题，包括生物安全、环境影响、健康风险等。通过加强国际合作，可以促进各国之间的信息共享和风险评估合作，共同应对风险挑战。例如，建立跨国生物安全信息交流机制，及时分享有关生物安全的最新信息和经验，加强监测和预警，共同防范和应对生物安全事件。

加强国际合作还能够促进技术转移和能力建设。生物技术发展不平衡的问题，在某些国家和地区可能存在技术差距和能力不足的情况。通过加强国际合作与协调，可以促进先进生物技术的转移和推广，帮助发展中国家提升科技创新能力，实现可持续发展目标。

第七章　科技创新的可持续发展

第一节　可持续发展与科技创新的关系

可持续发展与科技创新是相辅相成、互为促进的关系。科技创新为可持续发展提供了强大的动力和支持，而可持续发展则为科技创新提供了广阔的应用场景和市场需求。

一、具有重要意义

科技创新对于可持续发展具有重要意义。在当前全球面临的环境、经济和社会挑战下，科技创新被视为实现可持续发展目标的关键驱动力。科技创新可以促进资源的高效利用、环境的保护和经济的繁荣，为人类提供更加可持续的未来。

（一）推动资源的高效利用

科技创新在推动资源的高效利用方面发挥着重要作用。随着全球人口的增长和经济的发展，资源短缺问题变得日益突出。通过科技创新，可以开发出更高效的资源利用技术，从而实现资源的可持续利用。

在能源领域，科技创新可以推动清洁能源的发展和利用。传统的化石能源资源有限，并且对环境产生严重影响。而科技创新可以提供更多的清洁能源选择，如太阳能、风能、生物质能等。这些清洁能源具有可再生性和低碳排放的特点，能够减少对传统能源的依赖，降低碳排放，保护环境。

在农业领域，科技创新可以提高农作物的种植效率。通过研发新的农业技术和改良传统的种植方法，可以提高农作物的产量和质量，减少对土地和水资源的需求。例如，利用遗传工程技术培育耐旱、抗病虫害的作物品种，可以减少农药和化肥的使用，同时提高作物的产量和品质。科技创新还可以推动农业智能化发展，通过应用无人机、传感器等技术监测农田的状态和需求，实现精准施肥、灌溉等管理，提高资源利用效率。

科技创新还可以提高废弃物的回收利用率，促进循环经济的发展。通过研发先进的废物处理和回收技术，可以将废弃物转化为资源，实现资源的再利用。例如，利用生物技术和化学工程技术将有机废弃物转化为生物质能源或化学品，将废旧材料进行再加工和回收利用，可以减少对原始资源的开采，降低环境污染。

（二）促进经济的繁荣与可持续发展

科技创新在促进经济的繁荣与可持续发展方面具有重要作用。传统的经济增长模式往往以资源消耗和环境破坏为代价，难以长期持续。而科技创新可以为经济转型升级提供动力，并实现经济的可持续发展。

科技创新能够推动新兴产业的发展。通过科技创新，可以开发出新的产业、产品和服务，创造新的就业机会，推动经济的增长和繁荣。例如，在可再生能源领域，科技创新催生了太阳能光伏、风能发电等产业的快速发展，这些产业不仅能够提供清洁能源，还带动了相关设备制造、安装维护等产业链的发展。在数字经济领域，科技创新催生了云计算、人工智能、区块链等新兴产业，为经济发展注入新的活力。这些新兴产业具有较高的增长潜力和创新能力，对经济的繁荣起到重要推动作用。

科技创新能够提高经济的效率和竞争力。通过引入先进的科技和技术，可以提高生产力、降低成本、改进产品质量和服务水平，从而增强企业的竞争力。例如，利用物联网和大数据技术，可以实现生产过程的智能化管理和优化，提高资源利用效率，减少浪费。通过应用人工智能和机器学习技术，可以实现智能化的销售预测和供应链管理，提高供需匹配的精准度，降低库存和运输成本。这些创新技术的应用可以为企业带来更高的效益和竞争力，推动经济的繁荣。

科技创新还可以改善生活品质和满足人民日益增长的需求。随着科技的不断进步，人们对于生活质量和个性化需求的要求也在不断提高。科技创新可以满足人们对于健康、教育、交通、文化娱乐等方面的需求，提供更好的生活体验和服务。例如，移动支付、共享经济、在线教育等新兴业态的发展，为人们提供了更加便捷和多样化的选择，促进了消费和服务业的发展，推动经济的繁荣。

（三）共同努力

科技创新的推动需要政府、企业、学术界和社会各界的共同努力。只有形成合力，才能取得更好的效果。

政府在科技创新中发挥着重要的引导和支持作用。政府应制定相关政策和法规，提供资金支持和优惠政策，为科技创新提供良好的环境和条件。政府还可以加强与企业、学术界和社会组织的合作，共同研究解决关键性和复杂性问题，促进科技成果的转化和应用。同时，政府还应注重知识产权保护和法律法规的完善，营造公平竞争的市场环境，激发创新活力。

企业是科技创新的主体力量。企业应加大研发投入，建立健全的创新机制和团队，培养创新型人才。企业还应积极开展技术合作和联合研发，加强与科研机构、高校和其他企业的合作，实现资源共享、优势互补，推动科技创新的跨界融合。同时，企业还应注重技术创新的市场导向，紧密结合市场需求，开发符合用户需求的创新产品和服务。

学术界在科技创新中发挥着理论支撑和人才培养的重要作用。学术界应加强基础研究和前沿技术的探索，推动科学知识的进步和突破。学术界还应加强与企业和政府的合作，将科研成果转化为实际应用，促进科技创新的产业化。学术界还应加强人才培养，培养具有创新能力和国际竞争力的科技人才，为科技创新提供坚实的人才支持。

最后，社会各界也应加强对科技创新的宣传和教育，提高公众对可持续发展和科技创新的认知和参与度。社会组织可以组织相关活动和培训，引导公众关注科技创新的重要性，并提供相应的支持和鼓励。公众也可以通过参与科技创新项目、购买创新产品等方式，积极支持科技创新，共同推动社会的可持续发展。

二、提供应用场景和市场需求

可持续发展与科技创新之间存在着密切的关系。科技创新提供了广阔的应用场景和市场需求，而可持续发展则为科技创新提供了重要的指导方向和动力。两者相互促进、相辅相成，共同推动社会、经济和环境的可持续发展。

（一）提供指导方向

可持续发展为科技创新提供了重要的指导方向。可持续发展强调经济、社会和环境的协调发展，追求资源的有效利用、环境的保护和生态的平衡。

在能源领域，可持续发展要求减少对传统化石能源的依赖，提倡清洁能源的使用。科技创新可以开发出更高效、低碳的能源技术，如太阳能、风能等，以实现能源的可持续利用。通过研发和应用新的能源技术，我们能够减少对有限资源的消耗，降低碳排放，改善空气质量，推动能源结构的转型和优化。

类似地，在农业领域，科技创新可以提供解决方案来实现可持续发展。例如，精准农业技术的发展使得农民能够更加科学地管理农田，减少化肥、农药的使用，提高农作物产量和质量，并减少对土壤和水资源的污染。此外，基因编辑技术的应用也可以改良作物品种，提高抗病虫害能力，减少农药的使用。

在交通领域，科技创新可以推动可持续发展。电动车、智能交通管理系统、共享出行等新技术和服务的应用，可以减少汽车尾气排放，改善空气质量，缓解交通拥堵问题，并促进城市可持续发展。

在建筑领域，科技创新也可以提供符合可持续发展原则的解决方案。例如，利用新材料、节能技术和智能控制系统，可以设计和建造更加环保和节能的建筑物。通过优化建筑能源利用效率，减少对自然资源的消耗，降低建筑物的能源消耗和碳排放，实现可持续的城市建设。

（二）提供技术支持

科技创新在可持续发展中扮演着关键的角色。可持续发展面临着众多复杂问题，如气候变化、能源安全和环境污染等。而这些问题往往需要依靠科技创新来解决。科技创新可以提供新的材料、新的工艺和新的装备，为解决环境问题和资源短缺提供技术手段和解决方案。

在应对气候变化方面，科技创新可以发挥巨大作用。通过研发更高效的能源利用技术、开发清洁能源和低碳技术，我们能够减少温室气体的排放，有效地应对气候变化。例如，研发太阳能、风能等可再生能源技术，可以替代传统的化石燃料，减少二氧化碳等温室气体的排放。科技创新还可以推动能源储存和分配技术的发展，提高能源利用效率，促进可再生能源的大规模应用。

在资源管理方面，科技创新也发挥着重要作用。水资源是人类赖以生存和发展的重要资源，而科技创新可以提供先进的水处理技术和节水设备，实现对水资源的有效利用。例如，研发高效的水处理技术，可以将废水转化为可再利用的水资源，减少对淡水资源的需求。科技创新还可以推动智能化的灌溉系统和水资源管理平台的发展，实现对水资源的精细化管理和科学调度。

科技创新还可以提供智能化的监测与控制系统，实现对环境污染的及时监测和治理。通过发展传感器技术、大数据分析和人工智能等技术手段，我们可以实时监测环境中的污染物浓度和排放情况，及时采取相应的措施进行治理。例如，在工业生产过程中，通过引入智能监测装置和自动化控制系统，可以有效地控制污染物的排放，减少对环境的影响。

（三）推动社会、经济和环境的可持续发展

科技创新与可持续发展相互促进，共同推动社会、经济和环境的可持续发展。科技创新不仅为可持续发展提供技术支持，也受到可持续发展的影响和引导。

科技创新为可持续发展提供了重要的技术支持。通过科技创新，可以研发出高效能源利用、清洁能源、节能减排等技术，为解决环境问题提供了有效手段。例如，太阳能、风能等可再生能源的广泛应用，使得能源的利用更加环保和可持续。同时，科技创新也在改善资源利用效率、推动循环经济方面发挥着重要作用，例如通过智能化管理系统来优化能源、水资源的利用效率，减少浪费和污染。

可持续发展对科技创新提出了要求和引导。可持续发展倡导资源的有效利用和循环利用，要求科技创新过程中更加注重资源节约和环境友好性。科技创新需要考虑如何减少对有限资源的依赖，通过绿色设计、清洁生产等方式降低对环境的影响。可持续发展还强调社会的可持续发展需求，要求科技创新注重人民群众的福祉和社会公平。科技创新应该服务于人民的需求，推动解决社会问题、促进社会公平和包容。

在可持续发展的指引下，科技创新可以更加注重绿色、低碳、环保的研发方向，推动产业结构的优化升级，实现经济的繁荣与生态的平衡。例如，在交通领域，科技创新可以推动电动汽车、智能交通管理系统等的发展，减少尾气排放和交通拥堵，改善空气质量。在工业领域，科技创新可以推动清洁生产技术的应用，减少污染物排放，提高资源利用效率。在农业领域，科技创新可以推动精准农业、无土栽培等技术的发展，提高农业生产效率，减少对土地和水资源的压力。

三、两者相互促进

可持续发展和科技创新是当今社会发展的两个重要方向，它们之间存在着紧密的相互促进关系。可持续发展强调经济、社会和环境的协调发展，而科技创新则提供了推动可持续发展的重要动力和解决方案。下面将从不同的角度探讨可持续发展和科技创新之间的相互促进关系。

（一）新的机遇和解决方案

科技创新为可持续发展带来了新的机遇和解决方案。随着人口增长、资源短缺和环境问题日益突出，传统的经济模式和生产方式已经无法满足社会的需求。科技创新通过研发新的技术、产品和服务，为可持续发展提供了新的机遇。

1.能源领域

科技创新在能源领域为可持续发展做出了巨大贡献，可再生能源技术的创新使得清洁能源得以大规模应用。这些技术的发展使得人们可以更加依赖可再生能源，减少对传统化石能源的需求，从而降低了温室气体排放和环境污染。同时，科技创新也推动了能源储存和能源效率的提升，使得可再生能源的利用更加稳定和高效。

2.城市化进程

科技创新在城市化进程中发挥了重要作用。随着全球城市化进程的加速,科技创新为建设智能城市、智能交通等提供了新的解决方案。例如,智能交通系统可以通过数据分析和智能调度,优化交通流动,减少拥堵和排放。智能城市的建设则通过信息技术的应用,实现资源的高效利用、环境的保护和居民的便利生活。

3.循环经济

科技创新也促进了循环经济的发展。通过创新技术和工艺,废弃物可以被转化为资源,实现资源的再利用和循环利用。例如,废弃物处理技术可以将垃圾转化为能源或有机肥料,减少对自然资源的消耗。同时,科技创新也提供了产品设计和制造的新思路,推动了可持续材料和产品的开发和应用。

(二)新的需求和挑战

可持续发展对科技创新提出了新的需求和挑战。在过去,经济增长往往以牺牲环境为代价,而社会公平和资源分配也面临不平衡的问题。然而,随着人们对环境保护和社会公正的重视日益增加,可持续发展成了全球的共识和目标。

可持续发展要求经济增长与环境保护相协调,社会公平与资源分配相平衡。这就意味着科技创新需要提供更加环保、高效的生产方式和消费模式。传统的生产方式往往依赖于大量的能源消耗和排放物的释放,给环境造成了巨大的压力。因此,清洁生产技术的创新变得至关重要。通过引入先进的环保技术和工艺,可以降低工业生产的能耗和排放,实现经济增长与环境保护的双赢局面。

另外,循环经济的发展也是可持续发展的重要组成部分。传统的线性经济模式是"采购—生产—消费—丢弃"的方式,导致资源的浪费和环境的破坏。而循环经济强调资源的有效利用和再利用,通过回收、再制造和再利用等手段实现资源的循环利用。科技创新需要推动循环经济的发展,设计和开发可回收和可再生的产品,建立起完善的回收和再利用体系。

同时,可持续发展对科技创新提出了更高的要求。传统的科技创新往往是针对特定领域或问题的解决方案,而可持续发展要求科技创新具备跨学科、系统性的思维能力,能够解决复杂的社会和环境问题。这意味着科技创新需要与其他学科进行合作,形成协同效应,例如融合工程技术、环境科学、社会学等多个领域的知识和方法。科技创新还需要关注社会需求和民众参与,确保科技的发展符合公众利益,促进社会的整体进步。

（三）数据支持和决策基础

科技创新为可持续发展提供了数据支持和决策基础。在实现可持续发展的过程中，数据的收集、分析和应用起着至关重要的作用。科技创新通过引入各种传感器、监测设备和信息技术工具，可以实现对环境、资源和社会等方面的全面监测和评估。

1. 提供各种传感器和监测设备

科技创新提供了各种传感器和监测设备，可以收集大量的数据。例如，气象站、空气质量监测设备、水质监测仪器等可以实时监测环境指标，如气温、湿度、污染物浓度等。这些数据能够提供环境状况的准确描述，为环境保护政策和措施的制定提供科学依据。另外，交通流量监测设备、能源消耗监测系统等也可以收集与交通和能源利用相关的数据，为城市规划和交通管理提供参考。

这些传感器和监测设备通过科技创新不断得到改进和升级，提高了数据的精确性和采集频率。例如，利用物联网和人工智能技术，传感器可以实现自动化采集和远程监控，减少了人力成本和操作风险。科技创新还推动了传感器的小型化和便携化，使其能够更广泛地应用于各个领域。

这些传感器和监测设备的数据可以被用于分析和预测，从而帮助我们更好地理解和管理环境和资源。通过数据分析和建模，可以揭示环境和资源利用的规律和趋势，为决策者提供科学依据。例如，基于大数据和人工智能技术的交通流量预测系统可以帮助优化道路网络和交通信号灯控制，减少交通拥堵和碳排放。

传感器和监测设备的数据也可以与其他领域的数据进行整合和共享，实现跨领域的综合分析和协同决策。例如，将环境数据与人口、经济等社会数据相结合，可以深入研究环境与人类活动之间的关系，并制定更有效的可持续发展战略。

2. 提供信息技术工具和大数据分析

科技创新不仅为我们带来了各种先进的信息技术工具，还提供了大数据分析方法，可以对收集到的数据进行处理和分析。借助人工智能、机器学习等技术，我们可以深入挖掘数据中的潜在关联和规律，从而为决策提供更加准确和深入的洞察。

举个例子来说，通过对气象数据和空气质量监测数据进行分析，我们可以发现天气因素与空气污染之间的关系。这样一来，我们就可以有针对性地制定应对措施，比如在恶劣天气条件下采取相应的环境保护措施，以减少空气污染的程度。大数据分析还可以帮助企业和政府进行资源利用效率评估，优化能源消耗和物流运作，实现节能减排的目标。

通过信息技术工具和大数据分析，我们能够更好地理解和利用所面临的海量数据，从而做出更明智、更有效的决策。无论是在环境保护、经济发展还是社会治理方面，科技创新所带来的信息技术工具和大数据分析方法都能够发挥重要作用，为我们提供更准确、更全面的信息支持，帮助我们解决问题和取得进步。

3.提供决策支持系统和智能管理平台

科技创新为可持续发展提供了决策支持系统和智能管理平台，这些工具可以帮助决策者更好地理解问题、预测趋势并制定合适的政策。

通过整合各类数据和信息，构建专业的决策支持系统，我们能够更全面地分析和评估各种情况。例如，在城市交通管理方面，基于城市交通流量数据和环境状况数据，可以开发出智能交通管理系统。该系统可以实时监测交通状况、分析交通拥堵原因，并通过优化交通信号控制，缓解交通拥堵，提高交通效率。类似地，基于能源消耗数据和碳排放数据，可以建立智能能源管理平台。该平台可以帮助企业和政府实现对能源的有效利用和减少温室气体排放，从而推动低碳经济发展。

决策支持系统和智能管理平台还可以借助人工智能和大数据分析等技术进行预测和模拟，帮助决策者做出科学决策。例如，通过对历史数据和趋势进行分析，可以预测未来的资源需求和环境变化，从而制定相应的政策和措施。这些系统还能够提供决策者所需的实时数据和指标，让他们能够及时了解问题的最新情况，并做出相应的调整和决策。

（四）国际合作和知识共享

可持续发展和科技创新之间的相互促进在国际合作和知识共享方面得到体现。全球面临着可持续发展这一共同挑战，各国需要共同努力并开展合作来应对这一挑战。科技创新为国际合作提供了重要的平台和机制，通过科技创新，不同国家可以分享经验、交流技术，并共同应对全球范围内的环境和社会问题。

科技创新为国际合作提供了重要的平台。通过国际组织、跨国企业以及学术界的合作，各国可以共同研究和开发新的科技解决方案，从而促进可持续发展。例如，联合国可持续发展目标中的17个具体目标涉及多个领域和国家，需要各国通过科技创新共同实现。各国可以共享研究成果和技术进展，加强合作项目的推进，提高可持续发展目标的实现效率。

科技创新为国际合作提供了重要的机制。各国可以通过建立科技创新合作机制来加强合作和知识共享。例如，国际科技创新合作平台、研究交流机制等可以促进各国之间的合作和交流。通过这些机制，各国可以共同开展科技研究和创新项目，分享最新的科技成果和应用经验。这不仅有助于解决全球性的环境和社会问题,也推动了可持续发展目标的实现。

知识共享也是可持续发展和科技创新相互促进的重要方面。科技创新需要知识的积累和传递,而知识共享可以加速科技创新的进程。各国可以通过共享科技成果、研究数据和专利技术等来促进知识的共享。这有助于避免重复努力和资源浪费,提高科技创新的效率和质量。同时,知识共享还可以促进全球范围内的技术转移和普及,让更多国家受益于科技创新,推动可持续发展进程。

第二节 科技创新在环境保护方面的应用

科技创新在环境保护方面发挥着重要的作用。随着全球气候变化、生态环境恶化等问题日益突出,科技创新成为解决环境问题的关键之一。下面将从多个角度探讨科技创新在环境保护方面的应用。

一、大数据和人工智能在环境监测中的应用

科技创新在环境保护方面的应用是一个热门话题。随着全球气候变化、生态环境恶化等问题的加剧,科技创新成为解决环境问题的重要手段。其中,大数据和人工智能在环境监测中的应用尤为突出。

(一)大数据在环境监测中的应用

1.数据收集与整合

大数据技术在环境监测中的应用主要体现在数据收集与整合方面。传统的环境监测需要人工采样和实地测试,耗时耗力且无法覆盖大范围。而借助大数据技术,可以快速、准确地收集各类环境数据,包括气象、水质、土壤、空气质量等多个方面的数据。

通过传感器技术,可以实时监测环境状况。传感器可以安装在不同的地点,实时感知环境参数,如温度、湿度、气压等,将这些数据以数字形式记录下来。还可以使用无线通信技术将数据传输到数据中心,实现远程监控和数据实时更新。

遥感卫星是大数据环境监测中重要的数据来源之一。遥感卫星搭载各种传感器,可以获取广阔区域的环境信息。例如,利用卫星图像可以监测森林覆盖率、湿地变化等情况。通过分析卫星图像的变化,可以了解生态系统的健康状况和变化趋势。

无人机技术也为环境监测提供了新的途径。无人机配备各种传感器和相机，可以飞行在空中进行环境数据采集。例如，利用无人机技术可以高效地巡查河流水质、监测海洋垃圾等。无人机具有灵活性强、覆盖范围广等优势，能够获取到更为详细和全面的环境数据。

大数据技术还可以将来自不同源头的数据进行整合。通过建立数据库和云计算平台，可以将分散的环境数据进行汇总和管理。这样一来，环境监测机构可以更加方便地获取所需数据，同时也为数据的分析和研究提供了便利。

2.数据存储与管理

随着科技的不断发展，环境监测系统、气象站、传感器网络等设备产生的数据量急剧增加，传统的数据处理和存储方式已经无法满足这种规模的需求。

为了高效地存储和管理海量的环境数据，云计算和分布式存储技术被广泛应用。通过云计算，可以将数据存储在云端的服务器上，实现数据的集中管理和共享。云计算提供了强大的计算和存储能力，可以根据需求弹性扩展，确保对大规模环境数据的处理和存储具有良好的性能和可扩展性。

分布式存储技术也是大数据存储和管理的关键。分布式存储将数据分散存储在多个节点上，每个节点都具有存储和计算能力。这种分布式架构可以提高数据的容错性和可用性，并且支持并行处理和快速检索。当一个节点出现故障时，其他节点可以接替其功能，避免数据丢失和服务中断。

在大数据存储和管理过程中，数据的安全性和可靠性也是非常重要的考虑因素。通过数据备份、冗余存储和灾难恢复机制，可以确保数据不会丢失，并且能够及时恢复。数据加密和访问控制等安全措施可以保护数据的机密性和完整性，防止未经授权的访问和篡改。

3.数据分析与挖掘

大数据技术在环境数据分析和挖掘方面具有重要作用。随着环境监测设备和传感器网络的普及，收集到的环境数据呈现出海量、多样化的特点，传统的数据处理方法已经无法满足对数据深入挖掘的需求。

数据挖掘是一种通过自动发现模式、规律和知识的方法来分析大规模数据的过程。在环境数据分析中，数据挖掘可以帮助我们从庞大的数据集中提取关键信息，并揭示出环境问题的潜在原因和规律。例如，在大气污染研究中，通过分析大量的空气质量数据，可以发现不同污染物之间的相关性，预测污染物的扩散路径和影响范围，为制定环境保护政策提供科学依据。

机器学习是利用算法和模型让计算机从数据中学习并进行预测和决策的技术。在环境数据分析中,机器学习可以根据历史数据和环境特征,构建预测模型,实现对未来环境变化的预测。例如,通过对气象数据的分析,可以建立天气预报模型,准确预测未来的降雨情况,为灾害防范和农业生产提供参考。

4.数据可视化与共享

大数据技术在环境领域的数据可视化和共享方面发挥着重要作用。通过将庞大的环境数据以图表、地图等形式进行可视化展示,可以使数据更加直观、易于理解。

数据可视化能够将复杂的环境数据转化为可视化图形,帮助人们更好地理解数据背后的信息和趋势。例如,通过绘制气象数据的温度变化曲线、降雨量分布地图等,可以直观地展示不同地区的气候变化情况。这样的可视化呈现使得环境数据更加具有说服力,有助于政府、企业和公众做出基于数据的决策和行动。

数据可视化还可以帮助发现隐藏在数据中的关联和规律。通过对多个环境指标之间的关系进行可视化分析,可以揭示出它们之间的相互影响和趋势。这对于环境问题的深入理解和解决方案的制定非常重要。

大数据技术也促进了环境数据的共享和开放。通过建立统一的数据平台和标准,不同部门、组织和地区可以共享自己的环境数据,并获得其他方的数据。这种跨界合作和数据共享可以带来更全面、准确的环境数据,为科学研究、政策制定和决策支持提供更好的基础。

开放环境数据还激发了创新和创业的活力。在大数据平台的支持下,开发者可以利用公开的环境数据进行应用程序和解决方案的开发,为环境保护和可持续发展提供新的思路和工具。例如,基于环境数据的智能城市管理系统、气象灾害预警应用等,都可以通过数据共享和可视化来实现。

(二)人工智能在环境监测中的应用

1.环境污染源识别

人工智能技术在环境污染源识别方面发挥着重要作用。通过对环境数据的分析,结合图像识别、语音识别等技术,可以准确地识别出污染源的位置和类型。

图像识别技术是人工智能的一个重要领域,它可以通过对图像数据的分析和模式识别,实现对特定对象或场景的自动识别。在环境污染源识别中,图像识别技术可以通过分析卫星影像、无人机拍摄的照片等数据,识别出工业排放口、废水排放口等。通过训练模型和算法,可以识别出具有污染性质的设备、管道和区域,从而帮助监测和管理部门迅速定位污染源,并采取相应的措施进行治理。

语音识别技术也可以在环境污染源识别中发挥作用。噪声污染是城市生活中常见的问题之一，通过分析环境中的声音数据，可以识别出噪声污染源的位置和特征。利用语音识别技术，可以将环境中的声音转化为可识别的文本信息，通过对文本进行分析和处理，可以确定噪声源的类型、强度和位置。这样的识别结果可以为相关部门提供有针对性的监管和治理措施。

除了图像识别和语音识别，还有其他的人工智能技术可以用于环境污染源识别，如传感器数据的分析和模式识别。通过在环境中布置传感器，收集空气质量、水质等数据，利用机器学习算法对数据进行分析，可以识别出可能存在的污染源，并对其进行定位和分类。

2.环境事件预警

通过利用历史数据和模型算法，人工智能可以对环境事件进行预测和预警，为相关部门和公众提供及时的信息和决策支持。

一种常见的应用是利用机器学习算法来预测空气质量指数的变化趋势。通过分析大量的空气质量监测数据以及影响因素（如气象条件、交通状况等），可以训练出模型来预测未来一段时间内的空气质量水平。这样的预测结果可以帮助政府和居民提前做好相应的控制措施，例如限制工业排放、减少车辆尾气等，从而改善空气质量，保护公众健康。

另一个应用是利用模型模拟和预测自然灾害的发生概率和影响范围。通过分析历史的自然灾害数据，结合气象数据、地理信息等，可以建立预测模型。这些模型可以根据不同的气象条件和地理环境，预测洪水、地震、台风等自然灾害的可能性和可能的影响范围。这样的预警系统可以提前通知相关部门和居民，采取必要的防范措施，减少灾害造成的损失。

除了空气质量和自然灾害，人工智能技术还可以应用于其他环境事件的预警，如水质污染、土壤退化等。通过收集和分析大量的监测数据，建立相应的模型和算法，可以实现对这些环境事件的预测和预警。这有助于加强环境监测和管理，及时发现和处理潜在的环境问题。

3.环境风险评估

通过建立模型和算法，人工智能可以对环境污染事件的潜在影响范围和程度进行评估和分析，为环境管理部门提供决策依据。

环境风险评估是一种系统性的方法，用于评估环境污染事件对环境和人类健康的可能影响。通过收集和分析相关数据，如污染源的特征、环境条件、人口密度等，结合人工智能技术，可以建立预测模型来评估环境风险。

一种常见的应用是利用机器学习算法来预测环境污染事件的影响范围。通过分析历史的污染事件数据以及环境因素的空间分布，可以训练出模型来预测类似事件在不同区域的传播范围和程度。这样的评估结果可以帮助环境管理部门了解可能的污染扩散情况，采取相应的控制和防范措施，以减少对环境和人类健康的危害。

人工智能技术还可以在环境风险评估中应用于不同的环境因素和污染类型。例如，利用深度学习算法和遥感数据，可以预测土地退化、森林砍伐等问题的潜在风险。通过对大量的地理和生态数据进行分析和建模，可以识别出可能受到影响的区域，并提前采取保护措施。

4.智能监测与控制

通过智能传感器网络和自动化控制系统，人工智能可以实现环境监测的自动化和智能化。

智能传感器网络是一种利用传感器节点进行数据采集、处理和传输的技术。在环境监测中，智能传感器网络可以部署在不同地点，实时收集环境数据，如空气质量、水质状况等。这些传感器节点可以通过无线通信将数据传输到中心服务器或云平台，进行进一步的分析和处理。借助人工智能技术，可以对大量的环境数据进行快速分析和模式识别，从而实现环境监测的自动化和智能化。

自动化控制系统则用于对环境污染源进行远程监控和调控。通过将传感器节点与控制设备相结合，可以实时监测污染源的排放情况，并根据预设的阈值和规则进行自动化控制。当监测数据超过预设的安全范围时，自动化控制系统可以及时发出警报，并采取相应的措施，如关闭污染源、调整生产工艺等，以减少环境污染的风险。这种智能监测与控制系统可以提高环境保护的效率和准确性，减少人为干预的可能性。

人工智能技术还可以通过数据分析和模型预测，为环境监测与控制提供更精确的信息和决策支持。通过对历史数据的分析和建模，可以预测环境变化趋势，帮助制定相应的监测计划和控制策略。例如，利用机器学习算法可以预测空气质量的变化趋势，帮助政府和企业做出针对性的措施，改善空气质量。

二、循环经济与废弃物资源化利用

科技创新在环境保护方面发挥着重要的作用，特别是在循环经济与废弃物资源化利用领域。随着人们对可持续发展和资源效率的需求增加，科技创新推动了各种技术、工艺和解决方案的出现，有效地促进了循环经济的发展和废弃物资源化利用的实现。

循环经济是一种以减少资源消耗和废弃物产生为目标的经济模式，通过最大限度地回收、再利用和再生产废弃物，实现资源的循环利用。科技创新在循环经济中扮演着关键角色，以下是其中一些主要应用：

（一）废弃物分类与回收技术

废弃物分类与回收技术在科技创新的推动下得到了显著发展。通过引入自动化机器人系统，废弃物的分类和回收变得更加高效和智能化。这些系统利用计算机视觉和机器学习算法，能够准确地识别和分拣不同类型的废弃物，从而提高了回收的效率和质量。

自动化机器人系统的工作原理是通过摄像头等传感器获取废弃物的图像信息，然后利用机器学习算法对这些图像进行分析和识别。通过训练模型，机器可以学习识别各种废弃物的特征，例如塑料、纸张、金属等，以及它们的不同类型和品质。一旦识别完成，机器人就会将废弃物分拣到相应的分类容器中，以便后续的处理和回收利用。

除了自动化机器人系统，还有其他新型的回收技术和设备为废弃物资源化利用提供了更多选择。例如，生物降解塑料是一种可以被微生物分解的塑料材料，具有较好的可降解性和环境友好性。这种塑料可以通过特殊的工艺制造而成，并在使用后被回收利用或自然分解，减少对环境的影响。

针对电子废物的可回收材料提取也是一项重要的技术。电子废物中包含了许多有价值的金属和其他材料，如铜、铝、稀有金属等。传统的处理方法往往会导致这些宝贵资源的浪费，而新型的回收技术可以有效地提取并回收这些材料，实现资源的再利用。

（二）废弃物转化与能源利用

现代社会的快速发展产生了大量的废弃物，传统的处理方法已经难以满足需求，因此寻找更加高效、环保的处理方式成为一项迫切的任务。

废弃物转化与能源利用是一种将废弃物转变为有价值产品和能源的方法。通过生物技术、热解、气化等先进技术，废弃物可以被转化为生物质燃料、生物气体和有机肥料等可再利用的资源。这样的转化过程不仅可以减少对传统能源的依赖，还能有效地降低废弃物处理对环境的影响。

生物技术是废弃物转化的重要手段之一。通过利用微生物的代谢能力，废弃物可以被转化为生物质燃料和有机肥料。例如，利用厌氧菌可以将有机废弃物进行发酵，产生甲烷气体，即生物气体，作为替代传统能源的清洁能源。利用厌氧消化技术,废弃物中的有机物质也可以转化为有机肥料,用于农业生产。

热解是另一种常用的废弃物转化技术。通过高温无氧环境下的热分解,废弃物中的碳、氢等元素可以被分解出来,生成固体、液体和气体产品。其中,固体产物可以作为生物质燃料使用,液体产物可用作化工原料,而气体产物可作为替代传统能源的清洁能源。

气化技术则将废弃物转化为合成气。在高温条件下,废弃物经过氧化反应,生成含有一氧化碳和氢气的混合气体。这种合成气可以用于发电、供热和工业生产,减少对传统能源的需求,并降低废弃物处理过程中的环境污染。

废弃物转化与能源利用的发展不仅实现了资源的循环利用,减少了对自然资源的依赖,还有效地解决了废弃物处理带来的环境问题。科技创新为废弃物转化和能源利用提供了更加高效和可持续的途径,为建设资源节约型、环境友好型社会提供了有力支持。

(三)循环材料与产品设计

科技创新在循环材料和产品设计方面具有重要作用。现代社会对资源的需求不断增加,而传统的生产方式往往造成了大量的资源浪费和环境污染。为了解决这一问题,人们开始关注循环经济的理念,通过科技创新来开发可回收、可再生的材料和制造技术,以降低产品的资源消耗和废弃物产生。

循环材料是指可以通过再生或回收过程得到再次利用的材料。科技创新使得循环材料的研发和应用变得更加广泛和高效。例如,可降解塑料的研发和推广减少了对传统塑料的依赖,使得废弃塑料可以被分解并转化为有价值的物质,从而实现资源的循环利用。开发利用再生纤维材料、再生金属和再生塑料等循环材料也成了当前的研究热点,以减少对原始资源的需求。

产品设计也是循环经济中的关键环节。科技创新使得产品设计更加注重循环和可持续性。采用模块化设计和可拆卸组件的产品可以方便材料的回收和再利用。例如,电子产品中的模块化设计使得零部件可以更容易地替换和升级,延长了产品的寿命,并减少了废弃物的产生。通过应用智能传感器和物联网技术,可以实现对产品的追踪和监测,从而更好地控制资源的使用和管理。

在循环材料和产品设计方面,科技创新不仅涉及材料的研发和制造技术的改进,还包括相关的政策和标准的制定。政府和行业组织可以通过鼓励和支持科技创新,推动循环经济的发展。加强国际合作和知识共享也是促进循环材料和产品设计领域的科技创新的重要途径。

三、生态修复与生物多样性保护

科技创新在生态修复和生物多样性保护方面发挥着重要作用。随着环境破坏的加剧和生物多样性丧失的威胁，科技创新成为了解决这些问题的关键手段之一。

通过科技创新，人们可以开发出适应恶劣环境条件的植物和微生物，以加速土壤修复、水域治理等工作。

在植物方面，通过生物技术和遗传工程等手段，可以改良和优化植物基因，使其具有更强的耐受能力和适应性。例如，利用转基因技术，科学家可以将耐盐碱或耐重金属的基因导入作物中，使其能够在盐碱地或重金属污染地生长，并起到修复土壤的作用。这些改良的植物不仅可以在恶劣的土壤条件下存活，还能够吸收和转化土壤中的污染物质，从而提高土壤质量。

微生物技术也是生态修复中的重要手段之一。通过研发针对特定环境的微生物菌种，可以应对水域富营养化的治理、油污染的处理等问题。例如，利用微生物技术可以培养出具有降解有机污染物能力的微生物菌种，通过引入这些菌种进行生物修复，可以有效地降解水域中的有害物质，恢复水体生态平衡。

科技创新为生物多样性监测和保护带来了革命性的变化。传统的生物多样性监测主要依赖于人工调查和标本采集，这种方法费时费力且可能对生物种群造成破坏。然而，随着现代科技的发展，我们现在有了更多快速准确的选择。

基因测序和 DNA 条形码技术是现代科技在生物多样性监测中的重要应用。通过分析物种的遗传信息，这些技术可以快速准确地鉴定物种，甚至可以研究不同个体之间的遗传差异。基因测序技术可以通过解读物种的基因组序列来确定其身份，并识别出潜在的新物种。DNA 条形码技术则利用物种特定的 DNA 片段进行鉴定，类似于商品上的条形码，能够迅速确定物种的身份。

这些技术的引入使得科学家们能够更好地了解物种的多样性和分布情况。传统的调查方法可能只能鉴定一小部分物种，而基因测序和 DNA 条形码技术可以同时处理大量样本，覆盖更广泛的物种。这不仅提高了监测的效率，还能发现以前未知的物种。通过对不同个体之间的遗传差异进行研究，科学家们可以更好地理解物种的遗传多样性和进化历史。

利用这些新技术，科学家们可以更准确地评估生物多样性的状况，并为保护策略的制定提供科学依据。例如，在确定哪些地区需要优先保护时，可以使用基因测序和 DNA 条形码技术来识别物种的分布范围和遗传结构，从而确定其保护优先级。

这些技术还可以帮助监测物种的数量和种群动态，及时发现濒临灭绝的物种并采取相应的保护行动。

（三）遥感技术和空中无人机监测

传统的生物多样性监测往往需要大量的人力和物力投入，而遥感技术和无人机监测则为我们提供了更高效、更精确的选择。

遥感技术利用卫星或飞机等平台获取大范围的影像数据，可以实时监测森林、湿地等生态系统的变化情况。通过对这些影像数据进行分析，科学家们可以及时发现植被退化、栖息地破坏等问题。例如，通过对植被指数的计算，可以评估植被的健康状况和覆盖度，进一步推断出生物多样性的状况。同时，遥感技术还可以检测陆地和海洋的表面温度、水质和污染物的分布，从而揭示生态环境的改变和对生物多样性的影响。

空中无人机作为一种灵活、可控的监测工具，进一步提高了监测的精度和灵敏度。无人机可以在较小的尺度上进行详细的观测和调查，能够获取更高分辨率的影像数据和精确的空间信息。这对于研究物种分布、数量和栖息地利用等方面非常重要。例如，在森林中，无人机可以通过搭载红外相机和激光雷达等设备，获取更准确的植被高度和结构信息，从而揭示物种的垂直分布和生境偏好。无人机还可以进行样本采集、监测动物行为等工作，为保护措施的制定提供更精准的数据支持。

第三节 科技创新在社会发展方面的应用

随着科技的不断进步和创新，我们见证了许多改变人们生活方式和社会结构的重大突破。科技创新广泛应用于各个领域，包括医疗保健、交通运输、能源、通信等，为社会发展带来了巨大的影响和改变。

一、医疗保健

科技创新在医疗保健领域的应用对于人类的健康和生活质量有着深远的影响。现代医学科技的不断进步为医疗诊断、治疗和预防提供了新的工具和方法，使得医疗保健更加准确、个性化和可及。

（一）基因测序和精准医疗

基因测序技术的突破使得我们能够更好地理解人类的基因组信息，并将其应用于临床医学中。通过对患者基因组的分析，可以确定患者是否携带有致病基因，预测患病风险，甚至根据个体基因特征制定个性化的治疗方案。这种个性化医疗即精准医疗，它可以提高治疗效果，降低副作用和药物耐药性的发生。

基因测序技术的应用范围非常广泛，其中在肿瘤治疗方面的应用尤为重要。肿瘤是一个具有遗传异质性的疾病，不同患者的肿瘤可能存在不同的基因突变。通过对患者肿瘤样本进行基因测序，可以明确肿瘤细胞的突变情况，包括致病基因的突变、肿瘤相关信号通路的异常等。这些信息有助于医生选择针对性的靶向药物进行治疗，提高治疗的效果和生存率。

基因测序技术还可以应用于新生儿筛查，早期发现一些遗传病风险，并采取相应的干预措施。通过对新生儿进行基因测序，可以检测出一些常见的遗传病突变，如苯丙酮尿症、先天性甲状腺功能减退等。这有助于及早发现患病风险，采取适当的治疗和管理措施，减少疾病的发展和影响。

精准医疗还可以在个体化药物治疗方面发挥作用。基因测序技术可以帮助确定患者对某些药物的反应情况，从而为临床医生制定个性化的用药方案提供依据。例如，通过检测患者的药物代谢能力基因型，可以预测患者对某些药物的代谢速度和药物浓度的影响，从而调整药物剂量和频率，以达到最佳的治疗效果。

基因测序技术还可以帮助进行疾病风险评估和预防措施的制定。通过对个体基因组的分析，可以预测患病风险和易感性，帮助人们采取相应的生活方式和健康管理措施，减少疾病的发生和发展。

（二）远程医疗和移动医疗

随着互联网和移动通信技术的不断发展，远程医疗和移动医疗已经成为现实。远程医疗利用视频会诊和远程监测技术，使患者可以在家中接受医生的远程诊断和指导，无须长途跋涉去看病。这种方式不仅减轻了患者的时间和经济负担，还解决了地域医疗资源不均衡的问题。

通过远程医疗，患者可以通过视频会议与医生进行实时沟通，医生可以观察患者的症状和体征，给予准确的诊断和治疗建议。同时，远程监测技术可以帮助医生对患者的健康状况进行实时监测，及时发现异常情况并进行干预。这种方式尤其对于一些需要长期随访和监测的慢性病患者非常有益，可以减少他们频繁就医的次数，提高生活质量。

移动医疗则是通过智能手机、平板电脑等移动设备提供医疗服务。人们可以通过移动应用程序进行在线咨询、预约挂号、健康监测等操作。这种方式使得医疗服务更加便捷和普及,尤其对于偏远地区和发展中国家来说具有重要意义。

在移动医疗中,患者可以随时随地通过手机应用与医生进行交流,无须前往医院排队等候。他们可以通过在线咨询获得医生的专业建议,并进行远程处方开具和药物配送。移动设备还可以用于健康监测,例如使用智能手环或血压计进行身体数据的实时记录和分析,帮助患者掌握自己的健康状况。

(三)3D打印技术

3D打印技术在医疗保健领域的应用范围非常广泛。它可以通过逐层打印材料,制造出各种医疗器械、人工关节、牙齿种植体等,为患者提供个性化的医疗解决方案。

1.医疗器械领域

传统的医疗器械往往是通用型的,不能完全适应每个患者的个体差异。而通过3D打印技术,可以根据患者的具体情况定制医疗器械,如手术导板、矫形器和义肢等。这些个性化的器械能够更好地适应患者的身体结构和需求,提高治疗效果和舒适度。

2.人工关节领域

人工关节是治疗关节退行性疾病的有效手段,但由于每个患者的关节大小和形状都不尽相同,传统的标准化人工关节存在一定的局限性。通过3D打印技术,可以根据患者的关节数据打印出个性化的人工关节,提高手术成功率和患者的生活质量。

3.牙齿种植领域

传统的牙齿种植需要通过模具来制作人工牙齿,费时费力且效果有限。而利用3D打印技术,可以根据患者的口腔扫描数据,精确打印出符合患者口腔形态的人工牙齿,提高种植效果和舒适度。

除了医疗器械和人工器官,3D打印技术还在组织工程和再生医学领域展现了巨大潜力。通过打印人体细胞或生物材料,可以构建出人工器官、血管和组织,用于移植和修复受损部位。这种技术的应用将有助于改善器官移植的供需矛盾,减少排斥反应,并为疾病治疗提供新的可能性。

二、交通运输

科技创新在社会发展方面的应用在交通运输领域尤为显著。随着科技的不断进步和创新,交通运输方式得到了极大的改善和提升。下面将从多个方面介绍科技创新在交通运输领域的应用。

（一）智能交通系统

智能交通系统是利用现代信息技术对交通运输系统进行管理和控制的一种手段。通过智能交通系统，可以实现交通拥堵监测与预测、车辆导航与路线规划、信号灯优化调度、停车场管理等功能。这些技术的应用使得交通运输更加高效、安全和便捷。

智能交通系统中的交通拥堵监测与预测技术可以通过实时监测交通流量和道路状况，预测出可能发生的拥堵情况，并提供相应的交通建议。传感器和摄像头等设备可以收集道路上车辆的数量、速度和密度等数据，交通管理中心通过对这些数据的分析和处理，可以准确地监测出交通拥堵的情况。基于历史数据和机器学习算法，系统可以预测未来的交通状况，并向驾驶员或用户提供相关的交通信息和建议。这有助于减少交通拥堵，提高道路通行效率，节约时间和能源资源。

智能交通系统中的车辆导航与路线规划技术可以根据实时交通信息和用户需求，为驾驶员提供最佳的行车路线。基于 GPS 定位和地图数据，系统可以实时监测道路状况和交通拥堵情况，并为驾驶员提供实时的导航指引。通过分析交通流量和道路条件等因素，系统可以智能地选择最佳的行车路线，避开拥堵路段，减少行车时间和交通压力。同时，系统还可以根据用户的偏好和需求，提供个性化的导航服务，如推荐优惠加油站、餐馆等相关信息。

除了交通拥堵监测与预测以及车辆导航与路线规划，智能交通系统还包括信号灯优化调度和停车场管理等功能。信号灯优化调度技术可以根据实时交通流量和道路需求，智能地调整信号灯的时序，以提高交通效率和减少拥堵。停车场管理技术可以利用传感器和摄像头等设备，实时监测停车场内的车辆数量和空位情况，通过智能导航系统指引驾驶员找到合适的停车位，提高停车效率和资源利用率。

（二）电动交通工具

电动交通工具是指以电能为动力源的交通工具，例如电动汽车、电动自行车等。随着科技创新和环保意识的提升，电动交通工具在近年来得到了广泛的应用和发展。相比传统的燃油车，电动交通工具具有环保、高效、低噪音等优势。

电动交通工具的发展离不开电池技术的创新。目前，锂离子电池已成为主流的电池技术，其能量密度和循环寿命得到了大幅提升，使得电动交通工具的续航里程更长、充电时间更短。同时，随着智能充电设施的建设，人们可以方便地在家门口充电桩或公共场所为电动车辆进行充电。

电动交通工具的优势之一是环保性。相比燃油车，电动交通工具不产生尾气排放，减少了空气污染和温室气体的排放，对改善空气质量和缓解气候变化具有重要意义。电动交通工具也降低了噪音污染，给城市居民带来更加宁静的生活环境。

电动交通工具还具有高效性。电动机的能量转换效率相对较高，比燃油车更为节能。电动交通工具还具备回收制动能量等智能技术，进一步提高了能源利用效率。

虽然电动交通工具在环保和高效方面表现出色，但也面临着一些挑战。首先是充电基础设施的建设不完善，影响了用户的充电体验和使用便利性。其次是电池技术的成本和安全性问题，目前锂离子电池的成本仍然较高，而且在极端情况下可能存在安全隐患。此外，电动交通工具的续航里程仍然受到限制，需要进一步提升电池技术和充电设施的发展。

（三）高速铁路技术

高速铁路技术是指利用先进的轨道交通技术和工程手段，实现列车在高速运行条件下平稳、快速、安全运行的技术。高速铁路的出现使得远距离旅行更加便捷和舒适，也对区域经济发展起到了积极的推动作用。

高速铁路技术的关键之一是列车设计。在高速运行条件下，列车的空气动力学效应显得尤为重要。为了减小风阻和降低能耗，高速列车的外形设计需要充分考虑气动性能，采用流线型车体和减阻措施，如前倾头部、独特的车厢连接方式等。悬挂系统的创新也是提高列车平稳性和乘坐舒适度的关键。通过采用空气弹簧、液压悬挂等先进技术，可以有效降低列车震动和噪音，提升乘客的舒适感受。同时，车辆控制系统的精确调节和自动化控制也是确保列车高速运行安全的重要因素。

另一个关键是线路工程。为了满足高速列车的运行需求，高速铁路线路需要采用平直线路和大半径曲线设计，以减小列车在曲线行驶时的侧向加速度，保证乘坐舒适性和安全性。为了降低列车通过隧道时的气动阻力和噪音，需要进行隧道通风和隔音屏障的设计。同时，在高速铁路线路的设计中还要考虑地震、风雪等极端天气条件对线路的影响，确保线路的稳定性和安全性。

高速铁路技术的发展离不开科学研究和工程实践的不断推进。在世界范围内，一些国家如中国、日本、法国等已经建设了成熟的高速铁路网络，并取得了显著的成就。在技术创新方面，超导磁浮列车、真空管道交通等新兴技术也正在被广泛研究和探索，有望进一步提升铁路交通的速度和效率。

三、能源

能源作为社会发展和经济增长的基础，对于保障人民生活和推动可持续发展具有重要意义。科技创新在能源领域的应用可以提高能源的利用效率、推动清洁能源的发展、改善能源供应安全等方面发挥积极作用。

（一）提高能源的利用效率

科技创新对能源利用效率的提高具有重要作用。通过研发和应用新的节能技术和高效设备，可以降低能源消耗和浪费，实现更加智能、高效的能源使用。

在工业领域，科技创新可以通过优化生产流程、采用节能型设备和智能控制系统等方式，降低能源消耗，提高生产效率。例如，通过引入先进的制造技术和自动化设备，可以减少能源在生产过程中的损耗和浪费。智能控制系统的运用可以实现对能源的精细调控，根据实际需求进行合理分配，避免能源的不必要浪费。

在建筑领域，科技创新也可以大幅提高能源利用效率。应用建筑节能技术和智能化系统，如节能照明、智能温控等，可以有效减少建筑能源消耗。例如，采用 LED 照明技术可以降低照明能耗，智能温控系统可以根据室内外温度变化实时调整供暖和制冷设备的运行，实现节能效果。此外，利用太阳能、地热能等可再生能源也是一种科技创新的应用方式，可以降低对传统能源的依赖，提高建筑的能效。

智能电网技术的应用是另一个重要方向。通过引入先进的监测、通信和控制技术，实现对电网的精细管理和优化调度，可以提高电网的运行效率和稳定性。智能电网可以根据用户需求和电力供需情况进行动态调整，实现电力资源的最优分配。同时，智能电网还支持分布式能源的接入和管理，促进可再生能源的大规模利用，减少对传统能源的依赖，提高能源利用效率。

（二）推动清洁能源的发展

传统能源的使用导致了严重的环境污染和气候变化问题，而可再生能源则成了可持续发展的重要选择。科技创新可以促进可再生能源的开发和利用，如太阳能、风能、水能等。

在太阳能领域，科技创新可以提高太阳能电池的效率和降低制造成本。通过研发新型材料、优化电池结构和工艺，以及提高光伏组件的转换效率，可以有效提升太阳能电池的发电能力。采用先进的制造技术和规模化生产也能降低太阳能电池的成本，使其更加普及和可负担。

在风能领域，科技创新可以改善风力发电机组的设计和性能。通过提高风力发电机组的转速控制、叶片设计和轴承技术等方面的创新，可以增强其风能捕捉效率和稳定性。同时，引入智能化监测和控制系统，实现对风力发电场的运行管理和优化调度，能够进一步提高风能的利用效率。

在水能领域，科技创新可以改进水力发电设备和工程建设。通过优化水轮机组的设计和运行方式,提高水能转换效率;利用先进的水库调度系统,实现对水资源的合理配置和利用,可以增加水能发电的产能和可靠性。

此外,储能技术的研发也是清洁能源发展的关键。可再生能源具有波动性和间歇性的特点,需要解决能源供应的稳定性和可持续性问题。科技创新可以推动储能技术的发展,如锂离子电池、钠硫电池、压缩空气储能等,这些技术可以将多余的可再生能源储存起来,以便在需要时释放出来,保证能源供应的平稳和可靠。

(三)改善能源供应安全

能源供应安全是社会经济稳定运行和国家安全的重要保障。通过研发和应用新的能源勘探和开采技术,可以提高能源资源的开采效率和勘探精度,确保能源供应的稳定性和可靠性。

在石油和天然气领域,科技创新可以改进勘探技术和开采工艺。利用先进的三维地震勘探技术,可以提高对油气储层的识别和评估准确性,降低勘探风险。同时,引入深海油气开采技术,可以开拓海洋油气资源,提高油气产量,增加能源供应。科技创新还涉及油气开采过程中的环境保护和安全管理,如碳捕集与封存技术、智能化监测与控制系统等,以确保能源开采的可持续性和安全性。

在能源储存和输送方面,科技创新也起到关键作用。研发新的能源储存技术,如液化天然气(LNG)技术和氢能技术,可以增加能源供应的灵活性和多样性。液化天然气技术可以将天然气压缩成液态,在储存和运输过程中减少体积,提高能源的密度和便携性。氢能技术则可以将能源转化为氢气,在需要时释放出来供能,实现能源的长期储存和运输。科技创新还包括电力输送和配网系统的改进,如超高压输电技术和智能电网建设等,以提高电力传输效率和稳定性,确保电力供应的安全性。

科技创新还可以推动能源多样化和可再生能源的发展,降低对特定地区或特定能源资源的依赖。通过研发和应用新的可再生能源技术,如太阳能、风能、水能等,可以减少对传统化石能源的依赖,提高能源供应的可持续性和安全性。同时,科技创新也涉及能源政策和管理的优化,如建立健全的能源监测与调控机制、制定合理的能源战略规划等,以确保能源供应的稳定和可靠。

四、通信

科技创新在社会发展方面的应用是广泛而深远的。其中,通信技术作为一项重要的科技创新,对社会发展产生了巨大影响。

（一）信息传递和沟通方面

通信技术在促进信息传递和沟通方面发挥着关键作用。随着通信技术的不断发展，人们可以通过各种渠道快速高效地传递信息，实现即时沟通。这对于社会组织和个人之间的协调能力起到了重要的提升作用，也加速了决策过程，推动了社会活动的开展。不论是商务合作、政府管理还是个人交流，通信技术都为人们提供了更多选择和便利。

通信技术的发展使得人们可以轻松地跨越时间和空间的限制，实现即时沟通。通过手机、电子邮件、社交媒体等渠道，人们可以随时随地与他人进行交流。无论是商务合作中的跨国企业，还是个人生活中的远隔他乡的亲友，都能够通过通信技术实现及时联系和信息共享。这种高效的信息传递能力大大提高了社会组织和个人之间的协调效率，有助于加快决策过程，提升工作和生活效率。

通信技术的发展为社会活动的开展提供了更多选择和便利。例如，在商务合作中，通信技术的应用使得远程会议成为可能，企业可以通过视频会议系统进行跨地区、跨国家的会议。这样不仅节省了时间和成本，还有助于促进全球化合作与交流。同时，在政府管理方面，通信技术的应用也极大地提高了政府与公民之间的互动效率。通过政府网站、移动应用等渠道，公民可以随时获取政府发布的信息，提出意见和建议，参与社会治理。这种便利的沟通方式推动了政治发展和社会治理的创新。

通信技术的发展也为个人生活带来了巨大变化。以社交媒体为例，人们可以通过微信、微博、Facebook等平台与朋友、家人保持联系，分享生活点滴，了解彼此的动态。这种即时交流的方式丰富了人们的社交圈子，增强了人际关系的密切程度。同时，通过移动支付等技术的应用，人们可以随时随地进行各类消费和支付，提供了更加便捷的生活方式。通信技术的普及和发展让人们的生活更加丰富多彩，也提高了生活质量。

（二）社会管理和治理

通过信息化和数字化手段，政府可以更好地获取、分析和利用社会数据，实现科学决策和精细化管理。例如，智慧城市建设运用通信技术实现了城市基础设施的智能化，提高了城市管理的效率和质量。同时，通信技术还为公共安全和应急管理提供了重要支撑，例如通过视频监控和警务通信系统，加强了治安维稳和灾害应对能力。

通信技术为政府提供了获取和收集社会数据的渠道。随着互联网的普及和移动通信技术的发展，人们的生活产生了大量的数字痕迹，如手机通话记录、社交媒体活动、在线购物行为等。政府可以通过合法途径收集这些数据，并进行分析，从而更好地了解社会现象、民意倾向和问题状况。这些数据可以帮助政府制定科学决策，优化资源配置，提高服务水平，满足人民群众的需求。

通信技术为政府提供了精细化管理的手段。通过信息化技术，政府可以建立起全面的信息管理系统，实现对社会各个领域的数据监测、分析和预警。例如，在交通管理中，智能交通系统通过车辆定位、道路监控等手段，可以实时获取交通流量、拥堵情况等信息，从而进行交通优化和调度。在环境保护方面，通过传感器网络和远程监测技术，可以及时监测空气质量、水质状况等环境指标，并采取相应措施，提高环境治理效果。这些精细化管理的手段可以提升政府的管理效率和公共服务质量。

通信技术在公共安全和应急管理中也发挥着重要的作用。视频监控系统通过安装摄像头和视频分析技术，可以实时监控公共场所，识别异常行为和事件，提前预警并采取相应措施，加强了治安维稳能力。同时，警务通信系统使得警察部门可以更快速地获取和交流信息，提高了处置突发事件和灾害的响应速度和效率。这些应用为公共安全和社会稳定提供了重要的支撑和保障。

第四节　科技创新在经济可持续发展方面的应用

科技创新在经济可持续发展方面扮演着重要的角色。通过技术创新和应用，可以促进经济的增长、提高生产力、改善资源利用效率、推动产业升级、促进就业等。

一、数字化经济

数字化经济是科技创新的重要体现，它基于信息技术的发展，将传统产业和互联网融合起来，形成新的商业模式和经济增长点。数字化经济是指通过信息技术和互联网等数字化工具，对传统产业进行改造和升级，实现生产、流通、交易和管理等各个环节的数字化和智能化。

（一）数字化经济的重要性

数字化经济在经济可持续发展中具有以下重要性。

1.促进创新创业

数字化经济为创新创业提供了更广阔的空间和机会。在数字化时代，创业者可以通过数字化技术更便捷地获取市场信息、开展市场调研，并利用互联网等平台进行产品推广和销售。数字化经济的兴起为创新创业提供了更加开放和包容的环境。

数字化技术使得市场信息的获取变得更加便捷和高效。创业者可以通过互联网搜索引擎、社交媒体等工具快速获取市场动态、消费者需求以及竞争对手情报等关键信息。这些信息可以帮助创业者更好地了解市场环境，把握商机，从而提供有针对性的产品或服务。

数字化经济为创业者提供了低成本的市场推广和销售渠道。传统的市场推广和销售往往需要较高的资金投入，例如广告宣传、实体店面租金等。而在数字化经济中，创业者可以利用社交媒体、电子商务平台等在线渠道进行产品推广和销售，大大降低了市场推广的成本。同时，数字化渠道还可以帮助创业者实时获取用户反馈和数据分析，进一步优化产品或服务。

数字化经济的兴起也为创新创业提供了更加开放和包容的环境。在过去，创业者往往面临着资金、渠道、资源等方面的限制，但在数字化经济中，这些限制得到了一定程度的突破。互联网和数字技术使得创业门槛降低，人们可以通过在线平台进行众包、众筹，获得资金支持和资源共享。同时，数字化经济也促进了合作与共享经济的发展，创业者可以通过共享办公空间、物流配送服务等共享资源，降低成本，提高效率。

2.促进产业升级

通过应用数字化技术，传统产业可以实现生产过程的自动化和智能化，提高产品质量和竞争力，并开拓新的商业模式和市场空间。

数字化技术可以帮助传统产业实现生产过程的自动化和智能化。通过引入先进的机器人技术、物联网设备和自动化系统，传统产业可以实现生产线的智能化管理和优化，减少人为错误和资源浪费，提高生产效率和产品一致性。自动化生产不仅可以降低成本，还可以增加生产灵活性，满足个性化和定制化需求。

数字化经济推动了传统产业的产品质量和竞争力的提升。通过应用数字化技术，传统产业可以实现数据驱动的质量控制和监测，及时发现和解决产品质量问题。同时，数字化技术还可以实现供应链的透明化和追溯性，提高产品的可信度和安全性。这些举措有助于提升传统产业的品牌形象和市场竞争力。

数字化经济为传统产业开拓了新的商业模式和市场空间。通过数字化技术，传统产业可以通过互联网平台进行在线销售、广告推广和供应链管理。这种直接面向消费者的模式可以减少中间环节，提高产品的销售效率和利润率。同时，数字化经济还促进了共享经济和平台经济的发展，传统产业可以通过共享资源、合作创新等方式降低成本、增加收入。

（二）数字化经济的应用

数字化经济在经济可持续发展中的应用涵盖了多个领域，以下是其中的几个主要方面。

1.云计算与大数据

云计算和大数据技术是数字化经济的核心支撑，它们在经济可持续发展中扮演着重要角色。云计算和大数据技术能够实现庞大数据的存储、处理和分析，为企业提供了快速获取和深度挖掘数据的能力，从而实现精细化管理、智能化决策，并开展个性化的产品和服务。

云计算技术为企业提供了灵活的数据存储和处理解决方案。通过将数据存储于云端服务器，企业可以摆脱传统的硬件设备限制，根据需求灵活扩展或缩减存储容量。同时，云计算技术还提供了强大的计算能力和高效的数据处理工具，使得企业能够更加高效地处理和分析大规模数据集，挖掘出有价值的信息和洞察。

大数据技术使得企业能够对海量数据进行深度分析和挖掘。大数据技术不仅包括数据采集、存储和处理，还涉及数据清洗、数据挖掘和机器学习等领域。通过大数据技术，企业可以从海量数据中识别出潜在的商机、市场趋势和消费者行为，为决策提供数据支持。同时，大数据技术还可以帮助企业进行精细化管理，通过对客户数据的分析和个性化推荐，提供定制化的产品和服务。

云计算和大数据技术的结合也促进了企业的智能化决策和创新能力的提升。通过将大数据与人工智能技术相结合，企业可以构建智能化的决策支持系统和预测模型。这些系统和模型基于数据驱动，能够对复杂的业务问题进行分析和预测，并为企业的战略决策提供科学依据。同时，云计算和大数据技术的应用也为企业创新提供了更多可能性，例如基于大数据的产品创新、新业务模式的探索等。

2.物联网

物联网是指将各种传感器、设备和物品通过互联网连接起来，实现智能化的互联互通的技术体系。它是信息技术、通信技术和物理世界的深度融合，通过无线传感器网络、云计算、大数据等技术手段，实现了物与物、人与物之间的智能交互和数据共享。

物联网的应用范围非常广泛。在智能家居领域，物联网可以将家中的各种电器设备、安防系统、环境监测装置等连接到一起，实现远程控制和智能化管理，提高生活的便利性和舒适度。在智慧交通方面，物联网可以将车辆、道路、交通信号灯等进行连接,实现智能交通调度、交通拥堵预警和智能驾驶等功能,提升交通效率和安全性。在智能制造领域,物联网可以实现设备之间的互联互通、生产过程的实时监控和自动化调度,提高生产效率和质量。

物联网的核心是传感器技术。通过各种类型的传感器,可以感知和采集环境中的各种数据,如温度、湿度、光照等,将这些数据传输到云平台进行处理和分析。同时,物联网也需要强大的网络支持,包括无线通信技术、互联网接入和云计算等,以实现设备之间的高效通信和数据交换。

物联网的发展带来了巨大的机遇和挑战。一方面,物联网可以改善人们的生活和工作环境,提高资源利用效率,促进经济的可持续发展。另一方面,物联网也涉及大量的数据收集和隐私保护问题,需要建立健全的安全体系和法律法规,确保数据的安全性和个人隐私的保护。

3.区块链

区块链是一种去中心化的分布式账本技术,它通过密码学和共识算法确保数据的安全性、透明性和不可篡改性。区块链的核心思想是将数据以块的形式链接起来,每个块包含了前一个块的哈希值,形成了一个不可更改的链条。

区块链的应用领域非常广泛。在金融领域,区块链可以用于实现去中心化的数字货币,如比特币,实现了点对点的价值转移,去除了传统金融机构的中间环节,提高了交易的安全性和效率。区块链还可以用于构建智能合约,实现自动执行合约条件,减少人为干预和纠纷,降低交易成本。

在供应链管理方面,区块链可以追溯产品的生产和流通过程,确保产品的真实性和可信度。通过将每个环节的信息记录在区块链上,消费者可以了解到产品的来源、质量和环境友好指标,提高消费者对产品的信任度和选择权。

区块链还可以用于知识产权保护、医疗健康数据管理、物联网设备身份认证等领域。通过区块链的不可篡改性和透明性,可以确保知识产权的权益,防止侵权和盗版行为;在医疗健康领域,区块链可以安全地存储和共享患者的医疗数据,实现医疗资源的互通互联;而在物联网设备身份认证方面,区块链可以提供设备身份的可信度和安全性。

然而,区块链技术也面临着一些挑战和问题,如扩展性、隐私保护和能源消耗等方面。解决这些问题需要进一步的技术创新和政策规范。

二、绿色技术

科技创新在经济可持续发展中扮演着重要角色,其中绿色技术是一种关键的创新领域。绿色技术是指以环境友好、资源节约和低碳排放为特点的技术,旨在推动经济的绿色转型和可持续发展。

绿色技术的应用范围广泛,涉及能源、交通、建筑、农业、工业等多个领域。

（一）建筑领域

1.节能建筑

节能建筑是绿色技术在建筑领域的重要应用之一。通过优化建筑设计和材料选择,节能建筑可以降低能源消耗,并减少对自然资源的依赖。例如,采用高效隔热材料和保温技术可以减少能源损失；利用太阳能光伏系统和太阳能热水系统可以实现可再生能源的利用；引入自然通风和采光设计可以减少对空调和照明系统的需求。还可以利用建筑物周围的环境条件,如地下水和地热能源,来满足建筑的能源需求。

2.智能建筑

智能建筑是利用先进的信息技术和自动化控制系统,实现对建筑能源的智能管理和优化。通过传感器、网络连接和数据分析等技术手段,智能建筑可以实时监测建筑的能耗和环境条件,并根据需求进行调节。例如,智能照明系统可以根据光线强度和人员活动情况自动调节照明亮度；智能空调系统可以根据室内温度、湿度和人员数量自动调节制冷或供暖；智能窗帘系统可以根据阳光强度和室内温度自动调节遮挡程度。通过智能化的管理和控制,智能建筑可以实现能源的高效利用,提升居住舒适度。

3.建筑能源管理

建筑能源管理是通过监测、分析和控制建筑能源消耗,提高能源利用效率的一种手段。建筑能源管理系统可以实时监测建筑的能耗情况,包括电力、水务和气体等能源消耗数据。通过对这些数据进行分析和评估,可以发现能源消耗的问题和潜在的改进点,并制定相应的节能措施。同时,建筑能源管理系统还可以通过远程监控和控制功能,实现对建筑设备的集中管理和优化调节,从而进一步提高能源利用效率。

（二）农业领域

1.精准农业

精准农业是一种利用现代技术手段实现对农作物的精细化管理的方法,旨在减少农药和化肥的使用量，提高农业生产效率和资源利用效率。其中，遥感技术可以通过卫星图像获取大范围的农田信息，包括植被指数、土壤湿度等数据，从而实现对农作物的监测和评估。无人机技术可以进行低空航拍，获取高分辨率的图像，并结合图像识别和机器学习算法，实现对农作物生长状况、病虫害情况的快速检测和预警。传感器技术可以实时监测土壤温度、湿度、养分含量等参数，帮助农民科学调节灌溉和施肥量，降低农药和化肥的使用量，提高作物的产量和质量。

2.农业废弃物处理

农业生产中会产生大量的废弃物，如秸秆、动物粪便等。传统的处理方式往往是焚烧或填埋，容易造成环境污染。绿色技术在农业废弃物处理方面的应用主要集中在废弃物资源化利用。例如，秸秆可以通过生物质能源技术转化为生物燃料，用于发电或取暖；动物粪便可以进行生物发酵，制作有机肥料，提高土壤肥力。此外，还可以将废弃物进行厌氧消化处理，产生沼气用于能源利用。

（三）工业领域

绿色技术在工业领域的应用主要包括清洁生产和碳排放减少等方面。

1.清洁生产

清洁生产技术旨在通过优化生产工艺和设备，减少废物和污染物的产生，提高资源利用效率。例如，采用先进的生产工艺和设备，如高效节能的机械设备、低污染的化学反应剂等，可以降低能源消耗和废弃物排放。采用闭路循环系统，对废水和废气进行处理和回收利用，减少对环境的负面影响。清洁生产技术还包括生态设计和绿色化改造，通过产品设计和工艺优化，降低对环境的影响，推动可持续发展。

2.碳排放减少

碳排放减少技术旨在控制和减少工业过程中的碳排放，降低对气候变化的影响。这些技术主要包括能源效率提升、清洁能源使用和碳捕集与储存等方面。例如，通过改进生产工艺和设备，提高能源利用效率，减少能源消耗和碳排放。同时，采用清洁能源替代传统能源，可以减少化石燃料的使用和碳排放。碳捕集与储存技术可以将工业排放的二氧化碳捕集并封存，防止其释放到大气中，减少温室气体的排放。

第八章　机械装备检测技术创新

第一节　机械装备检测现状分析

一、机械装备检测的重要性和应用领域

（一）机械装备检测的重要性

机械装备是现代工业生产的基础和支撑，广泛应用于制造业、能源行业、交通运输等各个领域。机械装备的质量和性能直接影响到生产效率、产品质量和安全性。及时准确地进行机械装备检测，对于保障设备的正常运行、提高生产效率以及降低维修成本具有重要意义。

机械装备检测有助于预防事故和保障安全。机械装备在长期使用过程中，可能会出现磨损、损坏或故障，如果没有及时发现和处理，将会对生产过程和工作人员的安全带来风险。通过机械装备检测，可以及时发现并解决潜在问题，避免事故的发生，保障工作环境的安全。

机械装备检测可以提高生产效率和产品质量。机械装备的性能和质量直接关系到生产效率和产品的合格率。通过定期检测机械装备的状态和性能，可以及时发现并解决设备故障或损坏问题，保证生产线的正常运行和产品的质量稳定。

机械装备检测还有助于降低维修成本和延长设备寿命。通过检测和监测设备的工作状态和健康状况，可以提前发现并解决设备的问题，减少维修次数和维修费用，延长设备的使用寿命。

（二）机械装备检测的应用领域

机械装备检测广泛应用于各个行业和领域，其中一些重要的应用领域如下。

1.制造业

制造业是机械装备检测的主要应用领域之一。在制造业中，机械装备的质量和性能直接影响到产品的质量和生产效率。通过对机械装备进行检测，可以确保设备在生产过程中的稳定性和可靠性，提高生产效率和产品质量。

例如，在汽车制造业中，对汽车生产线上的机械装备进行检测可以确保每个工序的准确性和稳定性，避免生产中的缺陷和质量问题。在电子制造业中，通过检测生产设备的状态和性能，可以提高产品的一致性和可靠性。

2.能源行业

能源行业对机械装备的可靠性和稳定性要求较高。在能源行业中，机械装备的运行状况直接关系到能源的供给和安全性。通过对机械装备进行检测，可以及时发现设备故障和损坏，减少停机时间和能源浪费。

例如，在电力行业中，对发电机组、变压器和输电线路等机械装备进行检测，可以及时发现设备的故障和异常，保证电网的稳定运行。在石油和天然气行业中，对钻井设备、管道和储罐等机械装备进行检测，可以确保设备的安全性和可靠性。

3.交通运输

交通运输领域对机械装备的稳定性和安全性要求极高。机械装备的状态和性能直接关系到交通工具的运行安全和运营效果。通过对机械装备进行检测，可以及时发现并解决设备故障和损坏问题，确保交通工具的安全和可靠性。

例如，在航空业中，对飞机发动机、起落架和飞行控制系统等机械装备进行检测，可以确保飞机的飞行安全。在铁路运输中，对列车车厢、轮轴和信号系统等机械装备进行检测，可以确保列车的稳定运行和乘客的安全。

二、当前机械装备检测存在的问题和挑战

尽管机械装备检测的重要性被广泛认可，但目前仍面临一些问题和挑战。

（一）传统检测方法的局限性

传统的机械装备检测方法主要依赖于人工操作和经验判断，存在一定的局限性。传统的物理测量方法通常需要将设备停机维护，这会带来生产线的停产和生产效率的下降。传统方法往往只能在特定条件下进行检测，无法实时、连续地监测设备的状态。传统方法容易受到人为因素的影响，不同技术人员之间的主观判断差异较大，导致检测结果的不确定性。

（二）检测精度和效率的提升需求

随着科技的发展和工业化进程的推进，对机械装备检测精度和效率的要求越来越高。例如，在微小缺陷的检测中，传统的目视检测方法可能无法准确识别或漏检问题。而且，随着生产规模的扩大和设备数量的增加，传统方法往往无法满足快速、准确、连续检测的要求。

（三）复杂设备的检测难题

随着技术的不断进步，机械装备变得越来越复杂和高度自动化。这种复杂性增加了机械装备检测的难度。例如，在大型工业设备中，存在多个互相关联的部件和系统，其相互作用和故障可能导致问题的复杂性和难以预测性。新材料和先进制造技术的应用也使得传统的检测方法难以适应新的检测需求。

（四）数据处理和分析的挑战

机械装备检测产生的数据量庞大且复杂，对数据处理和分析提出了挑战。传统的数据处理方法往往需要耗费大量时间和人力，容易受到人为因素的影响。如何从海量数据中提取有用的信息和进行有效的数据分析是一个挑战。因此，需要开发新的数据处理和分析方法，以实现对机械装备检测数据的快速、准确和可靠分析。

（五）运维成本的控制

机械装备的维修和保养成本是企业运营中的重要因素。传统的维修方法往往需要停机维护，导致生产线的停产和损失。根据设备计划性的维修也存在一定的困难，很难准确预测设备的寿命和故障时间。如何降低维修成本、提高设备的可靠性和延长设备的使用寿命是一个重要的挑战。

第二节 传统机械装备检测技术与方法

随着工业化进程的不断发展，机械装备在各个领域中起着重要作用。然而，由于长期使用和磨损等原因，机械装备可能会出现各种故障和问题，从而影响生产效率和安全性。因此，对机械装备进行定期的检测显得尤为重要。

一、振动检测

振动检测是一种传统的机械装备故障检测技术，通过对设备振动信号的采集和分析，可以判断设备是否存在异常。振动是机械装备故障最常见的表现之一，被广泛应用于各个领域，如制造业、能源行业、交通运输等。

（一）振动信号的采集

振动信号的采集是振动检测的第一步。常用的振动传感器有加速度传感器、速度传感器和位移传感器。加速度传感器是最常见的振动传感器，可以直接测量设备在某一方向上的加速度。速度传感器则可以测量设备在某一方向上的速度变化，位移传感器则可以测量设备在某一方向上的位移变化。根据具体的检测需求和设备特点，选择合适的振动传感器进行信号采集。

（二）振动信号的分析

振动信号的分析是振动监测的核心环节，主要通过频域分析、时域分析和波形分析等方法来提取故障特征并判断设备状态。

1.频域分析

将时域的振动信号转换为频谱图，通过傅里叶变换等方法可以得到信号在不同频率上的能量分布情况。故障往往会导致设备振动信号中出现特定频率的成分，比如轴承故障常常表现为峰值频率的出现。

2.时域分析

观察振动信号的波形和幅值变化，可以直观地了解设备的运行状态。正常运行的设备通常具有稳定的振动信号，而故障设备则可能表现为振动信号的不规则波形和幅值突变。

3.波形分析

通过比较不同时间段内振动信号的波形差异，可以识别故障模式和趋势。例如，齿轮故障常常表现为周期性的脉冲信号，而轴偏心故障则表现为振动信号的整体偏移。波形分析可以帮助确定故障的特点和位置。

（三）振动检测系统的应用

振动检测系统是将振动检测技术应用于实际生产中的工具。它由振动传感器、数据采集装置、数据处理和分析软件等组成，可以实现对机械装备振动信号的实时采集、处理和分析。振动检测系统可以帮助企业实现设备的智能化管理，及时发现和处理故障，提高设备运行的可靠性和安全性。

二、声音检测

声音检测可以通过分析机械设备产生的声音来判断其工作状态和存在的问题。声音检测是一种简单而有效的方法，它基于人耳对声音的感知和分析。通过倾听机械设备运行时产生的声音，专业人员可以根据声音的频率、强度、持续时间等特征来判断设备是否正常运行，以及是否存在故障或异常情况。

声音检测可以应用于各种类型的机械设备，如发动机、泵站、风机、齿轮箱等。下面将介绍一些常见的声音检测方法和技术。

（一）声音谱分析

通过将机械设备产生的声音信号进行频谱分析，可以得到声音的频率组成。不同故障模式会导致声音频谱的变化，例如齿轮齿面损伤会产生特定的频谱峰值。通过比较实际采集到的声音频谱与正常工作状态下的频谱，可以判断设备是否存在故障。

（二）声音幅度分析

通过测量声音信号的振幅变化，可以判断机械设备是否存在振动、冲击或其他异常情况。例如，当机械设备发生轴承故障时，会产生明显的振动和冲击声音，通过测量声音的振幅变化可以及时检测到这种故障。

（三）声音诊断仪器

声音诊断仪器是一种专门用于声音检测和分析的设备。它通常包括麦克风、放大器、滤波器等组件，可以将机械设备产生的声音信号转化为电信号进行分析和处理。声音诊断仪器可以提供更精确和可靠的声音检测结果，有助于及时发现机械设备的故障。

三、温度检测

温度检测是传统机械装备检测中常用的一种方法，通过测量机械设备各部位的温度变化来评估设备的工作状态和可能存在的问题。以下将介绍一些常见的温度检测技术和方法。

（一）接触式温度检测

这种方法是通过接触式温度传感器，如热电偶或热敏电阻，将传感器与机械设备表面接触，并测量接触点的温度。这种方法适用于需要精确测量特定位置温度的情况，可以直接得到设备表面的温度值。

（二）非接触式红外线温度检测

这种方法利用红外线传感器测量机械设备表面辐射出的红外线能量，并根据辐射能量的大小来推算出表面的温度。非接触式红外线温度检测不需要与设备表面直接接触，因此适用于需要避免污染或难以接触的部位。

（三）热像仪检测

热像仪是一种能够实时显示物体表面温度分布的设备，通过红外传感器和图像处理技术将物体表面的红外辐射转化为可视化的热图。热像仪可以全面地检测设备各部位的温度变化，并提供直观的热图信息，有助于发现设备异常运行或故障。

（四）温度数据记录仪

温度数据记录仪是一种用于连续监测和记录机械设备温度的设备，它可以安装在设备内部或外部，并自动记录设备温度的变化。温度数据记录仪通常具有高精度和长时间的记录能力，可以帮助用户更全面地了解设备的温度状况，并进行后续分析和判断。

通过及时准确地监测设备的温度变化，可以发现设备可能存在的故障或异常情况，如过热、过载、润滑不良等。这样可以避免设备因温度问题而导致的损坏或停机，提高设备的可靠性和使用寿命。

四、油液检测

油液检测通过对机械设备中使用的润滑油或液压油进行分析和监测，来评估设备的工作状态和可能存在的问题。

（一）外观检测

外观检测是最基本也是最简单的油液检测方法之一。通过观察润滑油的颜色、透明度和污染程度等外观特征，可以初步判断油液是否正常。如果润滑油呈现混浊、浑浊、变黑或有异物悬浮等异常现象，则可能表示油液已经污染或存在其他问题。

（二）黏度测量

黏度是润滑油的重要性能指标之一，它反映了油液的流动性和黏稠度。通过使用黏度计或粘度仪器，可以测量润滑油的黏度值，并与标准数值进行比较。如果润滑油的黏度超出了标准范围，可能表示油液老化、污染或添加剂失效等问题。

（三）酸值和碱值测定

酸值和碱值是评估润滑油酸碱性的指标。通过酸值和碱值的测定，可以判断润滑油是否存在酸腐蚀或碱性过高的问题。这种方法通常使用酸度计或碱度计进行测量，根据测得的数值与标准范围进行比较，来判断油液的酸碱性状况。

（四）金属元素分析

机械设备在运行过程中，由于磨损和摩擦，会导致润滑油中含有金属颗粒。通过对润滑油进行金属元素分析，如铁、铜、铅等，可以评估设备的磨损情况和可能存在的故障。这种分析方法通常采用光谱仪、原子吸收光谱仪等仪器，以测量润滑油中金属元素的含量。

通过定期对润滑油进行检测和分析，可以及时发现润滑油的老化、污染、添加剂失效等问题，从而采取相应的措施，如更换油液、清洗系统、补充添加剂等，以保持设备的正常运行和延长使用寿命。

在进行油液检测时，应选择适当的检测方法和仪器，并遵循相关的操作规范和标准。不同类型的机械设备可能对润滑油的要求有所不同，因此在进行油液检测时应参考设备制造商的要求，并根据实际情况进行合理的判断和处理。

五、电流检测

电流检测是通过测量设备运行时的电流变化来评估设备的工作状态和可能存在的问题。

（一）电流表检测

电流表是最基本也是最常用的电流检测工具之一。通过将电流表连接到设备的电源线路上，可以直接测量设备的电流值。通过观察电流的大小和波动情况，可以初步判断设备是否正常运行。例如，电流异常升高可能表示设备存在过载或故障。

（二）振动电流检测

振动电流检测是一种利用设备振动产生的电流信号来评估设备状态的方法。当设备存在机械故障或不平衡时，会产生振动，进而导致电流信号的变化。通过安装振动传感器和电流变送器等设备，可以将设备振动信号转换为电流信号，并进行分析和判断。

（三）功率因数检测

功率因数是指电流和电压之间的相位差，反映了设备的电能利用效率。通过测量设备的功率因数，可以评估设备的运行状态和能源利用情况。例如，功率因数低下可能表示设备存在电气故障或负载过重。

（四）泄漏电流检测

泄漏电流是指从设备中逸出的非预期电流，通常由绝缘失效、接地故障等引起。通过使用专门的泄漏电流检测仪器，可以测量设备的泄漏电流值，并判断设备的绝缘状况和是否存在漏电风险。

通过监测设备的电流变化，可以及时发现电气故障、过载、不平衡等问题，以避免设备损坏和停机。同时，电流检测还可以帮助评估设备的能源利用效率，优化设备运行和节约能源。

第三节　科技创新在机械装备检测中的应用

随着科技的不断发展和创新，机械装备检测领域也得到了很大的改进和提升。科技创新为机械装备检测带来了更先进、更准确、更高效的方法和工具，极大地推动了机械装备的维护和保养工作。下面将介绍一些科技创新在机械装备检测中的应用。

一、无损检测技术

随着科技的不断进步和创新，无损检测技术在机械装备检测领域得到了广泛应用。无损检测技术是一种利用非破坏性的方法来评估机械设备的运行状态和可能存在的问题，它通过对设备进行表面或内部缺陷的检测，为设备维护和保养提供重要的信息和依据。以下将介绍一些常见的无损检测技术及其在机械装备检测中的应用。

（一）超声波检测

超声波检测是一种基于声波传播原理的无损检测技术。通过将超声波传导到被检测物体中，然后接收并分析回波信号，可以探测材料中的缺陷、裂纹、腐蚀等问题。超声波检测广泛应用于金属、塑料等材料的检测，在机械装备中可用于轴承、焊接接头、齿轮等零部件的质量评估和故障诊断。

（二）射线检测

射线检测是一种利用射线（如 X 射线、γ射线）穿透被检测物体，通过测量射线的吸收和散射情况来检测内部缺陷和异物的方法。射线检测可以检测到金属、陶瓷、混凝土等材料中的裂纹、气孔、夹杂物等问题。在机械装备中，射线检测常用于铸件、焊接接头、管道等零部件的质量控制和故障诊断。

（三）磁粉检测

磁粉检测是一种利用磁场和磁粉颗粒来检测表面和近表面裂纹的方法。通过在被检测物体表面涂覆磁粉，然后施加磁场，当存在裂纹或缺陷时，磁粉会在该处产生磁滞现象，从而形成可见的磁粉集聚。磁粉检测广泛应用于金属零部件的质量控制和故障诊断，如轴承、齿轮、焊接接头等。

（四）涡流检测

涡流检测是一种利用涡流感应原理来检测金属材料表面缺陷的方法。通过在被检测物体表面施加交变电磁场，当存在裂纹、腐蚀等缺陷时，会引起涡流产生，并通过对涡流的检测和分析来判断缺陷的存在与程度。涡流检测可用于金属零部件的质量控制和故障诊断，如轴承、齿轮、管道等。

这些无损检测技术在机械装备检测中的应用，大大提高了检测的准确性、效率和安全性。与传统的拆卸式检测相比，无损检测技术能够实现对设备的在线、实时监测和评估，不需要对设备进行破坏性的拆卸或改造。这样不仅节省了时间和成本，还减少了对设备的影响和风险。

在实际应用中，应根据具体的机械装备类型和检测需求，选择合适的无损检测技术，并结合其他检测手段综合分析，以提高检测的可靠性和精确性。随着科技的不断创新和发展，无损检测技术将持续进步，为机械装备检测提供更多更好的解决方案。

二、数据分析与大数据应用

数据分析与大数据应用是指利用先进的数据处理和分析技术，对机械装备检测产生的大量数据进行挖掘、分析和利用，以提高设备维护和保养的效率和质量。

（一）数据采集与存储

通过传感器、监测设备等对机械装备运行时产生的数据进行实时采集，并通过云平台或数据中心进行存储和管理。数据采集的关键是选择合适的传感器和监测设备，以确保数据的准确性和可靠性。同时，对于大规模的机械装备，需要建立完善的数据存储和管理系统，以便后续的数据分析和应用。

（二）数据清洗与预处理

由于机械装备检测产生的数据可能存在噪声、缺失、异常值等问题，需要进行数据清洗和预处理。数据清洗包括去除噪声和异常值、填充缺失数据等操作，以确保数据的准确性和完整性。预处理则包括数据平滑、降维、归一化等操作，以提高后续数据分析和模型建立的效果。

（三）故障诊断与预测

基于数据分析的故障诊断与预测是利用历史数据和机器学习技术，建立故障诊断和预测模型，实现对机械装备故障的及时发现和预测。通过监测设备运行数据的变化，可以判断设备是否存在故障，并预测故障可能发生的时间和位置。这样可以提前采取维修和保养措施，避免设备损坏和停机，提高设备的可靠性和效率。

（四）智能决策支持

利用数据分析与大数据应用技术，可以实现对机械装备维护和保养的智能决策支持。通过将数据分析结果与设备运行状态进行关联，为维护人员提供实时、准确的设备健康状况报告和维护建议。这样可以帮助维护人员快速定位问题、制定合理的维护计划，提高维护的响应速度和准确性。

数据分析与大数据应用在机械装备检测中的应用，使得维护和保养工作更加智能化和高效化。通过对大量数据的分析和挖掘，可以发现设备的潜在问题和隐患，及时采取措施避免故障发生。数据分析还可以优化设备维护计划，提高维护资源的利用效率，降低维护成本和风险。

数据分析与大数据应用技术的应用需要专业的数据分析人员和相应的工具和平台。同时，还需要保障数据的安全性和隐私性，合规处理数据的采集、存储和使用。

三、无人化检测技术

无人化检测技术是指利用自动化设备和机器人等无人化工具，实现对机械装备的远程、自动化检测和评估。这种技术能够提高检测的效率、准确性和安全性，并为维护和保养工作带来便利。

（一）无人机检测

无人机是一种可以远程操作和自主飞行的飞行器，通过搭载相机、传感器等设备，可以对机械装备进行视觉检测和影像采集。在机械装备检测中，无人机可用于对高空或难以接触的设备进行检测，如高架桥梁、烟囱、电力线路等。无人机可以快速、准确地获取设备的图像和视频数据，通过图像处理和分析技术，实现对设备表面的缺陷、腐蚀等问题的识别和评估。

（二）机器人检测

机器人是一种能够自主运动和执行任务的自动化设备，具有感知、决策和执行能力。在机械装备检测中，机器人可以被设计和编程用于对设备进行内部结构的检测和评估。例如，通过使用机器人探测器，可以实现对管道、储罐、风机等设备内部的缺陷和故障进行检测。机器人配备传感器和摄像头，可以获取设备内部的图像和数据，并将其传输到远程终端进行分析和判断。

（三）无人驾驶车辆检测

无人驾驶车辆（AV）是指能够自主行驶和导航的车辆，通过激光雷达、相机等传感器，实时获取周围环境的信息。在机械装备检测中，无人驾驶车辆可以用于对大型设备和设施进行巡检和检测。它可以自动遵循预定的路径，利用传感器收集设备的数据和图像，通过人工智能和图像处理技术进行分析和判断。无人驾驶车辆可以快速、高效地完成设备的检测任务，减少人力资源的消耗和安全风险。

(四)远程监测与控制

通过网络和通信技术,将传感器、监测设备等连接到云平台或数据中心,实现对机械装备的远程监测和控制。通过远程监测,可以实时获取设备的运行数据和状态信息,进行远程评估和分析。同时,还可以通过远程控制设备的操作,实现故障排除、参数调整等维护和保养工作。远程监测与控制技术提高了检测的效率和准确性,减少了人员的风险和工作量。

无人化检测技术的应用使得机械装备检测更加高效、准确和安全。通过无人机、机器人、无人驾驶车辆等自动化设备的应用,可以实现对设备的远程、自动化检测,减少人力资源的消耗和风险。

需要指出的是,无人化检测技术的应用需要遵循相关的法规和安全要求,确保设备和数据的安全性和可靠性。随着科技的不断创新和发展,无人化检测技术将不断完善和优化,为机械装备检测带来更多更好的解决方案。

四、智能传感器与物联网技术

智能传感器是指具有感知、采集和通信功能的传感器,可以实时监测设备的运行状态和工作参数。物联网技术则是指通过互联网将传感器、监测设备等连接起来,实现设备之间的信息共享和协同工作。

(一)智能传感器

智能传感器具有高精度、多功能、低功耗等特点,能够实时感知和采集机械装备的运行数据和状态信息。通过智能传感器,可以监测设备的温度、压力、振动、电流等工作参数,从而评估设备的健康状况和可能存在的故障。智能传感器还可以采集设备的环境数据,如湿度、气体浓度等,帮助判断设备运行环境是否正常。通过智能传感器的应用,可以实现对机械装备的全面、准确的监测和评估。

(二)大数据分析与挖掘

通过物联网技术,将多个智能传感器连接起来,形成一个庞大的数据网络。利用大数据分析和挖掘技术,可以对这些数据进行深入的分析和挖掘,发现其中隐藏的信息和规律。通过对大量的设备运行数据进行统计、建模和预测,可以实现对设备故障的诊断和预测。大数据分析与挖掘可以帮助优化设备维护计划,提高设备的可靠性和效率。

通过智能传感器的监测和数据采集,可以实现对机械装备的全面、实时的监测和评估。物联网技术提供了设备间信息共享和协同工作的平台,使得设备的维护和保养更加高效和智能。

第九章 机械装备维修保障技术创新

第一节 维修保障需求分析

在工业生产中,机械装备扮演着重要的角色。然而,由于长期使用和磨损,机械装备经常需要进行维修和保养。为了确保机械装备的正常运行和延长使用寿命,对机械装备维修保障需求进行分析是至关重要的。

一、机械装备维修保障的重要性

机械装备维修保障的重要性体现在以下几个方面。

（一）生产效率

生产效率是企业核心竞争力的重要组成部分,而机械装备的故障往往会导致生产线停工,进而影响到生产效率。因此,及时的维修保障措施来减少停工时间,提高生产效率就显得尤为重要。

在现代工业中,可以借助传感器和监测系统来实时监测机械装备的运行状态,预警可能的故障。一旦出现故障预警,维修人员能够迅速采取行动,进行维修或更换关键部件,以避免设备完全损坏和停工。

根据机械装备的特点和使用情况,制定定期检查、润滑和更换零部件等计划,并建立相应的管理制度。通过定期维护和保养,可以有效地预防故障的发生,降低停工风险,保证生产线的稳定运行。

建立一个高效的维修响应机制,保证在设备故障发生时能够及时响应并进行维修。同时,合理的备件管理也非常重要。通过充分准备备件并妥善管理,避免因为缺乏关键备件而导致维修时间延长。

（二）设备寿命

机械装备的使用寿命直接影响到企业的生产效益和经济效益。通过定期的维修保养,可以延长机械装备的使用寿命,降低设备更换频率,从而节约成本。

通过定期检查、清洁和润滑，可以及时发现和修复设备中的故障和问题，防止其进一步扩大和影响设备的正常运行。例如，定期更换易损件和润滑油，可以有效减少因摩擦和磨损而导致的设备故障，延长设备的使用寿命。

通过定期的维护和保养，可以预防和消除设备故障的隐患，减少意外停机和生产线的不稳定情况。这样可以保证生产计划的顺利执行，避免由于设备故障而导致的生产延误和损失。

随着科技的不断发展，机械装备的技术也在不断更新和改进。通过定期的维修保养，可以及时检查和更新设备的部件和系统，使其保持最新的技术水平和性能。这样可以提高机械装备的生产效率和质量，满足企业对产品的需求。

此外，延长机械装备的使用寿命还可以降低设备更换频率，节约成本。机械装备的购置和更换都需要耗费大量的资金和资源。通过定期的维修保养，可以有效延长设备的寿命，推迟设备更换的时间点，从而减少了企业的固定资产投资和维护成本。这对于中小型企业尤为重要，因为他们通常没有太多的资金用于频繁更换设备。

（三）安全性

机械装备的损坏和故障可能导致安全隐患，给员工和生产环境带来风险。因此，及时的维修保障对于减少事故发生的风险，保障员工的安全至关重要。

定期检查和维护设备可以确保设备的正常运行和性能，减少故障的发生。例如，定期检查设备的电气线路和控制系统，可以及时发现并修复电气故障，避免因短路或漏电而引发火灾或触电事故。定期清洁和润滑设备，可以减少摩擦和磨损，降低机械故障的风险，保障员工的操作安全。

一旦发现设备存在安全问题，比如松动的螺丝、磨损的零部件或者不稳定的结构等，维修人员应该立即采取行动进行修复。及时维修可以消除设备的潜在危险，并恢复设备的正常运行，保障员工的安全。

维修保障还可以提供紧急救援和应急措施。一旦发生设备故障或事故，维修人员需要迅速响应并采取措施进行紧急维修或疏散员工。建立紧急救援预案，培训维修人员和员工的应急反应能力，可以有效减少事故造成的损失和伤害。

定期的维修保养也有助于改善机械装备的安全性能。通过对设备进行技术升级和改进，可以提高设备的安全性能，防止安全事故的发生。例如，安装安全传感器和报警系统，加强设备的防护措施，提供紧急停机装置等，都可以提高设备的安全性和操作人员的安全意识。

二、机械装备维修保障需求分析

（一）设备故障监测与预警

设备故障监测与预警是机械装备维修保障的关键环节。通过及时发现设备故障并提前采取措施，可以减少停工时间，提高生产效率和降低维修成本。为了实现设备故障监测与预警，可以采用以下措施。

1. 引入智能诊断技术

借助人工智能和机器学习等先进技术，可以对设备进行智能诊断和预测。通过分析历史数据和设备运行状况，建立预测模型，能够提前预测设备故障的可能性，并发出相应的预警信号。这样可以在故障发生之前采取预防性维修措施，减少停工时间。

2. 建立故障数据库

将设备故障信息记录在数据库中，包括故障类型、故障原因、维修过程等。通过对故障数据的分析和挖掘，可以发现故障的共性和规律，为预防性维修提供依据。故障数据库还可以为维修人员提供参考和经验积累，提高故障排除效率和准确性。

3. 实施预防性维护计划

基于设备故障监测和预警的结果，制定相应的预防性维护计划。根据设备的使用情况和故障风险，确定维护频率和维护内容，并建立相应的管理体系。这样可以提前发现并解决潜在问题，防止故障扩大和停工发生。

（二）维修保养计划与管理

维修保养计划与管理是确保机械装备正常运行和延长使用寿命的重要环节。通过制定合理的维修保养计划，并建立相应的管理制度，可以有效地预防故障、提高设备可靠性，并实现对维修保养工作的有效管理与分析。

制定维修保养计划需要根据机械装备的特点和使用情况进行评估和分析。了解设备的工作原理、结构特点以及经常出现的故障类型，以便确定维修保养的重点和频率。同时，考虑设备的使用时间、工作负荷和环境因素等，制定合理的维修保养周期和内容。例如，对于高速旋转设备，可能需要更频繁的润滑和检查，而对于长时间运行的设备，则可能需要定期更换关键零部件。

建立相应的管理制度来执行维修保养计划。这包括确定维修保养的责任人员和工作流程，明确各项任务的时间节点和完成标准。通过规范化的管理制度，可以确保维修保养工作的有序进行，并提高工作的效率和质量。还可以考虑采用预防性维护的方式,即在设备没有发生故障前,根据计划进行维修保养,以避免故障发生和生产中断。

利用信息化技术可以提升维修保养管理的效率和可靠性。建立设备档案和维修记录,记录设备的基本信息、维修历史和维护计划等。通过信息化系统,可以实现对设备状态的实时监控和数据分析,为维修保养决策提供依据。同时,还可以建立维修保养知识库,收集和整理维修经验和技术文档,方便维修人员查询和学习。

维修保养计划与管理还需要不断进行评估和改进。定期对维修保养工作进行评估,检查维修保养的执行情况和效果,并根据评估结果进行相应的调整和改进。通过对维修保养过程的持续改进,可以提高工作的效率和质量,降低成本,实现机械装备的可持续运行。

(三)快速维修响应与备件管理

建立高效的维修响应机制和合理的备件管理,可以在设备故障发生时迅速响应,并确保维修工作的顺利进行。建立一个高效的维修响应机制对于快速解决设备故障至关重要。这包括以下几个方面。

1.维修团队的组织与培训

建立专门的维修团队,人员专业化分工,确保团队成员具有相关的技能和知识。定期进行培训,提升维修人员的技术水平和工作效率,使其能够快速诊断和解决设备故障。

2.故障报告与记录

建立规范的故障报告和记录系统,要求维修人员及时向上级报告故障情况,并详细记录故障的原因、修复过程和使用的备件等信息。这样可以提供故障分析和后续维修保养工作的参考依据。

3.优先级分类与紧急维修

根据设备的重要性和影响程度,将维修任务进行优先级分类。对于关键设备和生产线,故障发生时需要进行紧急维修,并确保维修团队能够及时响应并采取行动。对于非关键设备,则可以根据计划进行维修,以减少影响。

合理的备件管理对于快速维修响应至关重要。备件管理包括以下几个方面。

1.备件库存与定期检查

建立备件库存管理制度,根据设备的特点和使用情况,合理确定备件的种类和数量。定期检查备件库存,确保备件的完整性和可用性,避免因缺乏关键备件而延误维修进度。

2.供应商管理与备件采购

建立稳定的供应商关系,与可靠的备件供应商建立长期合作伙伴关系,确保备件的质量和供货的及时性。与供应商保持良好的沟通,根据实际需求进行备件采购,确保备件的及时补充。

3.备件标识与追踪

对备件进行标识和追踪,建立备件管理系统。通过标识备件的唯一编号、规格型号等信息,方便维修人员快速定位和获取所需备件,提高维修效率。

4.备件消耗与库存补充

对备件的消耗情况进行记录和分析,根据消耗情况和维修计划,及时补充备件,避免因缺乏关键备件而延误维修进度。同时,对于备件的库存数量也要进行合理控制,避免过多的库存占用资金和空间。

通过建立高效的维修响应机制和合理的备件管理,可以在设备故障发生时迅速响应并进行维修,保证维修工作的顺利进行。同时,及时补充备件和有效管理备件库存,可以避免因缺乏关键备件而延误维修进度。这将提高机械装备的可靠性、降低停工时间,并为企业的生产运行提供可靠的支持。

(四)数据分析与优化

通过对维修保障过程中的数据进行分析,可以发现潜在的问题和改进点,从而优化维修保障工作流程和管理策略,提高效率和质量。

数据分析可以帮助识别故障模式和趋势。通过收集和分析设备的运行数据、故障记录等信息,可以了解设备出现故障的频率、原因和类型。通过统计分析和数据挖掘技术,可以发现故障模式和趋势,找出常见的故障特征和规律。这有助于制定相应的预防性维护计划,及时采取措施预防故障的发生,减少停工时间和维修成本。

数据分析可以评估维修保障工作的效果和绩效。通过对维修保养工作的数据进行统计和分析,可以评估维修保障工作的效果和绩效。例如,通过分析维修响应时间、维修周期、维修成功率等指标,可以评估维修保障工作的快速响应能力和维修质量。根据评估结果,可以及时调整和改进工作流程和管理策略,提高维修保障工作的效率和质量。

数据分析还可以发现维修保障工作中的瓶颈和改进点。通过对维修保养工作流程的数据进行分析,可以识别工作流程中的瓶颈环节和不必要的等待时间。例如,通过分析维修任务的分配情况、工作执行的时间和效率等指标,可以找到工作流程中的瓶颈和改进点。然后,针对这些问题,制定相应的优化措施,如调整工作分配、改进工作流程、优化备件库存等,以提高维修保障工作的效率和质量。

数据分析还可以为决策提供支持。通过对维修保障过程的数据进行分析,可以为决策提供依据。例如,根据设备故障数据和维修记录,可以评估设备的可靠性和稳定性,并为设备更换和更新提供决策依据。同时,通过对维修保障工作的数据进行分析,可以发现成本控制和效率提升的潜力,为管理层决策提供参考和支持。

第二节 传统维修保障技术与方法

传统机械装备维修保障技术和方法是指在过去较长一段时间内被广泛应用于机械装备维修保障工作中的技术和方法。这些技术和方法基于经验和实践,已经形成了相对成熟的理论体系和操作流程。下面将介绍一些常见的传统机械装备维修保障技术与方法。

一、预防性维护(Preventive Maintenance)

预防性维护(Preventive Maintenance)是一种常见的传统机械装备维修保障技术与方法。它是通过定期检查、润滑、更换零部件等计划性维护工作,以减少设备故障发生的概率和延长设备使用寿命的方式。

预防性维护的核心思想是提前对设备进行维护,以避免潜在故障导致设备停机和生产中断。以下将介绍预防性维护的主要内容和实施步骤。

(一)设备评估与分类

需要对机械装备进行评估和分类。根据设备的重要性、使用频率、工作环境等因素,将设备划分为不同的类别。重要性的设备需要更频繁的维护和更严格的监测。

(二)维护计划制定

根据设备评估结果,制定相应的维护计划。维护计划应明确维护项目、频率和具体执行时间。通常,维护项目包括设备清洁、润滑、紧固、调整、更换零部件等。

(三)定期检查与清洁

定期对设备进行检查和清洁是预防性维护的重要环节。通过定期检查,可以发现设备上的异常情况,如松动的螺丝、磨损的零部件等。同时,定期清洁设备可以防止灰尘、污垢积累导致的故障。

（四）润滑管理

正确的润滑是保证设备正常运行和延长使用寿命的关键。预防性维护计划应包括设备润滑工作的频率、润滑点和润滑剂选择等信息。润滑时应注意润滑剂的种类和用量，以确保设备处于最佳的工作状态。

（五）零部件更换

在预防性维护中，定期更换零部件也是非常重要的。通过更换易损零部件，如密封件、轴承等，可以避免其在使用过程中突然失效引起故障。更换零部件应根据设备的使用寿命、制造商建议和实际情况来确定。

（六）记录与分析

记录维护保养的相关数据是预防性维护的必要步骤。记录包括维护项目、执行时间、维护人员、维护结果等信息。通过对记录的分析，可以评估维护保养工作的效果，并为进一步优化维护计划提供参考。

预防性维护的优点是可以减少设备故障发生的概率，提高设备的可靠性和稳定性。它能够有效地控制维修成本和停机时间，延长设备的使用寿命。同时，预防性维护也有助于提高维修工作的安全性，减少因设备故障而引起的事故风险。

然而，传统的预防性维护也存在一些挑战和局限性。例如，基于时间的维护计划可能会导致过多或过少的维护，造成资源浪费或设备未能得到充分的保养。传统的预防性维护方法往往缺乏针对性，无法根据设备实际状况进行个性化调整。

为了克服这些问题，现代的维修保障趋向于结合预测性维护、条件监测技术和数据分析等先进方法。这些方法可以更精确地预测设备故障，并在适当的时候进行维护，以提高维修保障工作的效率和质量。

二、故障排除（Troubleshooting）

故障排除（Troubleshooting）是传统机械装备维修保障的一种重要技术与方法。它是通过逐步分析和检查，确定故障的原因和位置，并采取相应的修复措施，恢复设备的正常运行。故障排除的过程通常包括以下几个步骤。

（一）收集信息

与设备操作人员交流，了解故障的现象、发生时间和环境等情况，收集相关的运行数据和故障报告。这些信息有助于缩小故障范围和确定可能的原因。

（二）分析问题

根据收集到的信息，进行问题分析。通过比对设备正常运行状态和故障发生时的差异，确定故障可能的原因和范围。分析可以基于经验和知识，也可以借助专业工具和技术支持。

（三）逐步检查

根据问题分析的结果，按照一定的顺序逐步检查设备的各个部件和系统，以确认故障的具体位置和原因。检查的方法可以包括目视检查、测量、测试等，以便找出异常和故障点。

（四）修复措施

根据故障的诊断结果，采取相应的修复措施。根据情况可能涉及更换零部件、修复电路、调整参数等操作。修复措施应该基于正确的维修手册或操作指南，并确保维修过程符合安全要求。

（五）验证和测试

在进行修复后，需要对设备进行验证和测试，以确保故障已经被解决。通过测试设备的功能和性能，确认设备恢复正常运行。这可以通过操作测试、负载测试、性能评估等方式来进行。

故障排除的关键是科学和系统地进行问题分析和逐步检查。它需要维修人员具备丰富的经验和技术知识，能够理解设备的工作原理和结构，快速定位故障点，并采取适当的修复措施。

故障排除的优点在于它可以帮助确定故障的具体原因和位置，避免了盲目更换零部件和无效维修的情况发生。通过逐步分析和检查，故障排除能够提供准确的故障诊断和解决方案，从而节省时间和成本，缩短停机时间。

传统的故障排除方法也存在一些局限性。例如，故障排除过程可能需要较长的时间和经验，特别是对于复杂的故障和设备。由于传统方法更多依赖于人工经验和直觉，可能存在主观因素的影响。

为了克服这些问题，现代的维修保障趋向于结合先进的技术和工具。例如，通过引入智能诊断技术、远程监控和数据分析，可以实现故障的自动诊断和预测，提高故障排除的准确性和效率。建立故障数据库和知识库，将故障和解决方案进行归档和分享，有助于快速解决类似故障，并提供参考给维修人员。

三、零件更换（Parts Replacement）

当设备的某些关键零部件出现故障或磨损时，需要及时进行更换。零件更换通常包括以下几个步骤。

（一）识别零件

需要根据设备的维修手册、技术规范或经验判断，确定需要更换的具体零部件的型号和规格。这一步骤非常重要，因为选择正确的零件是保证设备能够正常运行的前提条件。

（二）采购备件

一旦确定需要更换的零部件的型号和规格，接下来就是将这些信息提供给采购部门，进行备件的采购工作。在采购过程中，需要注意选择可靠的供应商，并确保备件的质量和供货的及时性。

（三）更换零件

当备件到达后，可以开始进行零件更换的工作。在此之前，需要确保设备处于停机状态，并采取相应的安全措施。根据设备的维修手册或操作指南，按照正确的程序和顺序进行零件的更换工作。这包括拆卸旧零件、清理安装位置、安装新零件并紧固螺栓等。在更换过程中，需要注意遵循正确的操作规程，以避免误操作导致其他零部件损坏或人身伤害。

（四）测试和调试

当新零件安装完毕后，需要进行相应的测试和调试工作，以确保设备能够正常运行。这包括对设备进行功能测试、性能评估和调整等。通过这些测试和调试，可以验证新零件的质量和正确安装，并及时发现潜在问题并加以解决。

（五）维护记录和保养

在更换零件后，应及时更新设备的维护记录，包括更换的零部件信息、日期、维修人员等。这有助于追踪设备的维修情况和维护历史，并为未来的维护工作提供参考。还需根据设备的要求，进行相应的保养工作，如定期润滑、清洁等，以延长零部件的使用寿命和保证设备的可靠性。

四、维修记录与反馈（Maintenance Record and Feedback）

维修记录与反馈能够有效地记录和总结维修过程中的相关信息，并为今后的维修工作提供参考和借鉴。

（一）维修记录的内容

维修记录的内容中应记录故障的具体表现和现象，包括设备出现的异常状况、报警信息、运行异常等；详细记录维修人员采取的维修方法和措施，包括检查、测试、更换部件等；记录维修的结果和效果，包括设备是否恢复正常、故障是否完全排除、维修所花费的时间和费用等；记录执行维修任务的维修人员的姓名、工号和联系方式等信息；还需要记录维修任务的日期和时间，以便后续的追踪和分析。

（二）建立维修记录的方法

建立维修记录可以采用以下几种方法。

1.纸质记录

纸质记录是一种维修人员常用的记录方式，通常通过填写纸质表格或维修记录本来进行记录。这种方法的优点在于简单直接，无须依赖电子设备或软件，使用起来非常方便。

维修人员可以根据需要设计并打印出适合自己工作的纸质表格，包括维修项目、故障描述、解决方案、耗材使用等各项内容。维修人员在实际操作过程中，可以通过手动填写这些表格来记录每个维修任务的具体情况。

纸质记录也可以帮助维修人员更好地整理和归档维修记录。维修人员可以将每个维修任务的记录整理成一个个独立的纸质文件，并按照时间顺序进行归档。这样做有助于日后查找和回顾维修记录，对于类似问题的再次出现，可以更好地参考之前的解决方案。

然而，纸质记录也存在一些不足之处。由于是手动填写，容易出现遗漏或错误，尤其是在繁忙的工作环境下。纸质记录需要占用一定的物理空间进行存储，而且难以进行实时共享和协作。如果需要多人共同参与维修工作，纸质记录的效率可能不如电子记录。

2.电子表格

电子表格是一种广泛应用于维修记录的工具，通过使用电子表格软件如Excel，维修人员可以建立维修记录模板来记录维修信息。这种方法的优势在于方便快捷，并且可以实现数据的整理、统计、查询和分析。

通过电子表格软件，维修人员可以创建自定义的维修记录模板。在模板中，可以预设各种字段和选项，如维修项目、故障描述、解决方案、耗材使用等。维修人员只需填写相应的字段和选项，就能够快速记录每个维修任务的详细信息。

电子表格可以方便地进行数据整理和统计。维修人员可以利用电子表格软件提供的各种功能，例如排序、筛选、自动求和等，对维修记录进行整理和统计。这样做不仅可以使数据更加有序，还能够得到一些有用的统计结果，如维修任务数量、常见故障类型等。

电子表格的查询和分析功能也非常强大。维修人员可以根据特定的条件和要求，利用电子表格软件进行数据查询，找出符合条件的维修记录。同时，通过对数据进行透视表、图表等分析，可以更好地了解维修工作的情况和趋势，为日后的工作提供参考依据。

但对于不熟悉电子表格软件的维修人员来说，可能需要一定的学习成本。电子表格需要在电脑或其他设备上进行操作，如果没有合适的设备或网络条件，可能会影响使用效果。

3.维修管理系统

维修管理系统是一种专门用于建立和管理维修记录的软件系统。通过借助维修管理系统，可以实现更高效、更便捷的维修记录管理。该系统具备多个功能模块，包括维修流程管理、工作指导、自动生成维修记录以及数据备份、恢复和统计分析等。

维修管理系统能够提供完整的维修流程管理。系统中可以预设维修流程，并将每个环节细化为具体的操作步骤。维修人员在进行维修任务时，可以根据系统提供的工作指导，按照流程一步步进行操作。这有助于提高维修的标准化和规范化水平，减少操作失误和遗漏。

维修管理系统可以自动生成维修记录。当维修任务完成后，维修人员只需填写相应的字段和选项，系统就能够自动生成维修记录。这样做不仅省去了手动填写纸质记录或电子表格的麻烦，还减少了错误和漏洞的可能性。同时，自动生成的维修记录也具备更好的一致性和可追溯性。

维修管理系统还支持数据的备份、恢复和统计分析。系统会定期进行数据备份，以防止数据丢失或损坏。在需要恢复数据时，可以方便地从备份中进行恢复。系统还提供了统计分析功能，可以根据维修记录进行各种统计和分析，如维修任务数量、平均修复时间等，为管理决策提供参考依据。

无论采用哪种方法，建立维修记录的关键在于维修人员的认识和重视。只有将维修记录作为一项重要工作来对待，才能充分发挥其价值和作用。

这些传统机械装备维修保障技术和方法基于经验和实践，在过去长期的应用中积累了丰富的经验和成果。然而，随着科技的发展和智能化的进步，越来越多的先进技术和方法被引入到机械装备维修保障工作中，以提高效率、降低成本和增强预测性。因此，在实际应用中需要根据具体情况进行选择和结合，综合采用传统技术和新兴技术，以满足不断变化的维修保障需求。

第三节　科技创新在机械装备维修保障中的应用

随着科技的不断发展和进步，各行各业都受益于科技创新带来的变革。在机械装备维修保障领域，科技创新也起到了重要的作用。

一、智能化维修设备

随着科技的发展，智能化维修设备在机械装备维修领域发挥着越来越重要的作用。智能化维修设备利用先进的技术和创新的方法，提高了维修效率、降低了维修成本，并且改善了工作环境和人员安全。

（一）智能化维修工具

智能化维修工具是智能化维修设备的重要组成部分，它们通过融合先进的传感器、控制系统和通信技术，实现了自动化、智能化的维修操作。例如，智能扳手可以通过内置传感器实时检测拧紧力度，并根据预设参数进行调整，确保螺栓的拧紧质量。智能电钻则可以通过内置的转速控制系统，根据不同的材料和螺丝规格自动调节转速，避免过度拧紧或不足拧紧。这些智能化维修工具不仅提高了维修的准确性和效率，还降低了人为操作带来的错误风险。

（二）机器人技术

机器人技术是智能化维修设备中的核心技术之一。传统的机械装备维修通常需要技术人员亲自进行操作，工作强度大且效率低下。而引入机器人技术可以实现自动化的维修操作，提高维修效率和质量。例如，在装备故障诊断方面，机器人可以通过摄像头和传感器收集装备的运行数据，并利用先进的算法进行故障诊断和预测。在维修操作方面，机器人可以根据预设程序进行拆卸、更换零部件等工作，避免了人为操作带来的误差和风险。机器人还可以适应复杂环境，如高温、高压、狭小空间等，完成人难以达到的维修任务。

（三）传感器技术

传感器技术是智能化维修设备中的关键技术之一。传感器可以实时采集装备的运行状态、振动频率、温度、压力等各种参数，并将数据传输到控制系统进行处理和分析。通过对装备运行数据的监测和分析，可以实现故障预警、健康评估和维修决策等功能。例如，通过加速度传感器可以监测设备的振动情况，从而判断是否存在异常磨损或松动等问题。温度传感器可以实时监测设备的温度变化，及时发现过热或过冷等异常情况。这些传感器技术为维修人员提供了准确的装备状态信息，帮助他们快速定位故障，并采取相应的维修措施。

二、数据驱动的维修决策

随着科技的发展，机械装备的维修保障工作也得到了很大的改进和提升。数据驱动的维修决策成为一种趋势，它利用大数据分析、人工智能等技术手段来实现更加精准、高效的维修保障。

（一）大数据分析在维修保障中的应用

大数据分析是指对海量、多样化的数据进行收集、存储、处理和分析的过程。在机械装备维修保障中，大数据分析可以帮助运营商或维修团队做出更加明智的决策，提高维修效率和质量。

1.故障诊断与预测

通过对大量的故障数据进行分析，可以建立故障模型和预测模型，实现对设备故障的诊断和预测。这样可以提前采取相应的维修措施，避免设备故障造成的生产停滞和损失。

2.维修资源优化

通过分析维修记录和设备数据，可以确定维修所需的资源（包括人员、零部件、工具等）的合理配置和使用。这样可以避免资源浪费和缺乏，提高维修效率。

3.维修历史分析

通过对过往维修数据的分析，可以发现设备的常见故障模式和原因，从而采取相应的预防措施，降低故障发生的概率和频率。

4.维修成本控制

通过对维修记录和维修成本的分析，可以找出维修成本较高的设备或部件，并采取相应的措施进行成本控制和优化。

（二）人工智能在维修保障中的应用

人工智能（Artificial Intelligence, AI）是指一种模拟人类智能的技术，它通过模仿人脑的思维方式和学习能力来实现各种任务。在机械装备维修保障中，人工智能可以发挥以下作用。

1.故障诊断与预测

利用机器学习算法和深度学习模型，可以对设备故障进行自动诊断和预测。通过分析大量的设备数据和故障特征，AI可以快速准确地判断设备是否存在故障，并提供相应的处理建议。

2.自动化维修

利用机器人技术和自动化设备，可以实现对设备的自动维修。比如，可以使用机器人进行设备拆解、清洗和组装等操作，提高维修效率和安全性。

3.聊天机器人服务

通过自然语言处理和语音识别技术，可以开发聊天机器人系统，为用户提供设备故障诊断和维修建议的在线服务。用户只需简单描述问题，机器人就能给出相应的回答和解决方案。

4.维修知识管理

利用人工智能技术，可以构建一个维修知识库，收集整理各类维修经验和知识。当维修人员面临问题时，可以通过查询知识库获取相关的解决方案和经验分享，提高维修质量和效率。

三、远程监控与维修

随着科技的不断发展，远程监控与维修成为机械装备维修保障中的重要应用领域。远程监控与维修通过利用网络和传感器技术，实现对机械装备的远程监测、故障诊断和维修操作，为企业提供高效、及时的维修保障服务。

（一）远程监控技术在机械装备维修保障中的应用

1.远程监测与警报

远程监控系统可以将实时采集到的数据传输到远程服务器或云平台上，进行实时监测和分析。一旦检测到异常情况，系统会及时发送警报给相关人员，提醒他们采取相应的措施。

2.远程诊断与分析

通过远程监控系统，技术人员可以实时查看机械装备的运行状态和数据，进行故障诊断和分析。他们可以利用远程操作界面，对设备进行遥控、参数调整等操作，以解决一些常见问题或进行初步排除。

3.维修计划优化

远程监控系统可以记录和分析机械装备的运行数据，建立历史数据库。基于这些数据，可以进行故障预测和维修计划优化，提前制定维修策略和安排维修资源，避免因突发故障而造成的停机和生产损失。

（二）远程维修技术在机械装备维修保障中的应用

1.远程操作和调试

远程维修技术可以通过网络连接到机械装备，并进行远程操作和调试。技术人员可以通过远程界面，远程操作设备的各个部件，进行参数调整和故障排查，从而减少现场出差和人力投入。

2.视频远程协助

远程维修技术可以通过视频通话等方式，实现远程协助。技术人员可以通过视频传输，观察设备运行状态和故障情况，与现场工作人员进行沟通和指导，提供准确的维修建议和操作步骤。

3.远程固件升级

机械装备中的一些软件和固件需要定期升级，以保持其性能和功能的最新状态。远程维修技术可以通过网络将最新的固件文件传输到设备中，并进行远程固件升级，避免了现场操作的烦琐和时间成本。

4.维修记录和知识管理

远程维修技术可以实时记录和保存维修过程的数据和信息，包括故障排查过程、维修步骤和结果等。这些数据和信息可以用于维修知识库的建立和维护，为以后的维修工作提供参考和借鉴。

四、区块链技术

随着科技的不断发展，区块链技术作为一种新兴的分布式账本技术，被广泛应用于各个领域。在机械装备维修保障领域，区块链技术具有独特的优势，能够提高信息共享、数据安全和信任度，提升维修效率和质量。

（一）供应链管理

机械装备的维修保障过程中，涉及大量的零部件和配件的采购和供应。而传统的供应链管理往往存在信息不对称、流程烦琐、交易风险等问题。区块链技术通过建立一个去中心化的分布式账本，可以实现供应链上的信息共享和透明度。每个参与者都可以查看到整个供应链的数据，包括零部件的来源、生产批次、质检记录等。这使得供应链管理更加高效和可靠，减少了信息不对称和交易风险。

（二）维修记录追溯

机械装备的维修记录对于保障设备的正常运行和延长使用寿命非常重要。传统的维修记录往往以纸质形式保存，容易造成信息丢失和篡改。区块链技术可以将维修记录以分布式账本的形式存储，并采用密码学算法进行加密和验证，确保数据的安全性和完整性。每一次维修都会被记录下来，并且无法篡改。这样可以实现对维修过程的全程追溯，提高维修质量和可信度。

（三）资产管理

机械装备作为企业的重要资产，其管理对于企业的运营和发展至关重要。区块链技术可以实现对机械装备的全生命周期管理，包括采购、维修、报废等环节。通过将设备的基本信息、维修记录、保养计划等存储在区块链上，可以实现对设备状态的实时监测和管理。当设备需要维修或更新时，可以自动触发相应的流程，提前预警和安排维修工作，降低故障风险和维修成本。

区块链技术在机械装备维修保障中具有广阔的应用前景。通过改善供应链管理、实现维修记录追溯和优化资产管理，可以提高维修效率和质量，降低成本和风险，实现设备的可靠运行和延长使用寿命。然而，目前区块链技术在机械装备维修保障领域的应用还处于起步阶段，仍需要进一步的研究和探索。

参考文献

[1]梁恩武,高云峰,刘全全,等.新形势下科技情报研究的方法体系研究[J].科技资讯,2023,21(19):210-213.DOI:10.16661/j.cnki.1672-3791.2303-5042-3435.

[2]雷将国,牛海涛,景文平,等.企业基层专业技术人才培养模式探索与实践[J].化工管理,2023(28):38-42.DOI:10.19900/j.cnki.ISSN1008-4800.2023.28.011.

[3]张京菁.国际交流与合作的重要性及其在未来全球发展中的角色[C]//百色学院马克思主义学院,河南省德风文化艺术中心.2023高等教育科研论坛论文集.[出版者不详],2023:2.

[4]袁晓亮,吴培,王燕.知识产权与科技创新协同发展的思考与实践[J].石油科技论坛,2023,42(04):24-28.

[5]刘岳川.科技创新的法律规制[J].华东政法大学学报,2023,26(03):37-46.

[6]郝立杰.推动科技创新生态化发展[N].中国社会科学报,2023-05-09(005).

[7]王娜.我国科技创新对绿色发展的影响研究[D].辽宁大学,2023.

[8]赵颖师.加强科技人才培养与科技创新发展协同[J].中小企业管理与科技,2023(07):44-46.

[9].科技情报新技术新方法新工具新进展学术研讨会[J].竞争情报,2023,19(02):63-64.

[10]高美玲,赵淦森.科技情报中的信息安全问题分析与对策研究[J].中国科技期刊研究,2022,33(12):1619-1627.

[11]方玲,尹龙平.新时代科技情报信息服务模式研究[J].图书情报导刊,2022,7(11):74-77.

[12]葛宴伶.大数据时代金融科技发展战略研究[J].科技经济市场,2022(10):37-39.

[13]杨倩,林鹤.科技情报基础服务知识融合框架研究[J].上海信息化,2022(10):38-43.

[14]何光喜.我国国际科技合作的形势、挑战与展望[J].科技中国,2022(09):8-11.

[15]任惠超,汪雪锋,刘玉琴.面向战略决策的科技情报智能分析系统实践[J].情报理论与实践,2022,45(04):27-34.

[16]耿同乐.科技创新产品营销策略研究[J].投资与创业,2021,32(17):53-55.

[17]孙昭宁,李强,许玉艳,等.科技创新团队建设要素与路径分析[J].农业科技管理,2021,40(01):79-81.

[18]黄书宇,侯志刚.关于企业科技创新人才的培养与激励[J].中小企业管理与科技(中旬刊),2021(01):164-165.

[19]钱虹.面向技术创新生态系统的科技情报服务体系研究[J].情报理论与实践,2019,42(11):52-56.

[20]连俊炜,吴晓燕.科技情报对企业技术创新的影响研究[J].中国高新科技,2018(18):121-123.

[21]汪杨,刘华.论科技创新人才的薪酬激励[J].人力资源管理,2016(10):109.

[22]薛文峰.浅谈我国科技创新团队的建设问题与对策[J].黑龙江科学,2015,6(05):90-91.

[23]韩花.新经济时代企业市场营销战略新思维[J].现代营销(下旬刊),2014(10):4.

[24]冷伏海,王立学.科技情报研究发展趋势与应用环境分析[J].图书情报工作,2010,54(04):9-12+60.

[25]田闯,王紫琳.科技创新战略研究[J].法制与社会,2008(31):248.

[26]张梓锐.装备维修保障数据处理与分析技术研究[D].西安:西安电子科技大学,2021.

[27]李沂滨.振动检测法机械装备故障诊断技术引进[D].济南:山东省,山东大学,2019-11-13.

[28]张珏.基于人工智能的工程机械故障诊断技术[J].智能城市,2019,5(12):192-193